高等医学院校护理学专业教材

护 理 伦 理 学

主编 丛亚丽
编委 孙福川　郭乡村　卢启华
　　　曹永福　梁　莉　兰礼吉

北京大学医学出版社

HULI LUNLIXUE

图书在版编目（CIP）数据

护理伦理学/丛亚丽主编．—北京：北京医科大学出版社，2002.8（2019.1重印）
高等医学院校护理学专业教材
ISBN 978-7-81071-310-8

Ⅰ．护⋯　Ⅱ．丛⋯　Ⅲ．护理学：医学伦理学－医学院校－教材　Ⅳ．R47

中国版本图书馆CIP数据核字（2002）第058077号

护理伦理学

主　　编：	丛亚丽
出版发行：	北京大学医学出版社
地　　址：	（100191）北京市海淀区学院路38号　北京大学医学部院内
电　　话：	发行部 010-82802230；图书邮购 010-82802495
网　　址：	http://www.pumpress.com.cn
E - mail：	booksale@bjmu.edu.cn
印　　刷：	莱芜市圣龙印务有限责任公司
经　　销：	新华书店
责任编辑：暴海燕　　责任校对：王怀玲　　责任印制：罗德刚	
开　　本：	787mm×1092mm　1/16　印张：13.75　字数：347千字
版　　次：	2002年8月第1版　2019年1月第17次印刷
书　　号：	ISBN 978-7-81071-310-8
定　　价：	19.90元

版权所有，违者必究
（凡属质量问题请与本社发行部联系退换）

"受过培训的护士是人类的一大幸事,与医师和牧师相比,她的使命并不亚于任何一位"——《剑桥医学史》

本书的目的不只是告诉你如何成为一名合格的护士,而是帮助你如何成为优秀的护士。

前　　言

　　《护理伦理学》是为我国护理专业的本科生和临床护士编写的一本教材，本书的特点在于它的实用性，不仅体现在安排了典型案例34个，更体现在内容的安排不是以普通伦理学的体系，而是根据护理行为的实施来安排护理伦理学内容，希望这样能更贴近读者的工作环境，利于对护理伦理学问题的理解。

　　一般在每章或每节前面安排与本章节内容相关的案例，由它引出问题，在论述每章节内容时，穿插对案例的分析，目的是使教材不致枯燥，并有可参照的线索。读者在学习每章节前，可通过案例先自发地思考此案例将要说明什么问题，你是怎么分析的，然后对照书中的分析过程，看看自己的思路是否与书上的吻合，是否对书上的内容能进行补充。

　　另外，本书还有一本辅导教材，高度概括了教材中的理论知识，补充了一些可读性资料，并通过一些题目和案例分析来加深和巩固本教材中的内容。

　　由于做了大胆的尝试，本书无论是在体例上，还是在论述上都会有不少的错误，希望读者在学习过程中不吝指正，以利于今后的修改。

编者

目　　录

导读－护士的一天 ………………………………………………………………… （1）
绪论 ………………………………………………………………………………… （4）
　第一节　护理学与伦理学 ……………………………………………………… （4）
　第二节　护理伦理学 …………………………………………………………… （9）
　第三节　护理伦理学的学习意义 ……………………………………………… （13）
　第四节　护理道德与法律的关系 ……………………………………………… （15）
　第五节　护理伦理学的学习方法 ……………………………………………… （17）
第一章　护患关系及其道德规范 ………………………………………………… （25）
　第一节　护患关系 ……………………………………………………………… （25）
　第二节　护理关系和护理道德规范 …………………………………………… （28）
　第三节　护理道德规范（一）——护患关系的道德规范 …………………… （34）
第二章　护士的不同角色、关系和道德规范 …………………………………… （37）
　第一节　门、急诊护士的不同角色、关系和规范 …………………………… （37）
　第二节　病房护士的不同角色、关系和规范 ………………………………… （41）
　第三节　手术室护士的角色、关系和规范 …………………………………… （45）
　第四节　护理道德规范（二）——其他护理关系和道德规范 ……………… （48）
第三章　护患双方的权利和义务 ………………………………………………… （56）
　第一节　权利和义务的道德和法律涵义 ……………………………………… （56）
　第二节　护士的权利和义务 …………………………………………………… （59）
　第三节　患者的权利和义务 …………………………………………………… （65）
　第四节　对护患双方权利和义务的再认识 …………………………………… （74）
第四章　护患情感和信任的建立与维持 ………………………………………… （77）
　第一节　建立护患情感　增进信任友谊 ……………………………………… （77）
　第二节　护患沟通的技巧 ……………………………………………………… （80）
　第三节　应用沟通技巧　了解你的患者 ……………………………………… （82）
　第四节　防范和解决护患矛盾　维持护患关系结束后的友谊 ……………… （86）
第五章　护理行为实施过程中的伦理问题及分析（一） ……………………… （89）
　第一节　妇产科病人护理道德 ………………………………………………… （89）
　第二节　儿科病人护理道德 …………………………………………………… （92）
　第三节　老年病人护理道德 …………………………………………………… （96）
　第四节　几种特殊病人的护理道德 …………………………………………… （99）
第六章　护理行为实施过程中的伦理问题及分析（二） ……………………… （107）
　第一节　手术病人的护理道德 ………………………………………………… （107）
　第二节　护理科研道德 ………………………………………………………… （111）
　第三节　危重病人和临终关怀的护理道德 …………………………………… （115）

第四节　安乐死的护理道德 …………………………………………… (124)
第七章　护理伦理学基本原则 ……………………………………………… (131)
　　第一节　不伤害原则 ……………………………………………………… (131)
　　第二节　行善原则 ………………………………………………………… (133)
　　第三节　尊重原则 ………………………………………………………… (134)
　　第四节　公正原则 ………………………………………………………… (142)
第八章　护理伦理学理论基础 ……………………………………………… (145)
　　第一节　进行道德评价的原因和方式 …………………………………… (145)
　　第二节　护理伦理学理论基础 …………………………………………… (147)
　　第三节　结果论和非结果论 ……………………………………………… (149)
　　第四节　与道德评价关系密切的伦理学范畴 …………………………… (153)
第九章　护理道德教育和修养 ……………………………………………… (155)
　　第一节　护士道德品质 …………………………………………………… (156)
　　第二节　护理道德教育 …………………………………………………… (156)
　　第三节　护理道德修养 …………………………………………………… (158)
第十章　护理伦理学历史回顾和展望 ……………………………………… (165)
　　第一节　护理伦理学的历史回顾 ………………………………………… (165)
　　第二节　护理道德现状 …………………………………………………… (172)
　　第三节　21世纪护理伦理学的机遇与挑战 ……………………………… (174)
　　第四节　护理伦理学再认识 ……………………………………………… (176)
附录 …………………………………………………………………………… (178)

导读——护士的一天

护士 A：不想做护士，我真的不想做护士了

护士太累：一天到晚忙忙碌碌，想想一天所做，却没啥可说，细细数，早上晨间护理，铺床叠被，更换脏被子，翻身，检查皮肤，一个个病人问过去，早上好，还好吗？然后头上一层灰，身上一身汗地回来。接下去就是领药、加药、打点滴、病情评估书写病历，健康宣教，换盐水，还有杂七杂八的事，什么病床坏了灯坏了，什么结账出院，联系各种检查，消毒……等等干不完的活，还有整整两米长的桌子，整整一桌的盐水，这一天得一瓶一瓶挂完，中午人最少，常常是呼叫的铃声此起彼伏，护士们这时候也最好穿上溜冰鞋。……

护士太严：一周一小考，一月一大考，理论考，三基考，操作考……什么时候才能不考！大检查，小检查，检查不断。……

护士太苦：一年三分之一的时间在上夜班，更有甚者，五天翻班，简直快不见天日了。……

护士太忙：工作忙，学习也忙，有了自学考，还有医院各种各样的科内学习，院内学习，休息天参加才有学分拿。

护士太紧张：回到家还常常想着，今天有没有什么忘做了，会不会出什么差错？还有什么忘交班了？

太无奈，太琐碎，……

护士 B：别说你好苦

当你时时刻刻穿梭于形形色色的病人间，反反复复做着不很复杂却很繁琐的护理工作时，别说你好苦。

当你不管在晨光微露的清晨，还是暮色沉沉的傍晚，不管在众声喧哗的白昼，还是万家灯火的夜里，都要按时按点颠倒着生物钟开始工作的时候，别说你好苦。

当你全身心地投入工作，却遭到别人的讥讽和鄙视的时候，别说你好苦。……

别说你好苦，因为你是护士。是护士，就该为你的病人营造生命的绿色；是护士，就该承担起点燃生命，重塑生命的职责。虽然，我们的工作不曾惊天动地，也不会流芳百世，但我们无须为这种没有扭转乾坤之力而悲哀。因为，当我们精心护理好一个病人，避免了一场生死离别的凄惨；当我们亲眼看到患者大病初愈后对生命独有的热爱，我们何须再追求那种所谓建功立业的伟大？！

别说你好苦，因为你拥有。在紧张如簧的抢救中，你拥有了信心与坦荡；在帮助病人战胜死神后，你拥有了欣慰与成功；在家属亲人热切企盼的眼神中，你拥有了被人依靠的伟岸。有时候，你很累很累，是因为别人的职业太炫目，映衬你点滴的平凡愈发触目惊心；有时候你好苦好苦，是因为你生活在蜜罐里，舌头沾了一点苦涩便情不自禁地大惊小怪。

别说你好苦，作为护士，也许不会有人谈论这一职业的艰辛，也没有人歌颂这一职业的伟大，但只要我们自我赞美，我们的今天是为明天亲人们能够团聚身旁，欢歌笑语体味家的温馨，又何必在乎别人的谈吐？……

别说你好苦，当你看到同龄少女一身漂亮的时装，一件时髦的皮大衣，一件随意的休闲服，那种洒脱，那种摩登，那种悠闲，也许确实使你羡慕过一番，但你可曾关注过自己那一袭飘然白衣，一顶别致的燕尾帽，也是何等自然，精干！

别说你好苦，当你选择了护理事业，便选择了"春蚕到死丝方尽，蜡烛成灰泪始干"的奉献。

真的，别说——你好苦、好苦！（摘自仁济医院护理网页首页：别说你好苦——记心内科永不放弃的抢救护理）

这是两个护士在网上发表的见解，同样是护士，从网上却深刻体验到完全不同的心声。但从内心里对这两个护士都是同样的喜欢，因为她们都同样辛苦，更同样坦荡。但正是由于她们不同的观念，才一个很苦，一个很甜。若从伦理学上说，小A是处于道德的他律阶段，每天在尽义务，对工作责任心很强，但情感稍显不足，感觉很累；小B已经上升到道德的自律阶段，有丰富的情感，已经有把护理当作事业的事业感，体会到职业的幸福。

现在护理领域的伦理学问题很多，护士每天都在参与或帮助病人做出决定，但确实存在使护士不平衡的地方，如学术上大部分讨论此问题的文章，很少把护士的意见考虑进去，对护士扮演的角色未加以足够重视。但实际的情况是，护士在决定有关道德的问题上，起着重要的作用，因为是她们担负照顾病人的义务，帮助病人做出对病人最有利的决定。不管"三分治疗，七分护理"是否能使人得出护理重于治疗的结论，仅从住院病人在医院中的多数时间是护士在观察药物的作用、为医生提供及时准确的反馈信息、进行术后的护理、安排各种检查等，所以护士是在临床上与病人接触时间最长的人，因而护士最清楚病人的有关情况。尤其是新生儿、昏迷者的生命皆在护士的手中，可在有问题时，他人却很少询问护士的意见，但当病人遇到问题时，护士往往是被首先求助的对象，那么护士在这些道德困境中到底有什么权利呢？当护士自身的价值观和她的职业规范冲突时，怎么办？当护士发现病人并未完全理解医生告知的病情时，怎么办？当医生告诉护士不要把疾病的真实诊断告诉患者，可面对已与自己建立相互信任关系的患者在询问病情时，护士该怎么办？

本书的主要目的是通过了解护理伦理学的研究对象、基本原则、护士和患者各自的权利义务等基本内容，熟悉这一领域的道德规范，并把伦理学应用到护理临床实践中，同时注意提高自身的修养。更根本的是从意识上对护理伦理学予以重视，对伦理学问题敏感起来，从理论和实践上提高对护理伦理问题或护理伦理难题的分析和解决能力，这是以后成为一个优秀护士的基础。

护理伦理学，包括任何应用伦理学，它的功能不在于为伦理学体系制定原则，而是在于学习已经公认的伦理学原则和规范，并把它们应用到具体的实践中，当然最终效果是以此可反过来完善伦理学。但是，当我们在熟悉和理解了伦理学规范、原则和理论之后，不能想当然地以为凡是遇到伦理学问题便能自动地知道如何应用学到的知识，顺理成章地推理出解决伦理学问题的答案。另外，也不是在学了伦理学之后，个人的道德修养会自动提高。要明确，伦理学本身就是个实践性学科，而护理伦理学作为应用伦理学的一种，更是如此，只有在实践中应用和体会才能觉出它的效果。如果我们在学习这门课之前，已有了以上正确的观念，那么在学完之后，就不会为自己可能还不能很好地解决护理伦理学问题而苦恼，而是知道以后将如何更好地解决问题，使你的护理生涯充满希望。

不是伦理学专家，也不是护理伦理学专家，而是你们——白衣天使自己是解决护理伦理学问题真正的专家，就像你们能把药品轻松溶入生理盐水中一样，你们也必能把伦理学完美地融入到护理过程中。

本书的章节安排是这样的：绪论介绍护理伦理学这门学科的基本概念，对这门学科有初步的了解，然后是开始建立护患关系（第一章）。建立护患关系之后，护士的核心任务便是为患者提供服务。但单凭护患关系是无法为患者服务的，因为无论是医生还是护士（或医院其他成员），都是服务系统中的一分子，彼此之间需要合作，每个护士都有自己的特殊角色，这样就决定了发生在每个护士身上的除护患关系（可以理解为纵向的关系）之外的众多的其他关系（可以理解为横向关系），如医护关系、护护关系、护际关系等的必要性和特殊性（第二章）。在补充了护患关系的主要内容——权利和义务（第三章）的知识之后，学习如何与患者沟通，如何认识了解你的患者，建立信任关系（第四章）。第五、六章是应用性质的内容，论述临床护理行为中面对不同的特殊病人可能会产生的伦理问题和与这些问题关系密切的道德规范和范畴。之后是从护理实践中归纳总结出护理伦理学基本原则（第七章）。护理伦理学的理论（第八章）既是指导人们实践的依据，也是从不同角度对人们道德实践活动的反思的结果。护理道德评价，护理道德教育和修养（第九章）是护理道德的活动部分。最后（第十章）是护理伦理学回顾和展望，即在结束学习时重新对这门学科有个整体性的认识，并客观评价此学科的长处和短处。这样安排的一个目的是说明护理伦理学从实践到理论，再用理论指导自身活动的过程。

附录在本书占有重要地位，这也是本书与其他教材一个不同的地方。不仅因为附录中新翻译有大量的最新版本的国际上的护理道德规范和法典，更关键的是本书中护士的责任等内容是直接参考附录得来的，读者也要参考附录，补充新的你认为重要的更适合自己的道德规范。

绪　　论

第一节　护理学与伦理学

一、护理学

案例1　患者男，33岁，已婚，某工厂副总工程师，有一子，7岁，夫妻关系融洽。27岁时被诊断为类风湿性关节炎，一直坚持治疗，无临床症状出现，并一直在工厂的技术工作中担任重要职务。1996年5月，因病情复发而入院。出现疲乏，双腕、肘、膝关节疼痛、僵硬及畸形，日常活动受限，如穿衣、进餐、翻身等也需别人协助。此后患者一反常态，逐渐对自己的家、孩子、妻子、工作及周围环境等失去兴趣，并对一直在身边陪护的妻子恶语相伤，这个原来自信、外向、幽默的人一下子变得情绪低落，并两次企图自杀[1]。

（一）人、社会需要护理

自从有了人类，就有生老病死，也就有了对病人的照护的需要。需要是人类社会进行活动的基本动因，人类有物质生活的需要，也有精神生活的需要。任何一本护理学的专业书都会提到马斯洛的人类需要层次理论，从下至上是生理的需要（包括食物、空气、水、休息、排泄、住所、性等）、安全的需要（生理的安全、心理的安全感和被保护）、爱的需要（爱与被爱、归属感、亲密感）、自尊的需要（尊重和自尊）和自我实现的需要。

这些需要在表现时有轻有重，但经常交织在一起。案例1中的患者由于关节痛苦、僵硬、畸形、活动受限及疲乏等原因，严重影响了患者的生理需要，另外，这些生理的受限又影响其性功能及性生活的质量，这既是生理上的需要，也会影响到与妻子的亲密感，担心妻子还会不会爱他等，于是通过对妻子恶语伤害，来减少作为男性的自尊和失败感。每日的生活需要由妻子或他人来协助的现实也是影响其自尊的主要因素。事业上的成功因为健康的原因而将毁灭，使患者不得不放弃所热爱的事业，这是非常巨大的心理反差，是直接使自我实现的需要不能得到满足的原因，因而产生厌世的想法。所以，他迫切需要帮助，不仅是医疗上的，更主要是护理上的。由于这种病的医疗效果差，护理将担负主要责任；即便是那些医疗效果好的，护理也是重要因素，否则医疗的努力将功亏一篑。可见，人需要护理，社会需要护理，还有医生也需要护理，需要护士的协助，这是医疗的一部分。

（二）人、社会的变化发展导致对护理需要的变化发展

预防疾病和促进健康一直是医护人员的天职，但对健康的认知并不是一致的，既有医学模式的影响，又有社会和个人的差异。如有的人把心理的健康奉为最高标准，对一点不适都会烦躁不安。现在比较权威的健康定义是WHO的"健康是生理、心理和社会三方面的完好状态"，即不仅仅是指没有生理方面的疾病，还指心理健康和社会交往等方面的良好。另外，健康要因人而异，护士在面对不同的病人时都把达到对这个病人而言的最佳的健康状态为目标（不可能每个人都达到WHO的标准），这样就充分实现了自己的职责。

同对健康的看法一样，对人和社会的需要的看法也是如此。从横向来看，人类的需要因

时代的变迁、环境的改变、社会文化的差异等而有不同。从纵向来看，一个社会随着经济的发展和技术的进步等推动作用，社会中的个人和多数人的需要也会发生变化。在衣食住行基本满足之后，必然会更多地有"爱"和"自尊"以及"自我实现"的需要。有这样的怪现象：现在医疗越来越发达了，可患者越来越不满意了，医患纠纷越来越多了。其中原因很复杂，但有一个原因就是改革开放之后，人们的生活水平和经济状况提高了，对健康更加关注了，不仅是关注纯粹生理的健康，而且也关注精神的完好，对自我的权利开始重视，对自尊的需要更加强调，若医护人员仅注重生理的健康就不能满足患者的需要。所以医护人员若从需要的理论考虑这种现象，就不会感到特别奇怪了。护士需要帮助病人自己康复，充分尊重病人的权利，而不是什么事情都替病人做，否则病人并不感到舒适。因此，担负维护人们健康职责的护士们，无论是在工作内容还是方法上，都要有所改变，要增加许多精神和心理方面的服务。从另一个角度说，病人对护理的需求越来越高，护理在医疗领域独立性也越来越强。

(三) 功能制护理向整体护理的转变

南丁格尔创立了现代护理，她本人事业的发展是在克里米亚战场上的与本国军医的矛盾（开始时军医对护士团采取抵制的态度，主张没有医生的指示，护士们不准参与医护工作）和合作（南丁格尔有目共睹的成绩使军医接受了护士并寻求协助）中前进的。传统上，护理一直附属于医疗，二战前后，由于护理领域实际的需要，护理职业本身科学性的进步和生物医学模式的指导，护士头脑中的观念主要是一种实用主义的护理理念，与此密切相关的就是功能制护理的工作方式，强调的是工作的分派与效率，着眼点是伤残、诊断及疾病，而非病人这个"人"，更不是他的家庭，病人变成了床号[2]。

美国护理学会1984年将护理定义为："诊断及处理人类对各种已存在及潜在性健康问题的反应工作"，把护理看作是一门科学，包含有人文、社会科学等因素。从功能护理制转为整体护理的根本在于我们如何看待医学，如何看待健康。人的健康与否，不仅与病毒、各种感染有关，而且与人的心理、家庭、环境和社会状态等有关。新的医学模式在20世纪70年代就已提出，一种完整意义上的医学应当包括科学文化与人文文化两个方面已是共识。面对由于人口结构、疾病结构的变化及社会环境、生活行为方式致病作用导致的人文社会因素对疾病健康作用的增长，医疗高新技术的广泛应用引发的医学的非人性化、医患关系的物化、医疗费用的剧增等社会问题愈来愈多，医疗和护理必须在生物、心理、社会、环境诸多因素中寻求调节与平衡，即医疗护理的内在人文因素要求医疗和护理的模式必须改变。这就是功能制护理向整体护理转变的"生理"基础，简单地说：人们的生活目的和价值观发生变化了，那么护士对人的照护方式和理念能不变化吗？

整体护理就是以病人为中心，以现代护理观为指导，以护理程序为基础框架，并且把护理程序系统化地运用到临床护理和护理管理的思想和方法。其体系应该包括护理程序在内的护理哲学、护士职责与行为评价、病人入院及住院评估、病人标准护理计划及标准护理教育计划、护理记录和护理品质保证等内容。整体护理的目标是为病人提供包括生理、心理、社会、文化等方面的护理服务及护理教育。护理学是现代科学体系中的一门综合自然科学和社会科学为一体的学科。目前的整体护理首先是针对以往功能护理仅仅作为执行医嘱境况而进行改革，把护理作为独立的整体的联系过程来对待。整体护理观的整体，应当包含以下六个层次：一是病与病人是一个整体；二是生物学的病人与社会心理的病人是一个整体；三是病人的物质生活与病人的社会文化生活是一个整体；四是病人与社会是一个整体；五是病人与整个生态环境是一个整体;六是病人从入院到出院、在院内与院外是一个整体[3]。

另外,各国的现状已说明了,随着社会的老龄化和疾病谱的变化,慢性病的增多,社区医疗的加强,护士在卫生保健工作中的作用日益增强和提高,护士的工作地点将从医院向社区和家庭扩展,这就越来越要求护士对自己的工作做出独立的判断和决策。即便是在医院中,尤其是在ICU护理中,护士的技能和独立操作和对病人照护的空间越来越大,独立性越来越强。从病人的角度来看,护士在整体护理中的角色与功能已是多重的:照护者、决策者、教师、管理者、沟通者、舒适者、康复者、病人的代言人等,自然地,护士身上的职责大大加重了。

二、护理与道德

记得曾看过这样的一个录像资料:一个晚期癌症女性病人,在住院期间与护士建立了很好的护患关系。在平时的交谈中患者告诉护士如果出现了危重的情况不要使用心肺复苏器械抢救,护士答应了她,并在结束谈话离开前为她的手搽了润肤霜。一段时间后,医生查房,发现患者出现临终状况,便紧急通知相关部门搬来了器械并做心肺复苏,是护士最后阻止了这些做法,告诉医生这位患者是DNR(Do Not Resuscitate Order)(即填过放弃临终抢救的表格)。

这件事情说明了临床上类似的安乐死和临终关怀等问题,其实这些问题的本质已不是医学问题,而主要是医学中的人文方面的问题。随着社会的变化,护理人文含义变化,护士的价值观从"救死扶伤"向"尊重生命"、"维护尊严"、"尊重患者权利"、"减轻痛苦"等理念转变。这种转变背后的东西是适应人的需要的变化和对人的尊重。虽然随着职业的独立性和社会价值观的变化,护理的方式和理念等发生变化,但不变的是护理这个职业对病人的关怀照顾本身,护理行业就是对病人的关怀照顾,护士就是实践着对病人的关怀照顾。与医疗相比,护理更侧重于这方面,这是护理学与其他学科或专业不同的根本所在。关怀照顾的内容之一就是提供使病人感到舒适的措施,让病人即使在面临疼痛、极端衰弱,甚至临终时仍能保持人格尊严,并使病人最大限度地参与健康的恢复。作为一门专业,护理学的根本职责是促进健康,预防疾病,恢复健康,以及减轻痛苦。若从人道主义角度理解,护理就是给(病)人以关爱,这是纯粹的"善",而善是"道德"概念所特有的含义,仅此一点就说明了护理学这一专门从事的人的照护,是对人和社会有益的善举,这本身也说明了它是一门实践道德的专业。因为它以关怀照顾他人为目的,是关心他人、发扬人道的专业,这样,护理学这门学科和专业就与道德有了内在的联系[4]。

任何一个职业,都需要也都存在本专业的道德,但护理同其他领域不同之处,在于护理本身又是一个道德的职业(moral profession),这个职业本身就是善。既然选择这个职业,就意味着,你能承担或有准备承担起这个职业本身的道德责任。

所以,护理与道德的关系是内在的,表现为护理本身的关怀、爱、照护等就是伦理学基本概念、范畴,是护理道德本身。

三、伦理学

伦理学就是研究道德的学科,也称道德哲学。

(一)道德

1. 道德的概念

一提到道德，人们心中老大不情愿，好像道德就是对我们的束缚、约束，就是用常人达不到的规范要求我们。其实，不论我们喜欢与否，道德是一个社会现象，是人类特有的精神生活。要正确地认识道德，需要认清人和社会的关系。用一种直白的表示就是：人在社会中生存，社会是由一个个的人组成的，人与人之间只要有社会关系存在就可能有利益冲突，个人利益和社会利益联系在一起，既有一致的地方，也有冲突的地方，所以，社会就需要公正地分配利益，即对每个人都有约束，要求每个人都遵守一定的规则，尊重他人的权利、私利，这样每个人才能享受到最大的自由。这种用来调节关系的行为原则、规范就是道德。

简单地说，道德是调节人与人、人与自然之间相互关系的行为原则和规范的总和。道德这一领域特有的词是"善、恶"。若严格地说，道德是由一定的社会经济关系决定的，依靠社会舆论、传统习俗和人们的内心信念来维系的，表现为善恶对立的心理意识、原则规范和行为活动的总和[5]。

道德的核心词是"关系"。对道德的理解的另一个关键是这些"要求"（道德规范就是要求）是必然的，不是个人所能决定的，而是社会的意志，因为这是社会稳定、和谐和发展的条件。从字源上看，道德和伦理是非常相近的两个词，现实中人们对二者常混用。我们常说，"这个人不讲道德"，但不说"这个人不讲伦理"，其中可体会出道德有一种精神、意识、个人修养等方面的内涵，而伦理没有。"道"是指规律、法则、原则，"德"是指得道于己而形成的个人德性或品德。道德作为社会意识形态是指调节人与人、人与自然之间关系的行为规范的总和。所以，道德有两个方面的含义，一是同政治、法律、文学、宗教等都一样的社会意识形态，二是个人的德性、品德。这也可以从下面道德的结构来深入理解。"伦理"可以说是个有中国特色的词，在中国传统文化中占有重要的地位。中国文化讲"伦"，重在关系，是指辈分、类分和秩序，"理"即条理、治理、料理，引申意义指道理、理则。这样，伦理有双重含义：一是指人伦关系，二是指人伦关系之理，即伦理一词的本义是人与人之间应有的关系和道理。但"伦理"主要是指人伦关系，即人与人之间应有的关系。需要强调的是，这里的人伦关系是"实体性"关系（即在社会中确实存在的现象），如医患关系、护患关系、父子关系等。由于这种实体性关系有其客观依据和合理性，因此就有体现其必然性和必要性的应然性，即"伦理"中的"理"。这"理"就是应该如何维系这种关系在道德、法律或政策等方面的要求。为什么护士应尊重、爱护患者，不仅是法律的要求，更基本的是因为他们之间实实在在的人伦关系所产生的道德要求。同理，破坏护患关系可能出于法律上的原因，也可能是道德等方面的原因。何时和在什么界限上是道德的因素，何时和在什么界限上是法律的因素并不都是截然分开的，除非有法律条文明确规定。但在现实中，二者是融为一体的，法律不可能把生活中的所有情况都列出条文来，所以进行护理伦理学研究既要研究道德，又要了解法律的基本思想和部门。黑格尔认为伦理关系是"合理的社会秩序中的关系"，他把道德和伦理的学说都归入《法哲学》，只不过有实然法和应然法之别。从这个角度来看，道德是调节关系的一种方式，即"应然"的方式，而法律是另外一种方式，即"实然"的方式[6]。

2. 道德的结构

道德是一个社会现象，也可作为一个系统来研究，它是由相互关联、相互制约、相互渗透、相互作用的三种要素，即道德意识、道德关系、道德实践活动构成的有机整体[7]。

道德意识是对一定社会的道德必然性的认识，由道德规范意识和道德思想意识两个因素构成。从本质上看，道德规范意识就是社会群体道德意识，是一定民族、阶级、社会集团乃至整个人类的某种群体的道德意识，一经形成，便成为一种制约和影响人们思想和行为的客观的社会力量；道德思想意识就是个体对社会道德的认识和实践后所达到的道德境界，包括个人的道德观念、情感、信念、意志、理想和道德理论体系等，是个体进行行为选择的内在机制[8]。

道德关系是指在一定的道德意识、原则和规范的支配下形成的，并以某种特有的活动方式而存在的特殊的、相对稳定的社会关系体系。故道德关系的形成是不以个别人的意志为转移的，是社会中的稳定联系的一个侧面。作为一种社会关系，道德关系是道义上的关系，表现为个人同群体、个人同个人、群体同群体三个层次的关系。

道德活动是指人们依据一定的道德观念、原则和规范所进行的各种具有善恶意义的行动，包括道德行为选择、道德评价、道德教育、道德修养等形式。道德意识如何和道德活动如何都是发生在道德关系中。

具体在护理领域中如何理解道德结构，可见后面的护理伦理学的研究对象部分。

3. 道德结构三要素的相互关系

各种道德关系都是人们的道德意识的直接表现，并且客观地体现在人们的道德活动中，所以，道德关系既是主观的又是客观的特殊的社会关系。道德关系的客观性在上面已经说明了，主观性表现在道德关系是通过人们的意识而形成的，表达了人们的道德动机、欲望、情感，它来自人们的义务和良心，人们可以在一定的道德关系所形成的道德处境中进行自己的道德评价和自由选择。道德关系表现为已经完成的行为，道德活动则表现为一定的道德要求所规定的人们用什么方式所要完成的行为，既有现行的风尚，也有过时的行为。正是通过道德活动，人们的道德意识和道德关系才能或者得以巩固和发展，或得以改造和更新。

这三个要素彼此之间是相互联系、相互制约的。道德意识是道德关系形成的思想前提，又是道德活动的支配力量；道德关系是道德意识的现实表现，又是以道德活动为载体，并且制约着人们的道德活动；道德活动不仅是道德意识形成的现实基础，而且是道德关系得以表现、保持、变化和更新的重要条件。在这三要素构成的整体中，道德原则处于核心地位，它既是道德意识的灵魂，又是道德关系的支撑点和道德活动的指导方针[9]。

（二）伦理学

一提到伦理学，有人便认为伦理学是和政治联系在一起的。我国是有这种现象，尤其是在传统的封建社会，道德是和社会治理密切相关的。西方多认为伦理学是研究人类行为的学科，特别注重分析何种行为是对、错、善、恶等。

伦理学是哲学的一个分支，是专门研究道德的学科，也可以称作道德哲学。伦理学与社会学、心理学、美学等关系密切，其中一个原因是这些学科也在一定程度上研究道德。

伦理学是个历史悠久的学科，人们创造出不同的伦理学体系，具体来说，主要有三种：规范伦理学、元伦理学和描述伦理学[10]，也可以说成是三种不同类型的伦理学。规范伦理学是狭义的伦理学，也是中国传统所讲的伦理学，即凡是主张有道德标准和原则的伦理学都称为规范伦理学，把义务、原则、行为和道德品质判断作为基本内容加以研究。护理伦理学、医学伦理学等都是规范伦理学，只不过是应用在了具体的领域中，严格地说是应用规范伦理学。元伦理学是关于道德术语的意义和道德判断的确证的科学，描述伦理学是对客观的道德现象进行描述，不做价值判断，也不建立原则和标准。

其实我们每个人都或多或少地做过类似的哲学思考，如：人为什么要活着？我要成为什么样的人？人为什么要讲道德？整体护理的道德本质是什么？等等。这个问题在其他领域是很棘手的,但在护理领域好像不是一个问题,因为护理行业本身和护士自身就是在从事着"善"的事情,即在做道德的事情的同时就是在工作,从道理上说,这应是一个最能使人身心愉悦的工作。有一本教材曾被美国和加拿大普遍采用,教材的名称一直为《护理的科学、艺术和精神》,原因是护士自己感觉到:护理艺术与科学只是一张三脚椅的两只脚,护理精神也是一样重要。"护理的科学性是指护士能了解护理活动与技术的科学原理;护理的艺术性表现于执行护理工作时的能力、技巧和信心;护理的精神是表现护士对一个需要她照顾的人整体的了解,而非仅对病人的了解"[11]。护理精神可以理解为护理的伦理层面。虽然随着人的需要的变化,护理的职责一直在改变,但护理精神、内在的善永远不变。

(三) 护理观

护理观简单地说就是每个人对护理工作的看法。对某件事的态度可以反映了一个护士的价值观。如,怎样进行护理活动,有很多选择,不同的选择能够反映不同的护理观。也就是说,护士自己持有怎样的护理观,自己该怎样去生活,自己的生存意义和生存价值等都可通过护士在职业中的表现反映出来。

护理就是保护生命,生命对于每个人的重要性,就是护理对于整个社会的重要性。整体护理,就是对人和社会更加全面的呵护,试想,两个患者患的都是相同名称的疾病,但病人的个人感受绝对不同,因为人不是机器。以前在妇产科,产妇生产后的第二天经常被护士训斥说"别人能下床,你怎么就不能?"这既说明护士可能忽视患者的特殊问题,而且说明了对不同的病人用的是相同的眼光,这就不符合照护的本质了。因为照护是对人的照护,而人的需要是不同的,心理是不同的,反应是不同的,抵抗力是不同的,所以同样的外因在病人身上表现的是不同的症状,同样的疾病在不同的病人身上有轻重之别,有耐受强弱之分。如果护士这样说:"别人都能下地,你不能,让我看看你哪儿不舒服?"那么这说明的则是护士在整体护理的观念上认识不同了。

有时观念上是一念之差,反映在沟通上有时也是一字之别,但在病人的感受上则是天上人间。

第二节 护理伦理学

一、护理伦理学的学科独立性

伦理与道德两者有内在的联系,这已是不容置疑的了。随着整体护理的实施,护士对病人的照护无论是从范围还是从深度上都增加了很多,担负的责任也越来越大。不仅在我国,其他国家的护理领域也都有个特殊的现象,即护士天天在不停地学习,如参加高自考、护理大专、护理本科、专升本、护理硕士等等的学习和考试。由于功能制护理向整体护理转变,临床上新的技术和设备的出现,对护士的科学知识和人文素质方面的要求越来越高,原来的旧的护理教育已经不能满足临床上护士的需要,关键的原因是现在护理教育越来越发达,护理领域内护士自身已经明显有独立的意识,对自身不足的部分予以弥补。随着护理在专业上越来越自信和70年代"护理诊断"等概念的提出,护士自身的独立意识和自主意识逐渐增强,除了配合医生外,还有能力去思考、判断、决定对病人最有利的护理措施等。护士身上的角色在转变,从单纯的疾病护理,到整体护理、心身护理,从单纯的医生的辅助者,到现在的合作者、对病人的教育者、咨询者以及护理科研者等,并对临床上可能存在的对护士和护理职业的不公正的事情提出自己独立的见解。比如有的医生可能重医轻护，常说"不靠我们开出医嘱你们还有活儿干吗？""病人可都是慕我们的名而来的！"这些话反映的是部分医生和医院的管理者没有对护理工作做出公正的判断，而护士在这不平等面前是有权利发表自己的见解并为不平等现象的彻底改变做出努力。

护理诊断与医疗诊断是完全不同的。医疗诊断是对个体病理、生理变化的一种临床判断，描述的是一种疾病，是由医生进行诊断和决定的治疗措施，是在医疗职责范围内进行处理，仅用于个体的疾病。护理诊断则是对病人、家庭现存的或潜在的健康问题的一种临床判断，是对个体健康问题的说明，是由护士对病人健康问题的反应做出的诊断和治疗，是在护理职责范围内进行处理。因此，随着护理行业的独立，传统上存在的医疗领域对护理的偏见在新的历史条件下是不公正的，需要伦理学的基本原则为其论证，这是护理行业的内在的要求。同人的需要发展相似，护理行业在经过发展之后，"自尊的需要"这种内在的需要越来越强，对一些不公正的对待等要发表自己的见解。

以往，护理伦理学是附属于医学伦理学的，这并不是因为人们对护理伦理学的误解，而主要是因为护理学在实践中还未独立出来。随着护理学成为一门独立的专业以及护士越来越独立发挥作用后，就要求护士在护理工作范围内独立做出决策，不能简单地从医学伦理学原则规范推演出与自身工作侧重点不同的护理伦理学的道德规范，这客观上推动了护理伦理学的发展。对护理伦理学的发展起推动作用的还有20世纪70年代的生命伦理学和90年代的女性主义及其关怀伦理学。女性主义者提出了与西方主流伦理学不同的伦理学，这种伦理学强调女性的道德经验，强调要将母性的关怀（care）作为伦理学的中心。因而这种女性主义伦理学又称为关怀伦理学。而护理学的中心任务就是关怀照顾，因而女性主义关怀伦理学与护理伦理学就发生了自然的联系[12]。

二、护理伦理学

护理伦理学是研究护理道德的学科，它是应用规范伦理学。

（一）护理伦理学的含义

历史上对护理伦理学（nursing ethics）曾有如下的理解：

- 护理伦理学被指称护理职业的伦理学规范，如用来指导护士的日常实践活动的价值、美德、原则等。
- 护理伦理学被指称描述性的，即现实中实际指导护士实践行为的原则和价值，而不是指导行动的理想观念。
- 护理伦理学现在被指称护理实践中的伦理学范畴，是一个知识领域，而不是单指某些理想的或实际的规范[13]。

综合起来，可以这样定义护理伦理学：护理伦理学是研究护理道德的学科，它用伦理学的原则、理论和规范等来指导护理实践，协调护理领域中的人际关系，对护理实践中的伦理问题进行分析、讨论并提出解决方案。

（二）护理伦理学和生命伦理学的关系

由于高新科技的发展和文化及观念的改变，人们重新对生与死、对疼痛的忍受、对自己生命的权利、对他人和社会的义务等进行思考，于是产生了一个新的领域——生命伦理学。生命伦理学是一个新学科，产生于20世纪60年代末的美国，它代表一种全新的观念，不仅指开创了一个新领域（伦理学和生命科学的交叉），而且代表一种学术思想、政策、政治因素对医学生物和环境的影响等。生命伦理学可简单理解为对生命的尊重，把伦理道德扩展到人之外的生物领域，研究更广泛的关系，调节人类的行为。对生命伦理学的影响较大的几个因素同样对护理伦理学产生了影响，如病人在某些情况下是否撤除呼吸机、科研和人体实验（尤其是对弱势人群，如儿童、囚犯、精神疾病患者）中的伦理问题、自主性和权利以及消费者权利运动等。

关于护理伦理学和生命伦理学的关系，有两种观点，一种认为护理伦理学和医学伦理学一样，都是生命伦理学的一个下属分支；另一种认为护理伦理学不是生命伦理学的一个分支，而是对哲学伦理学中提出了理论问题，本质上是从哲学上解决护理领域中的伦理学问题，是哲学伦理学进步的一个推动力[14]。本书倾向于后一种观点。

三、护理伦理学的研究对象和内容

（一）护理伦理学的研究对象

伦理学是研究道德的，护理伦理学是研究护理道德的。

护理道德，是一种职业道德。而职业道德就是每个行业的道德，是在一定的职业活动中所应遵循的，具有自身职业特征的道德原则和规范的总和。具体到护理领域，护理道德是指护士在执业过程中应遵循的，用以调节护士与患者之间、护士与其他人员以及与社会之间关系的行为原则和规范的总和。

1. 护理道德结构

道德的核心词是关系，所以，护理道德关系是护理伦理学研究的核心。护理道德关系是护理道德结构的一个要素，要想深入地理解护理伦理学，需要把握好护理道德结构的含义。以第一节道德结构的知识为基础，这里可以更深入地理解护理道德结构。护理道德结构包括护理道德意识、护理道德关系和护理道德活动三个组成要素。

护理道德意识　护理道德意识既包括社会对护理领域中的有关各种道德关系的风俗、惯例和自觉概括表达出来的道德原则、规范和范畴体系，也包括个人（主要是个人，也可指护士群体）对社会风俗和理论体系的认识水平、通过社会的道德教育和个人的道德修养所达到的道德境界。总的来说，护理道德意识包括认识、情感、信念、意志等方面的含义。

护理道德关系　护理道德关系是社会关系的一种，以护患关系为例，由于社会对护理的需要，社会需要这样的社会关系，主要存在法律关系和道德关系两种形式。本书主要论述的是道德关系。道德关系是社会中的一种稳定的社会关系，不是依个人的意志存在，不是任何人想和谁形成什么关系都成，也不是任何人不想和谁形成关系也可以。如，患者进了医院，他不想和护士形成护患关系是不行的，不想和医生建立医患关系也同样是不现实的，这就是社会关系的特点，是社会的存在，不依个人意志为转移。由于道德关系是受道德原则和规范所制约的，所以这种关系中的个体和群体如何活动，不应该是随意的，而需要按照社会的道德规范和社会对职业的道德要求去做。

护理道德活动　处于道德关系中的个体或群体应该按照社会和职业对这个领域的风俗习惯、道德原则、道德规范的要求去做。具体关系中的双方能否按要求去做，取决于关系中的个体或群体对道德的社会规范原则认识的深刻程度、形成的道德情感的深厚、养成的道德意志的强弱等因素，因为道德活动就是人们依据一定的道德观念、道德原则和道德规范所进行的活动，包括道德行为选择、教育、修养和评价。

2. 护理道德结构示意图

护理道德结构简图

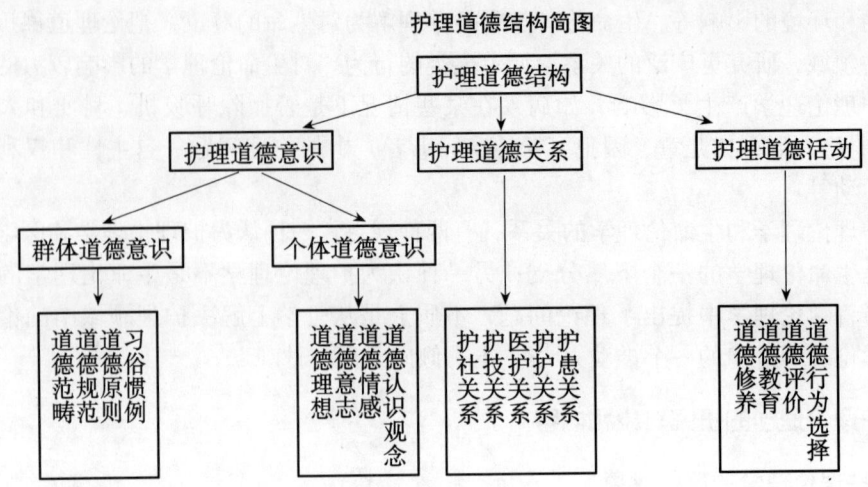

（二）护理伦理学的研究内容

从护理道德结构可分析出，护理伦理学的研究内容应包括：

1．护理道德关系：护患关系、护护关系、医护关系、护际关系、护士与社会的关系。另外，与各种关系相适应的道德规范也是这部分的研究内容。

2．护理道德意识：社会要求护理职业中调节护理道德关系应遵循的原则、规范，护理关系中各方的权利和义务。另外，护理伦理学的基本理论和历史发展也是社会道德意识部分的内容。护理伦理学的基本范畴，即一些基本的伦理学概念，如情感、良心、慎独、信念、意志、理想等主要是个体道德意识部分。有些护理伦理学的基本概念，如隐私、自主、知情同意等等，既有社会道德意识成分，也有个体道德意识成分。

3．护理道德活动：道德活动一般主要表现为个体的道德活动，比如如何进行道德行为选择、如何进行护士的道德教育、修养和评价等。

（三）护士经常面临的伦理问题

护士经常经历的伦理问题有：如何建立融洽的护患关系、在病人的关怀照顾中如何权衡利害得失、如何保护病人的自主权、如何和其他医护人员打交道、如何公正分配护理保健资源等。护理伦理学教学的总目的是培养在伦理学上能够负起责任的护士，对伦理问题具有做出伦理决策的能力。为了达到这个总目的，就必须考查护士个人在关怀照顾病人问题上的道德承诺和价值观念如何，她们如何对自己的工作进行伦理反思，发展她们进行道德推理和道德判断的技能，以及发展她们利用伦理学对具有政策含义的更广泛的问题进行反思以及研究护理实践道德基础的能力。

现实中，护理伦理问题经常以下面的方式存在：

1．如何与患者沟通，恰当地使用语言和非语言形式。

2．如何处理护士所扮演的多种角色的冲突，即护士身上各种横纵向关系的交叉问题。护士与病人的关系最亲密，与病人相处的时间多于其他医务人员，医生容易更关心治病，而忽略对病人的关怀照顾，但治病只是恢复健康工作的一部分，其中非常重要的、不可缺少的是对病人的关怀照顾。当患者情况危急时，通常是护士发现或被告知，因为护士经常就在患者的旁边，此时护士经常扮演协调的角色，协助联系病人和其他医务人员，于是就成了病人在许多伦理困境中的代言人。

3．护士如何真正融护理伦理于自己所在的特殊科室病人的临床护理中。另外，还有进行护理科研和提高管理水平等方面的伦理问题的处理。

4. 护理职业独立性的挣扎。护士作为医疗系统中的一分子，与其他医务人员彼此合作、配合，但从历史上看，护理一直为其专业的独立性等问题在挣扎，护士心理存在不平衡或被不公正对待的情况，这也是护理伦理学整个学科面临的问题。

第三节　护理伦理学的学习意义

一、护士为什么要学习护理伦理学？

就像人为什么要有道德，社会为什么存在道德现象一样，毋需太多的考察就能发现，人有很多共同的需要，因为人与人的交往构成了社会，社会为了满足人们的这些需要，便形成了一些必要的道德规范和原则，这些原则和规范鼓励人们相互合作，和谐相处，这样才能使社会中每个人的需要都能尽量得到满足。如"不许杀人"，这样每个人都不必担心自己被无端杀死；如"尊重他人"，这样才能保证自己的人格得到尊重。所以，道德的产生是人类社会的需要，每个人都受一些道德约束，都适当控制自己的自私，才能最低限度地保证自己的个人利益[15]。

（一）护士需要学习护理伦理学的客观原因

护士为什么要学习伦理学？很多人，包括护士，会认为没有必要学习伦理学，因为人们一般都有这样的体会：现实中没学伦理学的人很多，但他们都能对道德问题做出判断，但下面的情况说明了这些依靠人的"直觉"式的东西是远远不够的。

1. 护理行业不同于一般的日常生活，做道德判断也不同，它涉及病人的生命健康，其中的伦理学问题远比日常生活多，故护士所具有的日常生活中的道德知识是不够的。

2. 在日常生活中，人们周围的环境是他所熟悉的，但当病人在医院中时，他们感到的是焦虑，不安全，甚至有的是处于无意识状态，这种状态下病人做出的道德决策与正常的生活状态是不同的，甚至根本不能做出道德判断。因此，护士需要具备专业的护理伦理学知识，帮助病人冷静地分析解决所面临的伦理问题。

3. 护士与很多病人接触，而这些病人是有着不同的道德教育背景，也来自不同的文化环境，对伦理学问题有着不同的反应方式，护士必须考虑进去与她有着不同道德视角的病人（和家属），因此，护士在护理实践中的道德决策与日常生活中的决策肯定是不同的，必须遵守相关的道德规范。日常生活中，人们都认为自己的道德直觉是绝对正确的，但这是得不到支持的，因为在有道德冲突时，很难为哪一方辩护，尤其是在卫生保健领域，如果没有考虑对方和其他人的观点，是没有充分的证据证明自己的道德观点是正确的。

4. 由于医学技术高度发展，如生命维持器械，使现代的医学和护理使医护人员"操纵"人的生命的力量更大了，这使卫生保健领域的情况非常不同于日常生活，护士介入到了以前与以往的日常生活完全不同的道德难题中，介入一个人和一个家庭的生离死别的境地，必然地，护士的日常的道德判断已不可能应付这种性命攸关的情况的道德判断了[16]。

（二）护士需要学习护理伦理学的主观原因

护士身上的角色很多——要同病人、医生、家庭、社区甚至法院等发生关系，可能在某一个时刻，某方面的角色要优先。但究竟哪个应优先，优先顺序的确定涉及不同人的利益，而涉及利益必然要引出伦理学问题，因此，如何使行为更符合伦理学的要求，是需要学习的。

在职业当中一定要考虑到专业角色的不同对你的影响,因为从个人利益和职业利益出发几乎是一个人的"本能",即自觉不自觉地,你将会按照符合自己利益的方向来进行活动,这就必然存在多方面的利益冲突:患者利益、个人利益和医院利益,前两者的冲突更直接。个人利益远不止是经济利益,有些利益冲突也许不能被法律所控制,但无论如何,它影响了我们的行为。受法律谴责的当然属于我们的研究范围,但法律可能被理解为由社会根据广为接受的行为标准而建立起来的最低标准,而道德关怀则超出了这些最低标准,去考察那些可能被法律接受但可能不符合某些道德准则和原则的行为,这是因为合法的行为有时不一定是道德的。比如使用"黑鬼"、"老农"、"小贩"、"扎小针"等字眼,或一个不屑的眼神,甚至护患之间的不信任等,虽然不是法律管辖的范围,但却能明显令当事人感到人格受到侮辱或不舒适。

二、护理伦理学的职能

学习伦理学、护理伦理学,不是要说明人为什么要有道德、护士为什么要有道德,而是关于如何认识道德,如何熟悉你所在领域的道德要求,从他人和自己的行为中辨别出道德问题并能解决这些问题等。即如何提高自己的道德并实现你的道德,这是根本。如果能做到这些,就说明你已经实现了护理伦理学的职能。具体来说,护理伦理学切实的职能体现在:

- 客观上规范护士的护理行为
- 提高伦理学认识,掌握伦理学知识和原则
- 提高对医疗卫生领域中的伦理学问题的敏感性
- 能辨认出哪些是伦理学问题
- 用伦理学知识分析问题和解决问题

当然最终都是为了实现护理的本质—为了病人的利益。

伦理学面临的一个主要困难是对伦理学难题没有明确的清楚的单一的答案,至少没有任何一个人都加以赞同的答案存在。但同样存在的现实是:一个人的道德境界随着道德教育和修养等的提高而一直向前发展,所以,作为护士必须做的事情是通过学习和实践提高自身的道德修养,而且我国一直有强调道德修养的传统。从另一个角度看,某些基本的绝对的原则还是很重要的,如为了病人的最大利益。在有的历史条件下,这一原则表现为病人完全相信信赖医生和护士,由医护人员替病人做决定——如我国的社会主义初期,改革开放之前;有的表现为医护人员把所有的信息都告诉家属,家属多数情况下代替病人做决定,这与我国的家庭整体观念有关,也与病人的权利意识有关;有的表现为病人自己的完全自主权利,凡事由病人自己决定,或在清醒时写好自己的意愿或找个能代表自己意愿的人来替自己决定,这是现代西方的观点。即掌握了护理伦理学的本质,便可以比较自如地分析和解决问题。

学习护理伦理学,可使护士增加对于她们所护理的病人、其他专业人员甚至自己身上的不同的价值观的了解,可提高自身作为照料者、决定者等角色的能力。使她们能判断出潜在的冲突情况,且在真实冲突爆发前加以突破。应深刻认识到,伦理学不是附加在护理工作之外,而是每一个护士在她们与病人和其他人的每日的接触中必不可少的组成部分。不论护士承认与否,护士的每一个行为都与患者的利益有或多或少的联系,因此护士的每一个行为都包含有伦理学因素,她们每日都牵涉在伦理中,并且在决定伦理问题的解决方法上扮演一个重要的角色。如果护士意识到护理工作中的伦理学因素,并愿意将伦理行为整合到护理实践

中，体现在与病人的接触和交往等方面，那么，护士对社会的贡献将是不可估量的。最大的好处是可能减轻科学技术与医疗护理之间的冲突，是在护理中加入对人性即尊严的尊重，通过帮助他人找到更富尊严的生命，这样也使护士自己对自我的价值得到承认而欣慰[17]。

第四节　护理道德与法律的关系

案例 2　患者林某，女性，36 岁，因头晕、咳嗽、咽痛 2 天，于 1998 年 3 月 13 日上午 10 时许入某镇医院门诊部就诊。接诊医师检查后诊断为上呼吸道感染。予以口服感冒冲剂、喉风散、肌注青霉素等治疗。林某考虑到家里还有青霉素针剂，于是没有取药，当日下午 16 时许林某自带青霉素针剂找到与其相熟的该门诊部护士刘某，一起到门诊部要求不作皮试直接注射青霉素，遭到值班医师的拒绝。半小时后，林某又找到刘某，说自己怕痛，以前也未作皮试注射过青霉素，要其帮忙直接注射。刘某听后碍于情面，竟违反规章制度和操作常规，应林某要求未作皮试就为其直接注射青霉素。注射过程中，林某当即出现心慌、胸闷、四肢发冷等过敏反应，继而心跳、呼吸骤停，刘某立即停止注射，报告医师，采取肌注肾上腺素、洛贝林等抢救措施。科主任和其他医师闻讯赶到，立即行人工呼吸和胸外按摩，经全力抢救无效，于当晚 22 时许死亡[18]。

护理伦理学与护理心理学、护理社会学、护理美学、卫生法学等关系密切，在对具体的案例分析中，尤以与卫生法学的关系更加密切，主要表现为护理道德与法律之间关系的错综复杂。

一、护理道德与法律的区别

- 二者产生的时间不同，先有道德，后有法律；
- 形成和废止的方式不同，道德规范是慢慢约定俗成的，也有的是通过倡导的形式形成的，它的废止也是慢慢地淡化。法律是由法律机关制定或认可的，废止也是同样的方式，较快；
- 表现形式不同，法律比较明确，多是条文型论述，清楚明了。道德存在于社会风俗和人们观念中，虽然有的也以条文形式出现，但多数的道德规范比较笼统；
- 发挥作用的方式不同，法律是国家强制的，约束力强，但有时有滞后的现象。道德是依靠内心信念、社会舆论和传统习俗等维持的，约束力弱，靠自觉，但通过良心等起作用的约束，力量也很大，且长远；
- 调整的对象不同，法律调整的是特定的法律关系，道德调整的关系可以是法律关系，更多的是道德关系，即不是法律关系的也可通过道德来调整。护患关系既是法律关系，也是道德关系；
- 代表的层次和境界不同，法律一般是较低的道德，道德一般是较高的法律。不排除有不义之法。

二、护理道德与法律的联系

- 道德规范和法律规范是调节人的行为的最重要的两大规范。但被制定的法律也一般都已是道德上承认的，二者在内容上相互包含；
- 遵守法律本身也是道德的一个要求，在发挥作用方面可相互协助，遵守道德本身也可以预防触犯法律；
- 遵守法律，在护理领域还表现为遵守护理的规章制度，严格操作规范等。
- 已有的现行法律中的规定很可能已经过时或滞后，需要借助道德的力量，督促法律的完善。

三、正确认识道德和法律之间的关系，不能为立法而立法

我国尚处在法制建设的时期，法律本身不健全，首先还是要有守法的观念，表现为对与专业有关的法律要熟悉，严格按照法律法规的要求去做，这样既是对自己的保护，也是对社会的保护。但还要看到，在某些情况下，由于法律的不健全，或滞后，有些法律不符合道德标准，如美国20世纪60年代的消费者权利运动、女权运动等都是从道德领域对法律领域进行攻击。现在各国都存在这样的问题，道德立法越来越取代道德思考，即一旦公众的道德裁决形成了法律形式，人们就可能把思考范围缩小到考虑某些行为是否合法这样的问题，对其中的合理性问题便不再考虑，立法成了人们普遍的偏爱，因此产生了各方的利益冲突。

第四章第一节将从权利和义务角度对道德和法律之间的关系进行论述，可作为这部分内容的补充。

四、我国与护理和护理伦理有关的法律法规

1994年1月1日起实行了《中华人民共和国护士管理办法》，1988年卫生部首次颁布了《中华人民共和国卫生部医务人员医德规范及实施办法》。1986年卫生部曾颁布《关于加强护理工作领导理顺管理体制的意见》，之后卫生部又制定了《我国护理管理标准及评审办法》（试行）

一般来说，护士应知道下列事件与法律有关：意外事件的报告（需报告的内容有病房，病人号码；姓名及诊断；病人主治医师姓名；意外事件发生的时间；记事时间；向谁报告；医师是否已经知道；意外发生后随即处理的方法；意外发生对病人的影响；负责或发现此意外事件的护士签名；病房督导签名）、保持病人的秘密、护士需作证人、有自杀倾向的病人的护理、死亡的宣告、志愿书（如DNR）的填写等[19]。

另外，社区护理将越来越多，如果病人临终遗言，其家属不在，还是需立刻把病人的遗言写下，不能遗漏；护士可能接受遗赠等问题也含有法律问题，一般出于感激的赠给是一般性交往，但若护士向病人主动索要并接受其作为酬谢，则触犯法律。遇到病人寻求安乐死的情况，在没有法律保障的情况下，医生无权中止治疗，社区护士更无权中止执行医嘱或实施护理，即便在伦理学上有的行为是应该做的，在实际操作中，受到法律的限制。保护病人隐私的问题，可能牵涉的法律问题也不少[20]。

平时对容易引起诉讼或引起法律纠纷的事情予以关注，将会减少法律问题。如，有文献报道护理领域容易引起诉讼的意外事件，据此提出了七种常见的护理法律责任差错：病人摔倒、没有执行医嘱或议定书（如果护士没有执行医嘱或议定书，那么你就极易被起诉。如果你对某个特别医嘱或议定书有疑问，你应向下医嘱的医生或护理管理人员讲清楚，引起他们的注意。千万不要随意变动、更改或不执行。执行医嘱并将其记录下来以保护自己）、用药错误、不能正确使用设备、异物遗留在体内、没有提供足够的监护（没有提供足够的监护是医疗差错诉讼的一个常见原因，而且这种起诉可发生于医院的每一个环节。如果有特殊监护的医嘱，你要让医生确定频率（除非医院规章里有所提供），而且完整记录监护和所有介入

情况)、缺乏交流(护士和病人之间以及护士和其他医务人员之间的交流对保障病人健康非常必要。护士需要及时地传达病人的病情和执行的医嘱情况,但在病人未诉说和医生未指示的情况下造成的错误护士不负责任)等[21]。

五、案例2简评

案例2说明的是在护理领域中的道德和法律问题。案例中的护士犯了致命的错误:没有按操作规章和护理制度去做(未做青霉素皮试实验,注射患者自带的药),没有医嘱便进行注射,这是不符合护理制度的,这两方面都是违犯法律的行为。同时更是违反护理道德的行为。另外,当患者的要求不合理时,尤其是像本案例中相互认识的,作为护士不应碍于情面,更不能怀有侥幸心理,而应坚持原则,向患者说明情况,进行解释和劝阻。

如果认为林某的死是由死者自己造成的,护士只是因死者要求而为其注射,不应承担任何责任,那么这么看此案例是欠妥的。患者和护士是熟人,但是,由于医疗工作是一种专业性、风险性很强的工作,有其自身严格的规章制度和操作规程,医务人员应严格按照诊疗操作规程处理。作为一般患者可能不知道不作皮试究竟其危害后果有多严重,但作为护士对此是应该清楚的。结果抱着一种侥幸心理,认为青霉素过敏率只有1%,林某不会那么巧正好就是这1%,于是不顾患者可能过敏死亡的危险,冒险为患者注射。从法律的角度讲,护士主观上是一种过于自信的过失,即她已经预见到自己不作皮试即注射青霉素的行为可能导致过敏性休克或死亡,却轻信可以避免,以致最终发生了严重不良后果。它不是一般的过失,而是严重的不负责任。在客观方面,刘某违反了青霉素使用前必须做皮试的规章制度,而且这一行为直接造成了林某死亡,因此,这可以说是一起医疗责任事故。若从护理领域常见的七种法律责任角度看,案例中的护士属于没有执行医嘱、用药错误和缺乏交流等方面的责任。

第五节 护理伦理学的学习方法

案例3 格林太太,67岁,因交通事故造成多处骨折和撕裂等入院。她的丈夫也被送到同一家医院,但死亡。格林太太当时是司机,她不停地问她的责任护士她丈夫怎么样了。外科医生马大夫告诉护士不要告诉病人真相,但并未提供给护士任何理由。

一、护理伦理学的一般学习方法

护理伦理学的一般学习方法有:理论联系实际的方法、系统的方法、比较的方法、逻辑分析的方法、社会调查法、学科间交叉法、探讨或讨论法等。

二、护理伦理学的特殊学习方法

本节通过对案例3的分析,希望能总结出护理伦理学的特殊学习方法——案例分析方法,这也是切实体现护理伦理学职能的一个例证,不只是发现伦理学问题,更要解决伦理学问题。

在道德评判上,虽然往往会造成"道德问题似乎没有标准答案"的错误印象,但事实上,任何人都无法否认真理的存在,问题在于我们的思考和分析能力。如果能有个比较理性的思考程序,将会在很大程度上保证分析结果的正确性,保证我们向真理更加靠近一步。

(一) 明确护患双方的价值观

每个人对一个行为都会有自己的一个判断,如:"护士应把患者丈夫死亡的事实告诉给患者",或"医生应该不让护士告诉病人真相",或"医生应该让护士自己决定是否告诉患者真相"等等。每个人的道德观可能不同,有的人认为这样做是对的,有的人认为这样做是错的。其实,这只说明这样一个事实:每个人都有自己的价值观。

但护理伦理学的核心是要为了病人的最大利益,即理论上只有一种做法最符合病人的最大利益。要做到符合病人的最佳利益,首要的是知道什么是病人的最佳利益。承认人的需要的不同,要承认病人的最佳利益和护士认为的最佳利益存在不一致的可能,意味着护士首先需要了解病人的价值观。

加拿大护理学会1997年的伦理法典(CNA,1997)在"选择"条目中提出:护士要尊重和促进当事人的自主性,帮助他们表达自己的健康需要和价值观,得到有关照护的适当的信息。CNA 1985中也有"护士有义务采取尊重当事人的需要和价值观的方式对待当事人"。美国护理学会护士守则(ANA,1976)的前言中有:……不论是护理服务的接受者或提供者,均被视为拥有基本权利和义务的个人或团体,而其价值观及境遇,随时都受到尊重。国际护理伦理法典(ICN,1973)中有"护士在提供照护时,要促成一个尊重个人的价值观、风俗习惯和精神信仰的环境……"的论述。

"对人的尊重"是护理伦理学原则的核心,必须要求护士知道病人及其家属的信仰、价值观和道德立场等。首先表现为尊重病人的价值观。

价值观的重要性,不仅在于自己的价值观可能存在偏激或不公正的地方,更重要的原因在于对病人的尊重的含义中最重要的体现就是尊重其思想、信仰、观念等,这些都可以归结到价值观,伦理学问题的产生经常与价值观有关。

在价值观方面常遇到这样几类伦理学问题:对所应遵循的道德规范或伦理问题本身不确定——道德不确定性(如病人想知道病情,护士没确定是向患者诚实还是遵照医生的嘱咐不告诉患者他的病情),或是对所采取的任一行动与道德的原则都有冲突——道德难题(同时心脏病发作,先抢救谁);第三是知道自己所采取的行动是正确的,但受限于机构的观点无法执行——道德困境(如医院的科室承包与抢救病人生命和维持生命之间的矛盾)[22]。

所谓的道德难题是指:很难做出选择,即满意和不满意的程度大致相同,而且没有绝对的正确与错误之分。如夜班护士面对两个同时心脏骤停的病人,如何做,先救谁?这就是个道德难题。道德难题需同时满足3个标准:意识到存在不同的选择;难在道德的实质,而非技术或护理判断上的不同结论;两个不同的行动都是很现实的选择。道德困境与道德难题有本质的区别,道德困境是限于条件或凭自己的能力解决不了问题,需要机构的改革和其他相关社会措施的完善等。

具体如何了解病人的价值观,将在第四章第三节详细提到。

(二) 明确伦理学问题

1. 什么是伦理学问题?

护士通常在直觉上觉得伦理学问题就是"语言态度"问题,事实远非如此。当医护人员面对复杂的伦理学问题和冲突时,在处于压力及矛盾的心情之下,不可能单凭直觉或经验就能得出适当的解决办法,而必须经过深思熟虑才能做出负责任的决定。伦理决策就是"做伦理上的决定",其中包括两个复杂的过程,即判断的过程和选择的过程。

首先判断有哪些伦理问题。在推理什么是伦理学问题时,受许多条件的影响:个人的价值观会影响个人对问题的看法；个人所持的不同伦理理论会影响决策的方向；机构组织的政策及法律的规定也会影响解决问题的方法。

我们先按照这样的思路思考下去：伦理学是研究道德的，从关键词来看，是调节关系的，即至少涉及两个人。如果一个人的行为不对任何人产生影响，没有利益关系，那么这个行为与道德无关。如一个护士在家的时候喜欢音乐，这没有什么道德问题。但如果在班上时也不停地唱，就有道德问题，因为她这样做对他人产生影响，有利益关系。道德是说行为，即应不应该做某事。一般来说，事实可能不是伦理学问题，只有"行动"才是伦理学问题产生所在，因为是行动能对他人产生好处和坏处。代表词是善恶、应该等。

案例3的伦理问题就是护士是否应该发出"告诉格林太太其丈夫死亡真相"的行为，也是怎样做符合格林太太的最大利益的问题。

2. 如何辨认伦理学问题

医护人员经常能感觉到其中包括有伦理学问题，但很难明确辨认出伦理学问题，或表现为不好明确说出伦理学问题具体是什么。

有些道德问题容易辨认，如对病人不予同情，泄露病人的隐私，或不平等，语言尖刻等等。有的案例表现得则不是那么明显，如把病人从椅子上移到床上而没有和病人说等细小问题都包含有道德问题，这与临床实践中护士对伦理学的认识有很大关系。

一些常见的词一般用来表示伦理学问题的存在，通过对这些词的熟悉，可从陈述中判断是否存在伦理学问题。如对的、错的、好的、坏的、应该、应该做、责任、义务、良心、幸福、尊重、公正、伤害等。要辨认伦理学问题，首先需要听出伦理学方面的词汇，以及是否能用此词汇描述一下某个情形。虽然在急诊时很难这样做，但在平时的工作中可尝试用这种方法。另外，一个简单的分析就是：某个或某些行为对他人产生好处和坏处，这就构成了伦理学问题。

（三）如何分析和解决伦理学问题

作为一门学科，伦理学不是要告诉人们，你要做这个，不要做那个，即简单地按照规范要求去做，而是同人们一起探讨，你在追求什么，你真正的理想是什么？即做一件事情的伦理学根据，所决定要采取的行为的背后的原因和合理性。为避免每次都进行烦琐或杂乱无章的分析，可通过一些程序步骤，使问题简化。

比较典型的决策模式，有汤普森的提出生命伦理学决策模式和临床伦理四盒子模式：

汤普森的生命伦理学决策模式

- 了解所发生的情况，决定健康问题是什么，需要做的决定是什么，与伦理有关的因素和关键的人物
- 收集其他的信息以澄清情况
- 确认此境况的伦理学问题是什么
- 明确个人和专业对这些问题的道德立场
- 清楚所涉及的关键人物的道德立场和观点
- 明确价值观的冲突都有哪些
- 决定谁能做最后的决定
- 确认行动的范围和预期的结果
- 决定行动方案并付诸实践
- 评估决策和行动的结果[23]。

四盒子模式[24]

医学指征	病人的要求
1. 病人的医学问题是什么？病史？诊断？预后？ 2. 病情是急性的？慢性的？危重的？急救的？可复发的？ 3. 治疗的目的有哪些？ 4. 成功的可能性有多大？ 5. 万一治疗失败，有哪些计划？ 6. 总之，这个病人如何能从医疗和护理上得到益处，可能的伤害如何能避免？	1. 病人对治疗表达过哪些意愿？ 2. 病人是否已经被告知收益和风险，是否理解，是否表示同意？ 3. 病人是否神智健全，是否有法律上的能力？如果没有能力，有什么证据？ 4. 病人以前是否表达过某种意愿，如预嘱。 5. 如果病人没有能力做决定，谁是合适的代理人？代理人的决定是否依据适宜的标准？ 6. 病人不愿意或不能配合治疗？如果这样，为什么？ 7. 总之，病人选择的权利是否在伦理学和法律上被尊重？
生命质量	总体背景因素
1. 治疗或不治疗，病人恢复到正常生命状态的前景如何？ 2. 医务人员在评价病人的生命质量时是否存在偏见？ 3. 如果治疗成功，病人是否可能在生理上、精神上或社会生活方面需要承受一些不适？ 4. 病人目前或将来的情况是如此的差，以至医务人员得出维持生命没什么意义的判断？ 5. 是否有基本的理由放弃治疗？ 6. 提供舒适的和减轻痛苦的计划是什么？	1. 有无家庭问题而影响对治疗的决定？ 2. 有无医护人员的问题而影响对治疗的决定？ 3. 有无经济因素？ 4. 有无宗教文化因素？ 5. 对泄露秘密可否进行辩护？ 6. 有无资源分配问题？ 7. 有无法律因素卷入对治疗的决定？ 8. 是否涉及临床科研和教学？ 9. 是否存在医务人员或机构之间的利益冲突？

（四）案例分析方法具体程序

综合各种方法，本书提出如下步骤来分析和解决伦理学问题：

1. 道德判断层次1——情感表达阶段（即首先我们是用带有感情色彩的话来对某个行为做判断）（判断主体是护士）

2. 收集各方面的事实情况的资料（如护理诊断和病人医疗方面的情况）和案例中涉及的所有的人际关系——护患关系（患方可包括患者本人，患者家属，患者的监护人，患者单位，患者所投保的保险公司等）、医护关系、护护关系、护士与社会的关系。

3. 确定（护理）伦理学问题：伦理学问题都有哪些，它们是如何引出的，哪些不属于伦理学问题，这些不属于伦理学问题的问题与伦理问题有什么关系。

4. 确定谁是矛盾解决的决定者：患者的自主决定（在中国家属的权利仍然较大），患者昏迷与清醒时的不同，无行为能力人的决定权。这里，可能涉及这些问题：为谁做决定，都谁可以做决定，应该由谁来做决定，最应该做决定的人是否有能力，若没有决定能力，是否他以前提供过预嘱（AD，Advance Directive），若没有提供，是否有代理人，代理人的决定若不符合被代理人的利益怎么办。判断主体可能是患者、家属、护士等。

5. 影响做决定的人的价值观和其他因素：如，伦理学方面的能力、医院机构的性质和任务、相关的行政程序、经济因素、技术因素、法律法规因素等，是否存在医务人员或机构之间的利益冲突？有无家庭问题而影响对治疗的决定？有无医护人员的问题而影响对治疗的决定？等情况。

6. 其决定是什么？可能的行动是什么？

7. 道德判断层次2——与此有关的道德规范和规则。

8. 道德判断层次3——医学伦理学基本原则，原则间的冲突。

9. 道德判断层次4——伦理学理论，决定行动方案（运用伦理学理论为所选择的许多方案做最后的论证）行动的目的和动机是什么；这个行动可能产生的后果是什么。

10. 其他可能的行动方案：有哪些实际的限制？是否存在某个方面的利益足够大，抵消了伦理学上的边际可接受范围，成为实际的方案。行动时会遇到什么限制、风险或宗教等方面的约束等，若限制太大，以至不能解决问题，可考虑放弃此方案，寻找替代方案。

11. 最后决定采取的行动，反思和评价所做的决定及采取的行动，以后类似情况是否有改进之处：行动是否达到了原来的目的，若没有，从中得到什么经验教训，为以后的改进工作提供了什么建议。

通过问下列问题反思所做的决定：是否是根据所做的决定来采取行动？你所做的决定是否达到了原来的目的？你认为你做的决定符合道德要求吗？若没有，从中得到什么经验教训。

（五）对案例分析程序的解释说明

1. 对以上步骤的解释

道德判断层次一，是针对个人的行为进行的直观的类似直觉式的判断。

道德判断层次二，是反映在我们头脑中的被人们认可的道德规范、谚语、格言等，如：要使用礼貌语言、保护病人的隐私、尊重病人的自主决定、不能伤害病人、医护之间要密切配合、一切为了病人的利益、知情同意是患者的基本权利、要维护医院的形象、诚实是最好的解决办法等。还有一些可能是护士自己的个人生活准则：不能把自己卷入是非之中；不管对患者是否有利，只要是他同意的，我就做；不用对患者太好，否则自己太累等等。

道德判断层次三，是关于道德原则，1985年的美国护理学会规定临床护理实践中基本的普遍性的道德原则有：

- 尊重他人
- 自主——自己决定
- 行善——有利于他人
- 不伤害
- 诚实
- 尊重他人的隐私
- 遵守诺言
- 公正对待他人[25]

道德判断层次四，诉诸伦理学理论。

经过这样的分析，一般是更坚定了自己的判断，也有推翻了开始时的直觉式的第一层次的判断的可能。这四个层次的判断主体都是护士。

2. 案例分析实际操练

以案例3为例，尝试用以上的步骤进行分析和解决问题，可作为一种推广到其他案例的分析方法的尝试。

第一，情感判断层次。每个人对善、公平、正义等抽象概念的理解是不同的，通常我们只对某人或某件事做出情感上的判断，并不就每人背后的基本的世界观进行评价。如："医生这么做不对"，"医生这么做对，护士若告诉患者真相，对患者太残忍了"，"护士要对患者诚实""护士不能光听医生的，要考虑患者的情况，否则对患者太不尊重了"。这些类似自发的、未经思考（有时也不是未经思考，而是每个人根据自己的价值观已经快速思考的结果）的情感表达是道德判断的最常见的形式。

就这一层次而言，如果是自己一个人在思考，那么很可能就到这一步就结束了，但两个不同人之间讨论，可能就还是没有解决问题，或至少没得出大家都认可的结论。

第二，收集各方面的事实情况的资料和护理诊断。可从医生处了解当事人的情况。然后，列出案例中都有哪些当事人：格林太太（她关心的是她丈夫的安全）、格林先生（已经死亡）、外科医生和责任护士。案例中涉及的关系有护患关系、医护关系。

第三，确定护理伦理问题。比如与护理诊断有关的格林太太的焦虑问题，护士是否应告诉患者其丈夫死亡的真相，护士是否应完全听从医生的告诫，医生是否应该和护士一起商量如何解决这件事情。

第四，谁是决定者，在这个案例中首先表现为是护士是决定者，她能决定是按照医生的要求去做，还是把决定权交给患者本人。可用下面的问题来帮助护士决定谁拥有决定的权利：
- 为谁（单个人或几个人）做决定
- 都谁可以做决定
- 应该由谁来做决定
- 最应该做决定的人是否有能力
- 若没有决定能力，是否他以前提供过预嘱
- 若没有提供，是否有代理人，

这里，外科大夫认为决定是由他为格林太太做，责任护士不同意。然而，谁应是决定者的标准这里并不清楚。若为患者考虑，是患者心理上的考虑优先还是生理上的考虑优先？这里还有个难点在于，若格林太太知道实情后，生理情况会有什么变化。如果护士坚持格林太太有权知道她丈夫情况的价值观，则倾向于告诉实情。这个例子说明了道德难题是很难有一个明确的答案的。要解决这个问题，可能的办法是几个医务人员一起讨论这个问题，一起决定什么是格林太太最大的利益。一旦决定做出来了，医生和护士应继续计划下一步对格林太太的保护措施。这可能与护士自己的价值观是相矛盾的，然而患者的最大利益的行为应是最优先考虑的。

谁有最终的决定权是非常关键的一步。一般是护士帮助患者做决定。护士的一个职责是提高患者的做决定的能力，而不是代替他做决定。很明显，是病人拥有决定权，但由于病人的心理或精神的紧张，在当时显得有些不胜任，护士要针对具体的情况，帮助患者有能力做决定，而不是把病人排除在做决定之外。

第五，影响做决定的人的价值观和其他因素。护士如何看待患者的认知权，如何与患者交流，取得患者的自主的信息，护士如何看待自己与医生之间的关系，如何看待和取得医护关系及其自主性等观念是影响其做决定的价值观。这里的其他因素可包括医护关系的微妙，一方面还是要尊重医生的决定，另一方面，护士若坚持告诉格林太太实情，也可能影响医护关系和医患关系双方面。

第六，决定是什么，可能的行动是什么。对于护士来说，可能的行动是不把信息告诉格林太太。

第七，道德判断层次二。对护士来说，有两个规范都很重要：一个是尊重病人的决定，一个是医护要密切配合。

第八，道德原则层次三。有时，规范和原则在人们的眼中并没有什么区别，可能同时依据了这些原则：救死扶伤，实行社会主义的医学人道主义、不伤害原则、有利原则、尊重原则、公正原则。若持不伤害原则的，可能认为不要让患者再经受失去丈夫的痛苦；若持尊重原则，则会认为尊重患者的意愿，应告知其真相。

第九，道德判断层次四。这是理论论证阶段。当可利用的道德规范和原则不能解决问题时，就需要我们对道德规范和原则进行基本的再思考。有时需要审查我们的常规行为标准中隐含的伦理准则。另外一个含义是在第八章将讲到的道义论和功利论的理论。从行动的动机看：若告诉实情，可能是担心格林太太精神上不能承受，被强烈的负疚感控制，结果可能导致生理上的下降。若从行动对患者的结果看，如果信息不告诉给患者，格林太太可能变得越来越焦虑，甚至愤怒，最后可能拒绝必要的合作，延迟恢复。对护士来说如果按照医生的要求，不告诉患者实情，可能产生的是得到外科大夫的赞许、或他人被看做没有主见、对自己的价值观（对格林太太诚实）的一种侵犯的结果。对格林太太的健康来说，可能有好处、也可能有坏处。

第十，其他可能的行动方案。如果护士不按照外科大夫的建议做，外科大夫对自己将不满意，但护士可能对坚持自己的价值观而感到满意，对格林太太的健康还是利弊两种可能都有。可找到护士长或其他医生与外科大夫进一步商量，提出格林太太有权得到这方面的信息。结果有两种可能是，即外科大夫可能同意告诉病人其丈夫死亡的真相，也可能是外科大夫仍然坚持以前的看法。

第十一，最后采取的行动，付诸行动及评价反馈。

事实上，现实中并不是所有的问题都是这样解决的，也不要求都要这样解决，有时完全凭经验就解决了问题。但当面临具体问题时，如果我们能有意识地按照这样的方式进行不同层次的决策，我们就有非常大的把握使行为决策对我们的机构组织、社会和公众负责。要有效地应对伦理学问题，关键是要意识到自己在某个特定的时刻正处于哪个伦理层次。因为，多数情况下是同事间或当事双方之间的讨论。有些人是发泄情感，有些是在陈述各种道德规范和规则，有的则是在思考基本准则。有时都在陈述准则，但它们之间是冲突的，这样就需要进入伦理分析论证层次。

需要注意的是，在进行第一个层次判断的表达时，尽量避免使用含有价值倾向的词，养成一种分析技巧，有助于我们超越伦理情感表达层次。然后是界定出伦理学问题，其实并不是普通人不知道什么是伦理问题，而是不知道或不会使用伦理学的语言而已。在具体地进行伦理学分析的过程中，人们容易犯"非此即彼"的错误，即行为的决策方式采取要么这样做，要么那样做。即要么告诉格林太太，要么不告诉，没有想到可以与外科医生或同其他医生再深入交谈沟通，也许二者就能达成一致，或共同提出新的解决方案。

有这样的说法，在能确保治疗和照顾的前提下，为合乎伦理地，对病人产生最佳利益，最好的决定方式之一是将决定提交小组讨论与行动，包括病人、病人家属、全体的医疗人员。这样利于充分沟通，容易走出"非此即彼"的误区。

---

[1] 李小妹等．一例类风湿性关节炎患者的心理护理．中华护理杂志．1998，33（1）：32
[2] 苏丽智，阮玉梅，刘翠媚等著．最新护理学导论．北京：科学技术文献出版社，1999.87
[3] 杜治政．社会人文医学与整体护理．实用护理杂志．1998，14（5）：228
[4] 邱仁宗．护理伦理学：国际的视角．中华护理杂志．2000，35（9）：569–573
[5] 唐凯麟编著．伦理学．北京：高等教育出版社，2001.3
[6] 宋希仁著．伦理与人生．北京：教育科学出版社，2000.3
[7] 魏英敏．当代中国伦理与道德．北京：昆仑出版社，2001.34
[8] 唐凯麟编著．伦理学．北京：高等教育出版社，2001.47

[9] 唐凯麟编著.伦理学.北京：高等教育出版社，2001.48－50

[10] 魏英敏著.当代中国伦理与道德.北京：昆仑出版社，2001.48

[11] 爱丽斯·普莱斯著，颜裕庭等译.护理的科学、艺术和精神.台湾：徐氏基金会出版，1975.Ⅳ

[12] 邱仁宗.护理伦理学：国际的视角.中华护理杂志.2000，35（9）：572

[13] Ruth Chadwick Ed. Encyclopedia of Applied Ethics, Vol.3. Academic Press, 1998.367

[14] Ruth Chadwick Ed. Encyclopedia of Applied Ethics, Vol.3. Academic Press, 1998.368

[15] [美] J.P.蒂洛著，孟庆时等译.伦理学——理论与实践.北京：北京大学出版社，1985.30－31

[16] Steven D. Edwards. Nursing Ethics, A Principle－Based Approach. MACMILLAN PRESS LED, 1996.8－9

[17] 庄英瑜，方秋萍 编译.护理伦理.台湾：南山堂出版社，1983.10－11

[18] http://www.haoyisheng.com/mpl/html/03/mpl_03040001_cl.html

[19] 爱丽·斯普莱斯著，颜裕庭等译.护理的科学、艺术和精神.台湾：徐氏基金会出版，1975.614－623

[20] 张晓琳，李春卉，石玮.谈社区护理中涉及的法律问题.实用护理杂志.2001，17（3）：56

[21] http://www.huliw.com/jchl/jchl34.htm：" 七种常见的护理法律责任差错 "

[22] 尹裕君，林丽英，卢小珏等著.护理伦理概论.北京：科学技术文献出版社，1999.121

[23] 尹裕君，林丽英，卢小珏等著.护理伦理概论.北京：科学技术文献出版社，1999.129

[24] Albert R. Johnson, Mark. Siegler, William J. Winsalde. Clinical Ethics－A Practical Approach to Ethical Decisions in Clinical Medicine. McGraw－Hill Health Professions Division, 1998.14

[25] Barbara Kozier, Glenora Erb, Kathleen Blais. Concepts and Issues in Nursing Practice. Addison－Wesley Nursing, second edition, 1992.190

其他参考文献：

1．[美] 特里·L·库珀著，张秀琴译.行政伦理学：实现行政责任的途径，第四版.北京：中国人民大学出版社，2001

2．杜治政著.护理学新论.北京：中国科学技术出版社，1991

3．http://www.999.com.cn/professional/nursing/dynamics/200202/12322020020208.htm

第一章 护患关系及其道德规范

第一节 护患关系

护患关系是护士与患者（和家属）在护理过程中形成的关系，是护理关系中最重要的一种。护理关系是在护理工作中建立起来的人际关系，它包括护患关系、护际（护士之间）关系、医护关系、护技（护士与药房、检验科室、供应科室和技术科室等）关系、护管（护士与医院管理者、领导、护士长、护理部主任等）关系、护士与社会的关系等。

一、护患关系的成立和分期

病人到医院就医，挂号之后，就意味着与医院建立了合同关系（这是大部分人的观点，少数人认为患者与医院之间不是合同关系）。到了门诊的具体科室后，经护士的分诊，在未见到医生之前就已经与护士形成了实际的护患关系。若是收入院，与门诊护士的护患关系结束，转而与病房的护士建立了护患关系。若从大的范围看，即便病人没有到具体科室或病房，由于患者与医院之间关系的存在，患者与医院的所有的护士都存在护患关系，只不过尚未具体到谁的名下而已。具体可分为三个时期：

第一期，也叫认识期，开始于护士和病人一见面，此期的主要任务是建立信任关系，这时的病人在观察护士，看看能对护士信任到什么程度，以决定以后在多大程度上依靠这位护士。护士在这阶段主要是收集资料、了解病人的情况、书写护理病历、发现问题、制定护理计划。为建立信任融洽的护患关系，护士应注意诚恳待患，让病人感到温暖，并准确发现患者的需要。其实，在与患者见面之前，即真正建立护患关系的时候，有个前认识期，表现为护士在采集病史之前，要通过相关的文件大概地了解患者，设计好如何与患者交谈，这样可在护患见面的初期，较好地把握护患关系。

第二期，也叫治疗期，是在信任的基础上，用具体行动来帮助病人解决问题。需要注意的是，如果护患之间缺乏信任，护士的行动可能会使病人有被强迫的感觉，进而会影响护理效果。

第三期为终末期，护士应尽可能在完全结束护患关系之前就考虑到护患关系结束后可能发生的问题，以便作好必要的准备，如进行健康教育，告知出院后应注意的事项，征求病人的意见以便今后改进工作，此期通常以病人的出院而结束。

护患关系与其它的人际一个明显的不同在于明确的目的性：为了了解到必要的信息，为了护理和治疗的开展。通过谈话能发现患者对工作的看法，对家庭的看法，如通过患者对工作和自己事业的担心，可能有焦虑心理。也可能担心爱人知道后担心，也许是怕引起家庭关系的紧张，这些护士可帮助患者做些决策工作。

一般来说，护患关系的成立是以患者的就医行为的实际发出为条件，护患关系的解除多数也是以患者的主动结束为前提，当然也有因为传染性疾病需要转院等情况由院方主动结束护（医）患关系的情况。

二、护患关系的性质和特点

护患关系,从狭义上说是护理关系中的核心关系,从广义上是一种社会关系。而任何社会关系的建立都是有意识、有目的的,但它又是建立在不以人的意志为转移的客观规律的基础上的。即关系中既有以个人意志为转移的形式,又有不以个人意志为转移的内容。

传统上把医患关系说成"信托关系",因为病人的求医行为隐含着对医生的信任和托付,这也同样适用于护患关系,因为患者把自己的生命健康、隐私等都托付给了护士,这也决定了护患关系的特殊性就在于责任的重大,相应地护士在履行责任后无论是在情感上还是在价值上都有一种很大的满足。现在多理解为契约关系。合同,即契约的意思。从含义来看,应是双方自愿,但在医患关系、护患关系中,患者是可以自由选择医院的,而且现在患者也可以选择医生和护士,而医院是不能选择患者的。所以,从这个角度说,医护人员一方是被选择的,不能说是完全自愿的,或者说不管医护人员愿意与否,都会建立这样的关系,因为这是她们的职业。当然,以前患者也有不自愿的情况,比如,患者想和 A 建立护(医)患关系,但是被安排给 B。

护患关系是一种人际关系,但又不同于一般的人际关系,是帮助者与被帮助者之间的关系。有时还是两个系统之间的关系,即帮助系统(包括与病人相互作用的护士和其他工作人员)和被帮助系统(包括寻求帮助的病人和家属、重要成员等)之间的关系。每个人在不同时期可以成为帮助者或被帮助者,这也是社会互助的体现。

从理论上说,护患关系是平等的人际关系,但由于护患关系的特点是护士一方对患者一方提供帮助,而且一般是发生在患者无法满足自己的基本需要的时候,是患者处在无助的状态的情况下,这也是信托关系的本质,说明双方本质上的不平等,而护士的中心任务是帮助患者使之尽可能地与护士之间达到平等的状态,通过对患者的尊重、沟通,通过执行护理程序,使患者能够克服病痛,生活得更舒适而能尽量地与健康人一样,也就是与护士之间的平等越成为可能。作为帮助者的护士是处于主导地位的,这就意味着护士的行为可能使双方关系积极健康地发展,有利于患者恢复健康,但同时也有可能是消极的,使双方关系紧张,病人的病情更趋恶化。即护患关系的好坏,因为护士是主动的一方而承担较大的责任,所以,建立良好的护患关系,达到事半功倍效果的方法就是从护士方面入手,严格护理道德规范。

良好融洽的护患关系也是一种治疗性的关系,护士作为一个帮助者有责任使其护理工作达到积极的、建设性的效果,而起到治疗的作用。

不管护患双方谁是关系建立的主动者,在关系建立后,双方都是有独立人格的个体,因此是平等的关系,互为权利义务。由于病人多处于脆弱和依赖的特殊地位,医学和护理知识贫乏,是弱势的一方,即便对医生可能会有陌生和钦佩的感觉,但对护士相对要亲切和熟悉,容易产生依赖的心理,更容易建立亲密的信任的护患关系。

三、护患关系的内容

为了分析问题的方便,可以把护患关系的内容分解为技术关系和非技术关系。技术关系是指护患双方在护理技术活动中的关系。护士在技术关系中,起主导作用,是服务的主体;患者是被服务对象,是服务的客体。非技术关系可以理解为护患之间技术之外的社会、伦理、心理、经济、文化等多种关系。技术关系是非技术关系的基础,离开了技术关系,就不能发生护患关系的其他内容,它是维系护患关系的纽带。

（一）对护患关系及其模式的传统看法

对于技术关系的模式，曾有如下三种提法：代理母亲模式、护士技师模式和约定临床医师模式[1]。在代理母亲模式中，护士像母亲照顾孩子一样对患者提供照护。同时，出于对病人健康的关心，可以对病人的某些不利于健康的行为进行干涉。客观地说，患者生病或住院后，对医护人员产生依赖心理，由于疾病的原因（如昏迷、未成年人、神志不健全等情况下）不能对有些方案做出（最佳）选择。从这个意义上看，患者完全被动地接受护士的照护，对病人来说是符合自己的最佳利益的。其中的弊端是患者的利益决定于护士的判断，如果护士基于自己的可能偏激的价值观（指非故意），做出不利于患者的决策，则会产生复杂的伦理问题。护士技师模式类似于护士站在道德中立的立场而充当为病人提供技术服务的角色，涉及病人利益的判断和决定由病人本人负责，护士并不参与决定，即便病人的决定在护士看来不符合病人的利益，护士也没有责任干涉。其优点是充分尊重病人的自主性，弊端是当病人缺少足够的医学和护理知识而做出不当的判断和决定时，护士又不给予及时的指导和帮助，从而可能会损害病人的利益。约定临床医师模式有些类似于护士技师模式，这种模式是一种非法律性的关于护患双方责任与利益的约定，以尊重病人的"自我决定"为基础，但也不完全免除护士对患者的责任。

护患非技术关系包括道德关系、利益关系、法律关系等内容。法律关系相对简明，双方的法律权利和义务一般是维持护患关系最基本的因素；道德关系是非技术关系中最重要的一种，在具体内容上远比法律关系要广泛，而且要求上也更加严格。因为护患双方所处的地位及利益、文化水平、道德修养等不同，在对待护理技术活动及行为方式的理解、要求上存在着一定差距，护患双方会产生各种不同的矛盾。为了协调矛盾，必须按照一定的道德原则和规范约束自己的行为，双方都应尊重对方的人格、权利和利益，结成一种良好的道德关系。利益关系是双向的，护士的利益从提供护理工作中得到，患者的利益从被提供护理中得到。在特殊的情况下，会出现双方利益冲突的情况，需要按照法律原则和道德原则来解决。

（二）护患关系及其模式新视角

护患技术关系和非技术关系在现实中是分不开的，如果技术关系仅指一些涉及技术的活动的话，不可否认其中也含有非技术成分。起码护士在为患者做生活护理时，眼神是否温柔，手法是否轻柔等都是非技术成分，而非技术成分。

如何看待护患关系？这一问题与护士的角色、身份的历史发展有关。综观历史，护士的角色有母亲的形象（开始时一般都是女性在家照顾病人）、宗教的形象（有修养的、独身的在基督教会中担负拯救病人灵魂的任务）、医生的助手形象、健康教育者和咨询者、病人的代言人等，因此护士与患者的关系也相应地有多种模式。佩普洛（Peplau）提出的护士与病人关系模式一般被普遍引用：护士有时像一个资源人，提供与病人健康问题有关的资料，而且担当咨询者，听取病人对疾病的感受，帮助病人重新检视自己的感受，而且发展出正向的、强壮的人格；护士可能是专家的角色，他会帮助病人克服疾病带来的压力以及对病人的威胁；护士可能是病人的老师，教导病人，帮助病人学习和成长；护士还可能是病人的代言人，现在随着整体护理的实施，这种角色将越来越强，负责将病人的实际需要转达给院方或医生；甚至还可能成为病人的代理人，即传统上只有亲人才能承担的角色，帮助病人做决定；有时护士也可能成为病人的律师[2]。

所以，如何看待护患关系，决定于具体的患者与具体的护士之间的关系是什么模式。可能病人对护士完全信任，一切问题都请护士帮忙解决，可能病人只让护士提供一些科学上的信息资料，方案由患者自己来定。这样双方的技术关系和非技术关系成分和内涵有所不同，双方的责权利等都不同。

第二节 护理关系和护理道德规范

一、关系和规范

人们在社会活动中会发生多方面的联系，产生各种社会关系，如经济关系、家庭关系、法律关系、伦理关系、政治关系、朋友关系等等。在这些关系中，人与人之间既不是自然、盲目的关系，也不是由什么权威、律令强行规定谁应该做什么的，而是一种由关系双方作为自觉主体相互对待的。如我国封建时代的亲子、长幼关系，不是哪一方随便规定的能做什么，不能做什么，而是受当时社会的生产方式决定的，表现为家族宗法制度形式的家庭伦理关系，强调辈分（伦理的本意，伦是指辈分，理是指道理）。中国古代《尚书》记载最早的伦理关系有父母兄弟子，其道就是：父义、母慈、兄友、弟恭、子孝，而义、慈、友、恭、孝就代表着我国古代以血缘关系为基础的家庭伦理关系的要求，即规范[3]。这是一种实际的存在。其本质是为了社会的繁荣与稳定。

（一）规范

规范是指"约定俗成或明文规定的标准"，在一般意义上，它是一种规则（rules）或准则。规范意识的产生首先是生产活动的需要，人们要把每天重复着的生产、分配和交换产品的行为用一个共同规则概括起来，形成了一些约定俗成的规定或规范。它告诉人们什么可以做、应该做、必须做，以及什么不可以做、不应该做或不能做。就像伊斯兰教对人的行为要求有五种：天命义务、赞许的行为、准许的行为、受谴责或不鼓励的行为、被禁止的行为。我国与之不同的是第一种，即缺少的是宗教意义上的规定。

有些规范因为其重要，需要由国家强制规定和执行，于是成为法律规范的形式（如天命义务和被禁止的行为），但其内容应是经过了社会的决定和双方自觉的执行这种道德规范形式的阶段。但有些关系，如友谊关系、爱情关系等，不能靠法律规范调整，主要由伦理道德规范调整（如赞许的行为、准许的行为和不鼓励的行为）。道德规范和法律规范构成社会两种最常见的规范。有些社会关系虽然应该得到法律调整，但因为种种原因还没有形成法律规范，有些即便形成了法律规范，也要经过不健全到健全的过程。但是在社会关系中有个必须接受的事实，即有些领域不能完全靠法律规范来调整，如护患关系、医患关系、师生关系等，这样，在这些领域，职业道德便显得更加重要。护患关系的法律规范部分太少，其中既有相关法律有待健全的成分，还有很大的空间是关于护士的职业道德，如护士对病人是否热情、关心、体贴，这很难用法律规范调整，也很难操作，因为这些主要是内心中的"善良的愿望"，不是法律所能涉及的"可见的结果"，而后者是靠道德法庭来裁决。

（二）道德规范

"无论何时你许诺的事情必须去做"，"尊重别人的尊严"，"保护你的病人的隐私"等表述都是道德规范。它是在一定条件下，一定范围内，人们立身处世的原则和评价行为是非善恶的道德标准。就像道德有两方面的含义一样（一是要求，二是要求内化到自身形成的德行），道德规范作用在人的身上，也表现为两个阶段：道德规范的他律和自律阶段。有点像责任和义务之间的微妙区别：责任是在义务基础上产生的又一次升华，如果说道德义务还较多地表现为外在的道德要求,责任已经把这种外在的要求转化为内在的要求。责任是人们主动意识到的义务,具有良心的成分。

1. 道德规范的他律性

道德规范的他律性,是从道德规范的客观性源泉中直接引申的。当我们说道德规范是来自社会对人们的要求时,是在强调道德规范的他律性。个人还没有真正地意识到自己对要求的内在需要,也没有自觉认识到与自身利益的一致性,而只是觉得自己这个角色被要求做的,虽然不是强制,也有被迫的意思。也可以这样理解:人是社会性动物,需要社会才能生存;但人之所以是人,每个人又都是独特的。社会中较重要的价值有:自由、安全、平等。这三者的重要性可能因时空的不同而变化,其依据是人的个性和共性,协调正常人所具有的个人冲动和社会冲动之间的平衡。人需要社会交往,又需要个性独立,人们都有这样的共识:完全凭靠个人的努力,是无法实现他所珍视的这些价值的。他需要他人也充分认识到对自由、平等和安全等的欲求。而且,人自有一种与生俱来的能力,能使自己意识到合作和社会交往的重要性,这就是理性的能力。否则人将在自私自利的本性中拼搏而茫然,理性乃是社会化和尊重他人行为的源泉。理性之声告诉我们:为使我们自己的需要适应他人的需要、为使公共生活具有意义,对个人行为施以一定的道德限制和法律约束是必要的。只是,对此的认识是从小到大,从外在的教育到自我的觉悟的过程获得的[4]。

处于他律的道德规范,对于道德主体来说,依然只是一种外在的,不是个人的意志,不是个人自由的道德选择,不是个人的良心,还需要发展,使社会理性内化为个人的自由意志——达到个人和社会的和谐统一。义务总是外在的,对义务人们有时有感觉,即感到应该这样做,但不是自愿要这样做。即停留在他律阶段的道德规范,无论人们怎样尽职地去遵循它,它终究是一种"异己"的力量,且不说,这样做,主体不能得到身心的愉悦,而且感到烦躁和约束,是很累的感觉,就像导读中护士A的感觉一样。

2. 道德规范的自律性

道德自律是主体的道德自觉性,而道德的根本力量只有靠自觉来维持才是有力量的,而且这种力量是不可估量的。但也要认清自律与他律的关系:既要清楚地看到他律是自律的源泉,因为自律不过是自己对社会的道德他律的认同,人的道德价值的终极根据不是在自己的心里,而是在社会关系中,同时也要认识到自律也有它的层次性。道德自律虽然表现为个人的情况,但个人是社会的一分子,在道德自律高的社会,必然整个社会的道德水平高,也就是说,社会的道德关系好,从而又自然形成更高的社会道德规范,反过来又要求社会中的个人。

自律的程度在每人身上不同,这点可从良心的不同看出。人人都有良心,但不能人人的良心的内容是一样的,因为他律转化成自律的程度不同,深度不同。如果人与人之间的关系仅停留在"是怎样"的层次上,即他律性的阶段,那么人就不是自由的人,因为没有自己的判断力,也没有选择力。只有关系的双方,即关系的主体,自觉意识到社会对自己的要求,具有"应该怎样"的自觉意识,然后进行行为选择,这样的人才是真正的人、社会的人和自由的人,他进行的道德选择才是自由的选择。

(三)公民道德规范

公民道德20个字:爱国守法,明礼诚信,团结友善,勤俭自强,敬业奉献。毫不夸张地说,这也是协调护理关系的基本道德规范的参考。

爱国守法不但要求人们自觉树立法律意识,还要把法律意识转化为自觉依法行使权利和履行义务的法律行为，以法律手段维护自身合法权益，维护和履行基本道德规范。遵纪守法是护理道德的底线，自觉地学法、用法、知法、守法、护法，在工作中严格遵守法律法规和各项规章制度。

明礼诚信，是做人的起点，也是护理关系的基本道德规范。文明礼貌给家庭、社会、他人和自己带来愉快、和谐、温馨。培养文明礼貌的习惯，强化文明礼貌意识，更是塑造"白衣天使"形象的基础。护生在实习和未来的工作中，如果时时处处注意以自己文明礼貌的良好形象影响他人，给患者带来愉快和战胜疾病的信心，认识到诚实守信是做人的根本，能够自觉履行承诺而取得他人信任，一定会与患者建立诚信的护患关系。唐代大诗人李白在《侠客行》中，用"三杯吐然诺，五岳倒为轻"诗句，形容承诺的分量比大山还重。

团结友善是护理关系的重要道德规范。科室的团结和护理小组内的团结，是护理事业发展和护士成长的基本保证。团结是做人处事的重要道德规范，亦是一种高尚的品格修养，在人际交往中，不能斤斤计较个人恩怨得失，要做团结的模范，学会和善于协调各方面的人际关系。友善是以友好善良的态度处理人际关系。医院人际关系无论多么复杂，都是各种各样的人际交往组成的，只要我们以友善的态度与人交往，就会逐渐学会妥善处理各种人际关系的方法技巧。由于自己主观原因伤害了别人，就需要以反复的真诚，长期的努力重新得到别人的信任和友谊。

勤俭自强是中华民族的传统美德。勤俭是一种美德，它能让贫穷的土地盛开富有之花，能让富有的土地结下智慧之果。我们护理工作同样需要这种优良的精神品质。我们要把勤俭的美德发扬光大，反对和抵制工作和生活中的无度浪费。自强是自立的前提，不自强无以自立；自立是奉献的前提，不自立何谈奉献。自胜者强，自强者胜。战胜别人的人只是有力量，而战胜自己的人才算坚强。自强与成功有着内在的联系，虽然自强者未必都能成功，但"不自强而功成者天下未之有也"。在护理领域，自强表现为对自己工作的信心，对护理独立性的把握和坚定，这是做好整体护理的基础。

敬业奉献是护理关系道德在职业行为中的表现。敬业，就是敬重自己从事的事业，专心致力于事业。奉献是一种高尚的道德品质，代表着人类历史上最理想、最崇高的道德境界。

这20字公民道德规范作为基本道德规范同样是护理关系的行为准则，用它可帮助我们协调和处理好护患关系、护际关系、医护关系、护技关系、护士与社会的关系等各种护理关系。

二、护理关系和护理道德规范

案例4 患儿王某某，男，3岁。因误服5ml的炉甘石洗剂到某医院急诊。急诊医生准备25%硫酸镁20ml导泻，但将口服误写成静脉注射。治疗护士拿到处方心想："25%硫酸镁能静脉注射吗？似乎不能，但又拿不准。"又想："反正是医嘱，执行医嘱是护士的职责。"于是，将25%硫酸镁20ml给患儿静脉注射，致使患儿死于高血镁的呼吸麻痹[5]。

案例5 某医院儿科收治一名高热患儿，经医生初诊"发烧待查，不排除脑炎"。急诊值班护士凭多年经验，对患儿仔细观察，发现精神越来越差，末梢循环不好，伴有谵语，但患儿颈部不强直。于是，护士又详细询问家长，怀疑是中毒性菌痢。经肛门指诊大便化验，证实为菌痢，值班护士便及时报告给医生。经医护密切配合抢救，患儿得救[6]。

（一）护理关系和道德规范

在现实的医护活动中，护士与病人相处时间最长，又是其他医务人员重要的工作伙伴，如果没有护士的积极参与及充分合作，确实高品质的护理，医院即便提供高级的设备、精良的技术、高明的医术及丰富的经验，也很难使病人获得康复。护士在调节护理关系中处于关键的地位。他们不仅要处理好护患关系，还要在协调医患关系、护际关系、医际关系及与社会的关系中发挥作用。这无疑使护士感受到很大压力，如果处理不好，不仅会影响到各种关系，更严重的是会影响医疗工作，继而会损害病人的利益。那么如何才能较为恰当地处理护理关系呢？就需要护士理解并认同当今的护理道德规范，客观上用以指导自身的护理行为。通过上面的案例我们可以进一步理解这一点。

情况相似的两个案例由于护士采取了不同的工作态度和行为方式而产生了截然相反的结果，护士的工作态度和行为方式恰恰反映了她们对道德规范不同的理解和尊重程度，相应地产生了不同的治疗结果，要知道临床上截然相反的结果对每个病人和家庭意味着什么！而且不同的治疗结果对护理关系反过来也产生了不同的影响，后者增加了医患、护患、医护之间的信任关系，也使护理关系更为融洽，前者则使护理关系遭受破坏。患者的利益是护理道德的核心，它使良好的护患关系和医患关系得以保证。而医护关系又间接地影响了医患关系和护患关系，如果医护关系处理不好，另外两种关系也会受到影响。因此，可以说护士责任重大，她们必须肩负起调节护理关系的责任，而前提条件是她们必须了解和遵守道德规范，并且理解护理关系与道德规范的关系，特别是道德规范对调节护理关系中的作用和必要性。这主要表现在以下三个方面：

1. 为护士提供了具体的行为指南，同时也为其提升自身的护理道德品质提供了外在条件

护士作为调节护理关系的中心，既要为病人提供高品质的服务，又要维持人与人之间良好的互动关系。因此，护士除了要具备丰富的专业知识，纯熟的护理技术及良好的沟通技巧外，更要有正确的观念作为自己行动的指南。然而，每个人的价值观、伦理道德观都是不同的，如果单纯以自己的观念来指导行为，必然会出现行为不当的情况。况且护理工作情境复杂，护士常需在不同情境中做出决定，处理各种事务。以统一的道德规范作为护士行为的最高准则，告诉她们什么是当为、可为，什么是不当为、不可为，不仅可以使她们摆脱思想困惑时的无所适从，避免不当行为的产生，更可以引导她们在护理工作中依据道德规范及时进行自我调整，向积极、良性的方向发展。

2. 有利于提高社会对护理工作的尊重和信任

护理作为一个专业，有其专业团体自己的利益，而护理工作又与社会公众的健康利益密切相关，那么如何使护士将自己的利益与社会利益结合起来，甚至将社会公众的利益放在首位呢？首先必须对专业内的所有成员有所规范和限制，以保证护理服务的品质。护理道德规范在护理工作中正是起到了这样的作用。只有当社会公众看到在护理领域有明确、实用、有效的道德规范，并且护士都能自觉遵守时，他们才会更加尊重和信任护理职业，而公众的尊重和信任是建立良好的护患关系以及其他护理关系的基础。

3. 有利于维护护理关系中各方面的利益

病人利益是护理关系的核心，但维护病人利益并不意味着要以牺牲医护人员的利益作为代价。事实证明，可以通过某些方式很好地调节彼此间在不同层次的需要以及不同利益之间的冲突，护理道德规范正是这样一种重要的方式。也就是说，护士在道德规范的指导下，为社会提供良好的医疗照护，满足人们的卫生保健需求，同时也获得一定的精神鼓励和经济报酬，从而使医护人员以及病人的利益都能够得到很好的维护，使护理关系保持和谐与稳定。

只要从事护理工作就不可避免地要去面对各种护理关系，需要将护理关系协调好，协调关系需要规范原则，所以才有必要制定道德规范来指导护士的行为。可以说护理关系是道德规范存在的前提，而道德规范是良好护理关系的重要保证，没有道德规范的指导，护理关系就会遭到破坏。因此，护士应该深入了解护理道德规范，严格地按照道德规范的指导处理医疗问题，这样才能处理好护理关系，以利于医疗、护理工作的顺利进行。

(二) 护理道德规范

1. 护理道德规范的概念

护理道德规范是在护理道德原则指导下协调护理关系（包括护士的人际关系及护士与社会关系）的行为准则或具体要求，也是培养护士护理道德品质的具体标准。护理道德规范明确地叙述护士的义务和专业的道德及价值观，并明示护士的专业，是护士行为评价的准则。若把范围扩大，法律也可算到道德规范中，如我国在1994年颁布的《中华人民共和国护士管理办法》，第四章关于"执业"部分的第十九条至二十四条是关于法律义务。全面地说，伦理关系要靠道德和法律来调整，法律规范的内容也是在道德论证的基础上才被国家制定成法律的，只是因为这部分非常重要，需要用强制力保证实施。但法律规范内容较少，调整护患关系还要依靠国际和国内的护理道德规范，并作为主要的规范来源。现在是这样，将来也应是如此。

护理道德规范的产生表面上是某些人制定出来的，事实上，护理道德规范不是因为他们的制定才存在，而是因为他们把现实中调节人们关系的要求科学地归纳出来，被人们认可后，才成为我们所见到的规范，于是便被要求遵守并执行。需要明确的是，护理道德规范不是抽象地被提出的，而是形象地根据事实归纳出来的。

学习护理伦理学绝不仅仅是知道护理道德规范是什么，而更要知道这些规范为什么是这样的，即它背后的深层次的原因是什么，为什么要做这样的规定，目的是使我们在真正理解和认同后能比较容易地自觉地去按照这些规范去做，而不是被动地执行这些规范，否则我们无法发展这些规范。

2. 护理道德规范的形式

在人类社会的历史进程中，从原始人到现代人，曾产生过无数的道德规范。如果仅仅从纯形式上进行抽象，大体可以把这些数不清的具体规范集中概括为图腾、禁忌、风俗、准则、宣言、法典、守则、誓言、誓词种种。

采用"誓言"或"誓词"形式的护理道德规范显得庄严、神圣，可以激发护士对护理职业的神圣感和使命感，使他们忠实地履行自己的职责，如《南丁格尔誓言》。《南丁格尔誓言》是由一位美国护士格瑞特（Lystra E.Gretter）女士针对护士们应忠于护理职业道德的要求，于1893年组织了一个自任主席的委员会，仿效希波克拉底誓言编写的，并与同年在底特律的一所护士学校的毕业典礼上宣读。在护理界，此誓言具有与医学界的《希波克拉底誓言》相同的地位，是护士应遵守的道德准则。

守则、法典形式的护理道德规范更增加法规的性质，有共同遵守约定的含义，大多简明扼要，是非界限清楚，易于人们记忆、理解和接受，因而便于指导人们的行为，充分发挥规范的作用，如国际护理协会的《国际护士护理法典》、美国护理学会的《美国护理学会护士法典》、加拿大护理学会的《加拿大护理学会护理伦理法典》等。另外，英国、澳大利亚、新西兰等国的护理伦理法典也有很大影响，但最著名的仍属国际护理协会和美国护理学会的伦理规范。世界上约有92%的国家引用国际护士协会的伦理规范作为指导本国护理职业的主要依据[7]。

3. 护理道德规范的历史发展

国际护理协会 1899 年在美国的波士顿成立，1933 年起开始涉及伦理问题，1953－1965 年，制定了伦理学规则（法典），1973 年重修。下表是关于国际护理学会、中国和英、美、加等国的护理学会和所颁布的护理伦理文件名称。

护理伦理规范的发展

年份	组织	伦理名称
1933	国际护理协会	伦理问题
1950	美国护理学会	护士伦理法典（ANA Code）
1953	国际护理协会	护士护理法典
1973	国际护理协会	护士伦理法典（二修，最新）（ICN Code）
1976	美国护理学会	护士法典（二修）
1980	加拿大护理学会	伦理学法典（CNA Code）
1985	美国护理学会	护士法典（三修）
1985	加拿大护理学会	护理伦理法典
1988	中国卫生部	《医务人员医德规范及实施办法》
1991	加拿大护理学会	护理伦理法典（二修）
1992	英国注册护士、助产士、访视护士中心委员会	职业行为法典（UKCC Code）
1997	加拿大护理学会	注册护士伦理法典（最新）
2000	中华护理学会	新世纪中国护士伦理准则
2001	美国护理学会	护士伦理法典
2002	加拿大护理学会	注册护士伦理法典（正在修改）

4. 护理道德规范的内容

护理伦理学的道德法典是为护理职业得以建立、维持和发展而提供的职业道德规范，它为这个职业中的成员所共享，而且应该与职业成员的个人的价值观能相互协调。但法典只能是一个大的框架，供道德判断时提供参考，做个指导，因为现实中没有两个情形是完全相同的，而且各国风俗民情也不一样，因此有必要作进一步的努力以制定出符合本国伦理道德、文化背景、社会价值及满足人们需要的护理道德规范，使护士在责任、权利、义务、善恶是非之间有据可循。

最早的护理伦理学道德规范、法典产生在美国，即《南丁格尔誓言》。它从产生之日起到 20 世纪 50 年代后期一直被美国的护士在毕业典礼上背诵。

《南丁格尔誓言》

我谨以至诚在上帝和众人面前宣誓：

终身纯洁，忠于职守。

我将不做有害之事，不用任何有毒药品。

我将尽力提高业务水平，保守治疗中的病人和家属的秘密。

我将忠诚地协助医师的工作，献身于患者的福利事业。

誓言中的关于纯洁的生活、保守秘密、对医生的忠诚和对职业的奉献等内容在当时的年代是为人们认可的，而且对医生的服从被很多的伦理学法典所强调，如在 1900 年罗伯

(I.H.Robb)的《护理伦理学》中:"对医生的毫不怀疑的服从是护士需要首要学习的课程之一"[8]。这些价值观在1950年美国护理学会制定的伦理学法典也被坚持。直到20世纪70年代,这些观念才被修改,被"保持与同事的合作关系"所代替。但这之后的很长一段时间,对医生忠诚和服从仍然在很大程度上影响护士的角色和护士与他人的关系。

现代护理界已经普遍认同的价值观是为人类提供公正和不存偏见的服务,有责任维护病人的尊严和完好状态[9]。护士的基本任务有四个方面:增进健康、预防疾病、恢复健康和减轻痛苦。护士要为个人所作的护理判断及行动负责。

我国卫生部1988年首次颁布了《医务人员医德规范及实施办法》,医生和护士同作为医务人员这一整体而被共同要求。其中提出了以下几点道德规范要求:文明礼貌,举止端庄;言语贴切,保守秘密;尊重病人,一视同仁;认真负责,任劳任怨;团结协作,互相监督;廉洁奉公,遵纪守法;热爱本职,精益求精。2000年,香港护理界和中华护理学会共同起草了《新世纪中国护士伦理准则》,针对21世纪的护士提出了包括通则在内的五个方面共21条护理道德要求。

结合本节内容,需要认真研读附录中的护理道德规范:如1973年的ICN Code、1976年和1985年的ANA Code,1992年的UKCC、1985和1997年的CNA Code、2001年美国护理学会通过的《护士伦理法典》。

第三节 护理道德规范(一)——护患关系的道德规范

案例6 患者王某,男,67岁,因冠心病住某医院心脏科,经治疗后病情好转,病人行动自如。医生认为病人可以出院,但没有开出院单。由于病人执意要离去,护士便将其衣服、金钱及证件没收,以阻止他离开。这引起病人的强烈不满,发生护患纠纷。护士认为,她这样做的理由一是执行医院的管理规定,更主要的为了病人的生命健康安全。

案例4中的护士在自己"拿不准"的情况下,既没有进一步与医生核对,也没有对有关知识进行详细查实,而是草率地执行医嘱,最终导致患者死亡。护士首先应该热爱护理事业,认真负责地对待护理工作,熟练掌握专业技能,对技术精益求精,以维持和提高自己的专业能力,从而在护理工作中有能力做出技术上的准确判断,而不是含含糊糊,"拿不准"。这是护士承担护理工作,提供优质护理的基础和保障。

案例4和案例6都反映了护士对病人的不尊重。案例4中,护士草率地执行医嘱,造成患者死亡,是对患者生命的不尊重,是对患者基本的生存权利的藐视。案例6中,护士限制患者的人身自由,使患者的权利和尊严遭受损害。

一、护患关系道德规范

(一)照护病人

这是护士的天职,也是最基本的道德要求。

(二)尊重病人

尊重病人是医学人道主义的核心内容,体现了以人为本的医疗观念。尊重病人,首先要尊重病人的生命,在执行护理工作时确保护理对象的人身安全,这是对护理工作最基本的道德要求,也是生命神圣原则的具体体现。如果病人在接受护理的过程中生命受到伤害,那么违背了护理工作的初衷,使护理工作失去了其应有的价值。其次,尊重病人还表现为维护病人的权利和尊严。案例6中，护士的行为说明在现代医疗服务领域，有些医务人员的头脑中仍然会有这样的念头：即我的所作所为是为了病人好，因此，我不必考虑病人本身的价值观，甚至可以剥夺病人的某些权利。之所以出现这种情况，从根本上说，是因为医护人员并没有把病人视为与其他人尤其是与医护人员自己地位平等的，具有独特心理特征、价值理念和具体需求的个体，而仅仅把他们看做医护人员的服务对象和管理对象，护士最直接的目的是把病人护理好，特别是要把病人管理好。这也正是许多患者对医护人员产生不满及某些医疗纠纷产生的原因。

（三）维护病人的权利和尊严

维护病人的权利和尊严，第一要尊重病人的价值观，将病人视为独立的个体，尊重其价值、风俗习惯及精神信念，注重与病人的情感交流和精神照护。当病人拒绝某项治疗时，护士不应强迫他接受治疗。当然，如果病人的选择对其生命安全造成危害时，可根据具体情况做出专业判断。

第二，要平等地对待病人，一方面将病人视为与医护人员平等的人；另一方面平等地对待一切病人，提供给他们所需的各种护理服务。国际护理协会的护理伦理规范指出："人类对护理的需求是普遍的，护士的天职是尊重人的生命、权利及尊严，它不受国籍、种族、肤色、信仰、年龄、性别、政治因素或社会性地位的影响。"社会是由不同的人所组成，当其患病时，他对医疗及护理的需求是相同的，接受医护行为的人均应享有公平的护理。因此，护士应一视同仁，将最好的服务提供给不同背景的病人。

第三，严守病人秘密，保护病人隐私。保护病人的隐私是尊重病人人格尊严的重要内容，病人很可能因护士未能守密，因私密性的个人资料被泄露而受到伤害。因此，护士应该审慎地运用有关护理对象的资料，知道什么可以说，应该向谁说，所说出的事情是否有助于改善病人的健康。一般情况下，护士除了因为病人的医疗照顾需要而必须将其疾病、生理、社会及个人情况告知其他医务人员外，有责任保守病人的一切信息。

案例4中的护士虽然对医嘱存有疑问，但并没有提出来，而是以"执行医嘱是护士的职责"为由，机械地按照医嘱从事护理活动。案例6中的护士对医护关系的认识存在着误区，简单地认为医护关系是一种主从关系，护士只要一切听命于医生，按照他的医嘱去做就可以了，自己不必做出专业的判断和处理。显然，护士没有把自己放在与医生平等的地位，因此，医护之间的合作，特别是对医生的监督就非常困难了。这种合作建立在平等地位得到认可后相互尊重和信任的基础之上，它包含着相互学习、相互支持和帮助，同时更包含着互相监督，应像案例5中的护士所体现出的那样，医护关系应是互相扶持的。有些护士对于监督医生的工作表现得顾虑重重，认为这样会破坏医护之间的融洽关系。而事实上，监督的目的是为了防止差错事故的发生，维护病人的利益。如果因为监督不利而发生医疗差错，则是对医护关系最严厉的打击。护士作为病人的代言人（patient advocate），有责任维护病人的生命健康和安全，并为病人争取权益。应该指出的是，护士执行医嘱并不是绝对的，当发现医嘱不清楚或不完整、不道德、不合法或护士不能胜任，有可能对病人及社会造成危害时，护士有权拒绝执行医嘱，并有责任提醒医生或向有关部门反映情况，这是护士重要的监督工作，也是维护病人利益的重要方式。

二、护患关系道德规范的具体内容

主要通过综合附录中的相关文件，可大概归纳出护患关系的道德规范如下：

- 护士进行护理时,要尊重人性的尊严及个人的独特性,且不受社会经济地位、个人特质或健康问题之本质的限制
- 护士要以尊重患者的需要和价值观的方式对待患者,尊重病人的宗教信仰及风俗习惯,支持保护患者的利益
- 护士要为患者着想,尽量解除患者的痛苦,并确保护理对象安全
- 提供医疗照护活动时,应事先给予充分说明,经病人同意后执行,但紧急除外。在执行医疗照护活动时,应保护病人免受伤害
- 在护理过程中要举止端庄,语言文明,态度和蔼,同情、关心和体贴患者护士
- 当病人接受面谈、检查、治疗护理时,应尊重并维护其隐私并给予心理支持
- 应保守病人的医疗秘密,在运用其资料时,需审慎判断,除非病人同意或应法官要求或医疗所需。如有可能,要告诉患者在照护过程中的其医疗护理秘密的界限
- 应尊重病人参与研究或实验性医疗的意愿,并提供保护,避免受到伤害并确保病人应得的权益
- 护士应提供符合护理对象及其亲友需要的护理教育、指导与咨询
- 当病人对其应缴之医疗费用存疑时,应给予充分说明或会请相关单位澄清
- 当病人的生命不能再维持时,护士努力减轻痛苦、维护尊严。尊重濒临死亡者的意愿,帮助其安详及尊严地离世。

[1] 李本富 主编. 护理伦理学. 北京:科学出版社,2000. 45-46
[2] 卢美秀 编著. 护理伦理学. 台湾:汇华图书出版有限公司,1993.241-242
[3] 宋希仁 著,伦理与人生. 北京:教育科学出版社,2000.32
[4] [美] 博登海默 著,邓正来 译. 法理学——法律哲学与法律方法. 北京:中国政法大学出版社,1999. Ⅵ-Ⅶ
[5] 李本富 李传俊 齐家纯等 编著. 临床案例伦理分析. 北京:科学出版社,1998.41
[6] 李本富 李传俊 齐家纯等 编著. 临床案例伦理分析. 北京:科学出版社,1998.19
[7] 尹裕君,林丽英,卢小珏等著. 护理伦理概论. 北京:科学技术文献出版社,1999.107
[8] Ruth Chadwick Ed. Encyclopedia of Applied Ethics, Vol. 3. Academic Press, 1998. 373
[9] Ruth Chadwick Ed. Encyclopedia of Applied Ethics, Vol. 3. Academic Press, 1998. 374

其他参考文献
1. 孙国华 主编. 法理学教程. 北京:中国人民大学出版社,1997

第二章 护士的不同角色、关系和道德规范

本章将主要探讨临床护理中因分工不同而使护士肩负不同的角色，处在不同的横纵向关系中，需要遵守相应的道德规范。除了护患关系外，有的护士需要在医护关系较多的环境中工作，如门诊小手术护士、病房主班护士、急诊抢救和手术室手术护士等；有的需要在护护关系较多的环境中工作，如病房护士；有的需要与药房和检验科室联系，处在较多的护技关系中。随着社区医疗护理的深入，加上护士本身的社会角色，有的护士将处在多与社会打交道的环境中。

第一节 门、急诊护士的不同角色、关系和规范

一、门诊护士的角色和关系

案例7 一眼科医生给病人开了5ml×20支地塞米松，到门诊注射室注射。当护士给病人注射时，一看单子，说：没打过这么大剂量，大夫开错了。于是让病人回去问。病人不高兴说：干吗让我去问？这是你的事，拿不准，自己问医生去，为什么让我们病人跑腿？

这个案例中，患者说得有道理，但现实中由于种种原因，护士无法和医生沟通，一方面护士找到医生，医生也不知道是哪个病人，他情况如何，是否药的剂量真的错了，另一方面，护士可能根本看不清医生的签字，不知道是哪个医生。这里，护士要和患者沟通好，患者就不会埋怨护士让他们跑腿了，让病人真正体会到护士是为了他的利益，因为只有病人自己才能真正确定刚才是哪个医生给自己开的药，医生也会在看到患者本人后才能回忆起情况或确定是否药的剂量不对。所以，护士要担当起为医生、病人、自己把关的责任，真是非常不容易。案例7的情况有门诊的特殊情况，是门诊的注射室护士和患者的关系，涉及的关系还有医患关系和医护关系。

门诊护士有时数量少，非常容易发生顾了打针、换药、抢救，就顾不了接待病人、向患者解释说明病情或耐心解释等情况，可能发生护患矛盾，对此要有防范意识。

（一）总台分诊护士

1. 门诊分诊护士的角色特点

门诊分诊既有病人刚进医院未挂具体科室的号之前的分诊，需要护士知识全面，准确分诊，也有病人在到了具体科室后，尚未进入具体诊室前的分诊。门诊分诊护士是首先接触病人的医务人员，她的言谈举止给病人留下了第一印象，对患者的心理影响较大。护士特别需要了解患者的权利义务以及医院的权利义务，这样在接待病人时才能做到说话有理论，沟通有依据，病人才能信服你，才能配合分诊工作。对要求指导挂号的，可防止病人挂错号，减轻焦虑，节省时间。患者都希望护士能予以关照，找一个好医生。在病人能挑选医生的今天，有时是护士帮助患者挑医生，这就需要护士客观地根据患者的病情为患者提供选择医生方面的信息，做好分诊工作。

分诊护士需要良好的专业素质，因为门诊的科室多，病种多，单纯从书本是学不到的，需要多看最新的资料[1]。经验不足，会造成分诊不准确，使病人误解各科对病人踢皮球。责任心不强的，经常未见病人，未掌握病情，就挂号分诊。

2．特殊的护理关系

医护之间的协调在此体现较明显，如果病人多、病情重时，护士分诊不准确或过量分诊时，将直接影响到医生对病人的诊治，如可能因为患者的病情不是医生的专长，需要病人重新换医生，要么某些医生应接不暇，不能保证对每个病人都仔细诊断。医护之间随时要加强联系，否则会增加护患矛盾、医患矛盾和医护矛盾。

对于常白班的门诊护士，有时会与不同的门诊医生打交道，因为医生可能是由病房抽来的，有的轮换较频繁，或有的是临时增派，就更需要医护之间多了解，否则可能造成医生和护士之间的不和谐。因为每个医生都有其独特的个性、作风，护士要密切配合医生，必须有一个适应过程。

（二）科室分诊护士

1．角色和规范

科室分诊护士常俗称"小桌叫号"护士，耐心、减轻患者的焦虑是叫号护士特别需要关注的职责。护士需要考虑到候诊患者的普遍心理：焦虑和不安，既要耐心等待，又想到就诊后能否治愈。有调查提示综合医院门诊病人心理健康水平与常模人群有显著差异，是易发生精神障碍的高危人群，而且妇科和心理科的严重程度要高于老年科。这就要求护士多了解最新的信息，对心理健康差的病人予以特殊的关照，使他们在就诊之前有良好的心态。

护士与候诊病人交往时，不能忘记此时是一个健康宣教的好机会，同时也是护士的一个职责。可根据当时的季节，对传染病的预防、好发病的防治、多发病的原因等进行宣传咨询。这样可使患者在等候时不会感到无聊或等得心急，又可增加医学知识，减少焦虑。使病人对护士和医生增加信赖感[2]。

遇到病人请求护士提前就诊，或擅自把自己的病历本放在别人的前面的情况，要对病人讲道理，对确有需要的也可安排优先就诊，并取得其他患者的谅解。对患者的正当要求应该尽量予以满足。对病人的询问要耐心解答，对没有公德意识的，不要与其一样出言不逊[3]。

2．协调护患关系

等候就诊时间长了，一般患者或家属就开始着急，容易与护士产生矛盾。如暑期的儿科患者较多，家长给孩子看完病后可能还得回去工作，心情自然都比较着急。小桌叫号护士有时直接喊病人的名字，有的家长就问护士为什么不叫号而叫病人的名字？护士会解释说这是为表示对病人的尊重，我们按号排队，叫的时候，只叫姓名不叫号。这位家长还是不理解，他强调挂号应该叫号，否则还挂什么号？此时护士要以平和的心态向家长解释，并注意听取患者家属说的有道理的地方。有的护士处理得比较好，说："这位家长提的意见有道理，今后我们叫号的工作要加以改进，我们先叫号再叫姓名，这样既体现了按号排队又表示了对病人的尊重"[4]。

（三）门诊注射护士

1．角色

有这样一篇文章"300例肥胖患者肌内注射的观察与分析"[5]，作者通过B超对肥胖患者臀部脂肪的厚度进行测定，发现一般在 24~34mm，而 7 号针头的长度仅为 32mm，再减去皮肤层及外露长度约 4mm，针头实际进入长度为 -6~4mm。所以，若对肥胖患者使用临床常用的7号针头行臀大肌注射，绝大部分不能进入肌肉组织的足够深度，而是将药物注入到皮下脂肪组织，影响药物的吸收速度，若换为三角肌注射，效果比较可靠，否则对于术前病人或抢救的病人，可能会贻误时机。

这篇有趣的文章提示了一个问题，门诊注射护士的角色很特殊，其职责不仅是注射技术问题，还有个性化的服务意识，其背后的思想正是病人的真正利益——这一护理伦理学的核心。

2．护理关系

门诊注射护士相对比较独立，离各诊室都比较远。但事实上配合的是门诊所有医生的工作。从刚才这个特殊情况还可看出，门诊护士也存在护护配合问题，若其他护士没有注意到这个肥胖患者的问题，护士可在交接班时，或在显要位置注明，提醒一下其他护士。尤其是对老化疗病人，对已经发生静脉炎的病人，或已经出了与注射或对注射不利的方面问题的病人，可提示换为三角肌注射，需告知注射部位变化的必要，或其他注意事项等。

（四）门诊小手术护士

门诊小手术护士在术中与医生的配合问题是比较突出的护理伦理问题。

二、急诊护士的角色、关系和规范

案例8　某患者在出差时不甚将左脚背划伤，当时仅简单包扎处理，回来后即来急诊就诊。值班护士分诊时考虑到病人伤口已不出血，病人行走不受限制，让病人次日看普通外科门诊[6]。

案例9　一年轻男子酒后右手大鱼际肌被玻璃划伤，伤口长约4cm，较深，出血较多，考虑到可能存在肌腱断裂，需外科专科医生缝合。但从叫专科医生到专科医生到来，需要一段时间，期间病人由于外伤疼痛、出血引起情绪紧张和酒后情绪激动等原因，对等待专科医生来处理表示不满，值班护士在解释其必要性时由于语言比较简单，同情心欠缺等，病人和家属意见很大[7]。

（一）急诊护士的特殊角色和关系

急诊护士肩负有多种角色，若把握得好，会节省时间，挽救的是患者的生命！角色多，需要协调的关系就多。护士在医生到达之前是主动的角色，护士首接病人，设法快速通知医生，迅速主动准备抢救物品，在医生未到达之前，主动实施并及时拟订科学的急救护理程序，严密观察，记录，迅速建立静脉通道。必要的可先进行心肺复苏术，保持呼吸道畅通，气管插管，进行大出血的包扎、固定止血、输液等工作。无数事实表明赢得抢救时间有时比抢救本身更重要。护士在医生到达之后主要是医护的配合问题。护士在病人家属面前要注意用恰当的语言安慰家属，使他们有安全的感觉。避免使用刺激性或冲突性语言，不使用绝对肯定或绝对否定的语言[8]。

处理好医护关系，密切配合，是急诊护士身上典型的护理关系。另外，护护关系也是急诊护士需要处理的重要的护理关系，如病人收入院，需要与其他科室的交接与合作等。

急诊护士的社会角色在急诊中也有明显体现，如对于可疑或有疑问的病人，及时向医院值班室、保卫部门联系，抢救记录要详细，保留注射药的安瓿、病人的呕吐物、排泄物等。

（二）急诊护士的道德规范

1．同情病人

急诊护士，尤其是分诊护士，首先要同情病人，急病人所急，避免急诊不急的现象。虽然去看急诊的病人，不一定就是急症病人。但从病人角度看，都是一样的心急和担心。如案例8中的情况，事实并不复杂，现实中比较普遍存在这种现象。但由于急诊的嘈杂，护士可能没有时间过多地解释，但也不排除嫌麻烦的可能，因为病人也确实没有什么危险，但作为护士还应抓紧时间对病人解释，充分地理解病人。

对于非常紧急的病人，有时需要护士和医生为了病人的利益而主动承担风险的精神。

2．不仅要注重生命的抢救，也要注重急诊患者的心理护理

过去有种错误的观点，认为急性病人病势危急，医护人员的任务就是以最佳的技术和最快的速度抢救病人，无须实施心理护理。近十年来，随着抢救护理科学的形成和发展，人们越来越认识到对急性病人也同样需要进行心理护理。因为急性病人要么面临生命威胁，要么遭受躯体伤残，心理正处于高度应激状态。此时，如果进行良好的心理护理，就会缓和其紧张情绪，有助于转危为安。否则，如果在病人心理上高度紧张之时，再加上抢救时的种种劣性刺激，就会加重病情，甚至造成严重后果，而且容易造成护患矛盾和医患矛盾。案例9说明的就是这样的情况，如果患者和家属能感到护士的同情，也许会减少焦虑，对缓解痛苦也有作用。

由于急性病人的主导心理活动是恐惧，因此，心理护理的中心任务是增强病人的安全感，使病人感到医护人员可亲。急性病人大都求医心切，一旦进入医院，顿有绝路逢生之感。这时，医护人员应当做到紧张而又热情地接诊。亲切而又耐心地询问，悉心体贴关怀周到，使病人感到在危难之时遇到了救命的亲人。这种医患关系，对抢救过程能否顺利进行有极大的影响，直接影响抢救和治疗效果；医护人员娴熟的医疗操作技术和严谨的工作作风，使病人感到医护人员可信，这不仅是赢得时间使病人转危为安的保证，同时对病人来说又是有力的心理支持、鼓舞和依靠力量。使病人感到可信、可敬，从而获得安全感。

3．处理好护士与家属的关系，减少护患纠纷

急诊科是抢救危重病人的重要场所，也是最易产生矛盾的地方。急诊科包括专科诊室、抢救室、缝合室、观察室、急诊重症监护室等院内抢救诊室和重症监护系统和院前救护系统，还需检验科、放射科、药房和收费处等科室协助。部门多，发生摩擦机会多，检查报告未能及时取回，找不到相关诊室（医院内各部门的标志不清楚，患者和家属遇到类似的困扰）等由于医院管理方面的原因造成的交费、取药等排长队而耽误抢救时间，必然增长负面因素。医护人员和家属的矛盾在急诊科是比较普遍的，因为家属面对亲人的危重病情，往往心理非常恐惧，在嘈杂的环境下，对外界刺激－尤其是语言上的刺激承受能力很弱，医护人员若此时说了什么不恰当的话，或对病人家属呼来喝去，病人家属的不满情绪就容易爆发。家属的另一个心理就是认为自己家人的病是最重的，希望医护人员立即处理，但事实上，医护人员可能忙于其他更重的病人的抢救而无暇解释，或医护人员对此经历得太多，对那些抢救效果欠佳的病人没有表现出家属所认为的应有的重视等情况也是患者家属产生不满的原因。

在急诊中，患者亲属会出现焦虑、攻击和否认等一系列身心反应。护士若设身处地地替患者着想，那么她给患者和家属的提议也容易被采纳，避免家属因过度焦虑而做出不理智的决定。另外，攻击也是应激状态下的一种最常见的心理反应。如一知识分子家庭，丈夫突发脑出血，医生做了初步处理，病情已基本控制，但需做CT确诊。由于抢救室另一病人病情不稳定，需紧急处理，这位患者的CT就得等待一段时间。当患者的儿子问母亲情况如何，母亲就把心中的火气撒到儿子身上：你们平时都不关心他，现在问我怎么样了，我怎么知道

怎么样？在这种情况下，护士可以拉把椅子让家属坐下，或通过其他非语言行为安慰家属，可让其感到医护人员也在关心患者的健康[9]。通过减轻家属的焦虑，利于患者家属更好地配合医护人员的工作，也避免了不必要的护患纠纷。

第二节　病房护士的不同角色、关系和规范

一、责任护士

责任护士是整体护理的关键，关系到护理质量和病人的身心健康。病人一旦住进病房，就和责任护士建立了契约、信托的护患关系，如何照护病人，如何处理病人的隐私等便成为维护和促进护患关系的重要环节。整体护理所营造的良好的护患关系气氛和责任护士周到耐心的服务，能让病人更放心和自觉地与护士配合，大大增加病人的安全感和信任感。

鼓励病人，维护病人的自主权，不仅是指告诉病人有关信息，更重要的在于解释，让他们理解，以达到病人自主选择的目的，做到真正尊重病人的意愿。"家属同意"有时不能真正代表病人的意愿，但在现今的中国，家属的意见还占有举足轻重的地位，医护人员还是要充分尊重家属的意见。但病人自主性的提高和医护人员对病人自主性的尊重将是发展的一个趋势。

护士应该了解医生的意图，这不仅需要知识的丰富，还要求一种责任心。护士应知道医生为什么用这种药，用后会有什么反应，期间应注意观察什么，要求患者怎么配合等，都应向患者讲清楚。尤其是外科系统，医生了解病人的情况相对少，更需要护士多了解病人。经常是护士能最先发现问题，发现新的症状，然后给医生提切实的建议。

我国在上个世纪90年代开始实施整体护理，但现实完全实行的并不太多，而且即便实行了整体护理，原来的功能制护理的工作也是一样要完成的，故这里暂且按功能制护理的任务来分析病房护士的角色和关系。

若按功能制护理来看，各班都有一些共同的职责，如掌握病人情况、细致观察病人、做好本职部分工作的书写记录等，需要强调的是观察细致，这是各班护士的主要职责。护士除按医嘱给药做各种治疗和试验外，必须能细致观察病人病况的改变，并早些得知治疗药物的副作用，以便及时施行抢救。正如没有两个完全相同的树叶一样，也没有两个病人是相同的，只有通过细致观察，才能更好地完成其他方面的职责。护士与病人相处时，除了与病人沟通，了解病人，解决其心理问题等职责外，就是基于观察而记录结果，以协助医生做诊断。治疗的计划和合并症的预防等均需护士正确的观察。尤其是外科的术后病人的观察，更是非常重要的环节，严密的观察和及时的处置不仅是保住一台医护多人协作完成的手术成果的关键，而且保住的是病人的健康和生命。发现问题及时向医生报告，可避免不良合并症的发生，甚至能救病人的性命。有一个优秀护士是这样介绍自己的：上班时，不停地巡视，细致地观察。一天中午，我接班后，发现一位肾绞痛病人的药盒中放着一片中效磺胺，我以为是上午发的药未服，经询问，才知道是中午发的，我想按常规，这药一天两次就行了，怎么中午又发一片呢？查看医嘱，发现医嘱上写的是一天三次，经请示医生后改正了这条医嘱[10]。

客观的症状是容易观察的，如皮肤的颜色（苍白），姿势（如避免疼痛的蜷曲式，端坐呼吸式）分泌物和排泄物等，一般护士都能做到，但呼吸的气味等是需要细致的观察的。主

观（只有病人才能感觉到的）的疼痛、其他知觉和情绪等更是需要与病人的沟通和细致的观察才能得到的，很大程度上取决于护士的责任心。

二、主班护士

医院病房一般都有关于本科室护士的职责规范，护士可主动找到这些文件阅读。主班护士的职责一般有，掌握全病房病人的病情、诊断、治疗、护理，参加晨交班，听取夜班报告，危重病人床头交接等。还要及时、准确地录入医嘱，负责医护关系的沟通和联系，深入病房，了解患者的最新情况，并及时把信息通知给医生。核对口服药，打印口服药单等。负责医护之间的联系工作，向医生反映医嘱执行情况、患者的情况，或提出治疗及护理的改进意见等。

从主班护士的职责可看出，主班护士处于医护关系和护护关系的核心。医护关系表现在主班护士需要详细地了解医嘱，遇到不明确的需要与医生沟通，遇到医生未及时把口头医嘱补上时，需要提醒医生，或帮助医生补上，请医生签字等。另外，还表现在组织配合医生对危重病人的抢救。在护护关系方面，表现为通知治疗班和护理班执行医嘱，督促检查治疗班、护理班的工作完成情况等。遇到需要转院、会诊、预约特殊检查或与后勤部门的联系和多方位的关系的协调等工作，主要由主班护士完成。

三、治疗班护士

（一）治疗班护士的角色和关系

治疗班的护士需要与主班护士核对医嘱，完成为患者的各种治疗任务，这是治疗班护士的最重要的职责，直接关系到患者的治疗护理质量。另外，领药、摆药等治疗前的一切准备也是非常繁重的任务，需要大量的时间。急救车的管理也不容忽视。

治疗班护士所涉及的护理关系主要是护患关系和护护关系。

（二）与治疗班护士有关的道德规范

1. 慎独

慎独既是护士的修养境界，也是重要的伦理学概念和规范，尤其是在治疗护士的身上体现得淋漓尽致。如，护士在给药或准备药之前，应先洗手；药瓶的盖子打开后，盖子是翻过来还是扣过去放着；粉末药品的称量，准确度有多少？液体药品，底部是否有残留？瓶口及其盖子在每次倒出液体后，是否擦干净，以免留下干粘的沉积物；给患者递药时，是把药直接放在病人手中，而是放入容器中……等等，一般没人监督你，需要护士严格按照操作规程去做，这既是技术上的规范，更是伦理学上的要求，因为它直接关系到患者的生命健康。

2. 体贴病人，安全负责

护士在协助医生检查时，要向病人解释检查的程序，不必要的暴露要尽量避免，尤其是对女性患者，更要体贴。虽然护士对此已习以为常，但在病人方面总觉得是件难为情的事，只有站在病人的角度看才发现这是很容易理解的，任何一个患者在生病后，对不能控制自己的隐私等在心理上非常不习惯，护士要体谅到这一点；如果不是单人病房，如有可能，用屏风挡一下。如果病人的家属或朋友在场，需要检查时，可说：现在某某需要检查，请你们在外面等待好吗？这是体贴的表现，因为病人的亲友是希望不影响护士的工作，但又不希望因此而中断见面，所以，他们在知道检查完之后可以继续见面是非常愿意合作的。但当护士发现，病人情绪不安，需要独处时，护士为了病人的利益，可以请病人的亲朋离开，必要时禁止来访，这同样是对病人的体贴。

医生检查男病人时，可以单独执行，除非医生特别要求护士协助，但护士在离开之前要把用具准备好；如果医生检查女病人时，护士要在旁协助，即便病人要求护士离开，护士还是得留下，直到医生让她离开为止。否则医生检查女病人时护士不在场，可能会引起女病人的诉讼。

安全是护士在操作中对病人应予以保障的。另外，轻柔也是治疗护士要注意的一个要求，有些操作检查给病人带来不舒适，如导尿、灌肠等操作，除了尽量给予遮挡外，动作尽量轻柔，减少病人的痛苦。临床上有些护士能做到对工作中存在的问题进行反思，比如有的个别器械非常贵重，只有一套，病人多，很难做到彻底消毒，这样在使用中很难保证绝对的安全，若从病人角度着想，觉得这样很对不住病人，但限于条件又只能如此，为此有些护士比较矛盾。这是护士责任感的体现，也是促进以后改善医护条件的动力。

3．节俭

给药护士的节俭问题是现在比较严重的伦理学问题。临床上大量新药、特药的使用，如生物制剂、广谱抗生素、化疗药物等，价格昂贵。在药物配制使用中，护士的操作技能和工作责任心都非常重要，稍有不慎，即可造成药瓶内残余药量过大，使药品有效成分丢失造成药品浪费，影响药物疗效。临床中，在静脉输液问题上，长期存在着少量药物的"合理"丢失现象，使人体内药量不能达到有效浓度。因此，在药物治疗中，护士不但要有熟练的操作技术，更要有高度的责任心。特别是在使用价格昂贵、剂型较小的药物时，应使用小容量注射器，尽量减少药品浪费，使药物发挥最佳疗效。以青霉素为例，若加药护士少注入溶媒，再加上抽吸不彻底，400万U 1支的青霉素，浪费掉20万U是非常常见的事[11]。健康报曾报道"一转二吸三到底"的抽吸药液法，使每瓶药液浪费减少到0.1毫升以下，甚至彻底干净[12]。

4．加强业务学习，提高用药知识

随着现代医学、药理学的迅速发展，许多新药、特药相继问世，药物作用机理和给药方法日趋复杂，给护理工作带来一定的困难，同时也赋予护理道德以新的内容。为了更好地发挥药物疗效，提高用药质量，护士除应掌握一定的医学、护理学知识外，还需掌握各种常用药和新药、特药的药理知识，熟悉了解药物性能、最佳给药时间，以及影响药物疗效的各种因素等，使药物发挥最大的治疗作用。

护士要意识到自己在口服给药中的角色和作用：既是口服给药的执行者、指导者（指导用药时间、药物与食物的关系等及出院后的用药指导）、监督者，更是观察者以及药物不良反应的报告者等[13]。

5．重视药物的心理效应，提高药物疗效

在药物治疗过程中，护士不仅要重视药物的生理效应，还应重视药物的心理效应，使病人以良好的心态，正确的方法接受、使用药物，充分发挥药物疗效。多数患者希望了解自己所用药物的名称、作用、副作用及全天输液量，因此，护士应主动给病人讲解药名、疗效及注意事项等，解除病人的顾虑，满足病人的心理需求，这对于提高病人的心理效应非常重要。如有的患者在静脉输液时，不知道滴速与药物浓度在体内的关系，护士应为其讲解药物的速度与药物代谢动力学的关系，避免擅自调节滴速。有的糖尿病患者对于正确使用胰岛素治疗不够理解，护士为其讲解胰岛素与维持人体正常血糖的关系，防止低血糖的发生。护士通过健康教育，加强对病人药理知识的宣教，可提高患者的心理效应及用药的自觉性和顺应性，避免和减少药物的不良反应，以提高药物疗效。同时也促使护士自觉学习，钻研业务，提高自身素质，使自己的道德修养在平凡的护理工作中得到提高、升华。

当然，治疗护士要首先保证技术上的过硬，这也是伦理学的基础，以免再次发生当护士要把有气泡的液体输到患者体内，患者按住护士的手，在医院直喊"救命"的笑话。

四、护理班护士

（一）护理班护士的角色

护理班护士临床上多主要做晨晚间护理，也做些治疗，包括执行即刻医嘱，并负责病人的特殊检查和术前的准备，以及术后的护理。另外，还有负责病室的管理和接待新入院病人等。虽然护理班护士也要和主班、治疗班护士打交道，但由于多负责患者的生活护理，更容易与患者建立密切的情感，所以，护患关系是护理班护士主要需要协调的关系，下面所说的道德规范也主要是从如何与患者建立信任和友谊角度而言。

（二）护理班护士道德规范

1. 理解病人

办入院手续，是护士几乎天天要碰到的事情，这也是护患之间的第一次正式接触。这时大多数患者的心理特点是忐忑不安的，其中包含着对本身病情的忧郁，也包含着对将要开始的住院生活的陌生感。如果病人来时，护士在写记录，此时，要即刻迎上去，主动替他们拿上洗刷用具，按照他要住的床位，亲切地给同房间的其他病友介绍新病人，简单交待一下注意事项，妥善把病人安排好，再回到办公室继续填写医疗记录。

理解病人，需要了解不同年龄、性别的病人会有不同的顾虑。如成年男性可能对工作更担心、成年女性可能对孩子更挂念；中学生可能更担心功课的进度、小孩可能更多是恐惧和不安全感等。理解病人还包括理解病人的心理，尤其是术前的病人，容易紧张焦虑，需要更多的心理护理。可见，理解病人不是单凭对病人的一片同情就能做好的，需要有相关的知识准备，这样在理解病人时更容易些，病人反过来也会很快消除对住院环境的陌生，安心配合治疗。

2. 尊重病人

尊重病人不仅是在称谓上的尊重，现实中的按照房间、床号的做法并不是尊重每个不同个体的最好的做法，因为这样做是从护士工作的方便出发，不是从患者的角度着想。护士只要自己多费点心，就可以很快记住患者的名字。

尊重病人体现在很多方面，如对病人隐私的保护，也包括对不同病人的个性化的服务等。如老年人由于睡眠少，护士要考虑到其起床时间早，给药也要相应早。

3. 帮助病人清洁和舒适

清洁是病人舒适和健康的必要条件。为病人提供方便的洗漱条件和洗澡条件，是非常重要的。即便对于很小的病人，沐浴也能使其舒适和恢复活力。女病人的洗头、男病人的修面都是应予以重视的。若帮病人清洗时，所抹的肥皂需洗净，以防止刺激皮肤或引起皮肤干燥。

以生活护理中的铺床为例，护士不是为了铺床而铺床，而是为了病人的舒适。这样护士在工作时便在头脑中有这方面的意识，不至于因为铺床反而给病人带来了不方便而引起病人的不舒适。当长期卧床的病人第一次坐到椅子上时，要时常量他的脉搏，严密观察他的脸色。尤其是对那些不能移动的病人，当需要更换枕头时，可临时用毯子或其他东西放入病人枕下，否则一下子病人会有非常不适的感觉。同时可提醒病人换换姿势而减少肌肉的不适，若能顺便帮病人按摩一下疲劳的肌肉，更能使病人感到身心的愉悦，相信这并不比医生的药品治疗效果差。

4．行为谨慎，保证安全

病人在病房的安全是首要的，尤其是对精神病人、老人和孩子更要关注。例如，给婴儿称体重是护理的一部分，把婴儿放秤上后，千万不要大意，否则孩子一动，就可能摔得鼻青脸肿，这让他们的父母在对他们的容貌还不甚熟悉之前更难辨认自己的孩子，本来很多新生儿父母心理就老是担心孩子被抱错了，这样便更麻烦了。对待老年病人，要考虑到其腿脚不灵，要注意防滑，要知道病人摔倒是几种常见的法律责任中更常见的一项。

5．保证良好的就医环境

对于病人的医院环境，南丁格尔的《医院札记》中比较强调：大声说话、走路和小声的交头接耳都同样能引起病人的忧虑和不安。护士是非常爱美的群体，若把美传播到病房，会给病人带来无尽的安慰。花不仅能使人感到美，而且的确有治疗价值，尤其是寂寞和满怀恐惧的病人，花是带来希望和愉快的礼物。病人亲友给病人送的花，可帮助他们清洁，或把水中的一端剪断一些，放在冷水中。若花朵有凋谢的倾向，可先放于热水中，以热除去细胞内的空气。

6．健康宣教

现在实行整体护理的医院有的有专门的健康宣教组，为病人讲课、咨询，即便没开展整体护理的医院，对于特殊的，如内分泌病房等，也有健康宣教组，有专职护士来承担任务。对于糖尿病人、慢性病人等，健康教育是护理的重要项目。健康教育和心理护理作为整体护理与功能制护理的主要区别内容，可为良好护患关系的形成打下坚实的基础，要充分发挥这两项的职能。

关于健康教育的时机和方式，应围绕患者的健康，采取灵活的方式，不能生搬硬套，否则事倍功半。一般健康宣教可分正式和非正式、专门和结合其他内容等方式。正式的是给些书面图文资料，非正式的则结合在日常护理活动中，如在给病人输液时，告诉病人药物的作用，会有何反应，应如何防范等，还可以利用提问病人的方式，检查教育的效果，更正错误观念，深入学习新的知识。有时还可以通过交流的机会把心理健康等知识传授给患者。许多国家的护士法规定："护士有教育患者的责任，患者有接受教育的权利"[14]。

五、夜班护士

夜间护理多是一个人值夜班，工作辛苦，烦琐，需要一个人承担生活护理、治疗、写记录等所有护理班的任务，疲劳是一定的。另外，现在对学历的要求使护士必须参加各种学习班或自学考试等，晚上可能想看看书，但经常是危重病人病情变化大，再加上急诊病人，等等，经常是要么没事，要么忙不过来，使护士可能心情浮躁。与白天相比，更没有人监督夜班护士巡视病房的次数，如果责任心不强，自然的懒惰便可能控制自己，可能出现差错事故。

第三节　手术室护士的角色、关系和规范

手术室护士与患者之间关系的重要性，并不因为护患关系持续时间的长短而定。虽然这

里的护患关系持续时间较短，但往往正是患者的生命处于转折点的阶段，所以，手术室护士与患者的健康利益关系重大。医护关系的密切性、护护关系的复杂性、手术工作的严格性是手术室护士工作的重要特点，另外，记录的清晰性、配合要求的精确性、了解医生意图的准确性等都是手术室护士的职责。

我国目前的状况是手术室护士在术前和术后几乎不与患者接触，只管配合医生做手术。甚至有的术中记录都是麻醉医生的事情，手术室护士只管清点纱布、递手术器械，更谈不上术前访视了。现在，日本等国家在这方面走得较快，更充分体现了手术室护士和患者的亲密关系和手术室护士与病房护士密切合作等关系。这也应是我国发展的一个方向。

一、手术室护患关系和护理道德规范

（一）手术室护患关系

外科病人在手术室停留时间虽然短暂，但却是整个疾病治疗中关键的一环，也是病人身心最脆弱的时刻。手术病人在术前普遍存在紧张、焦虑、恐惧等心理反应，术前访视能有效地降低病人紧张焦虑程度。通过对病人术前访视，使接受手术的病人感到被尊重、被关心，在心理上获得满足感与安全感，从而对医护人员产生信任，这样，病人情绪稳定，精神轻松，从身心两方面为主动配合手术做好准备。手术前1日到病房访视患者是日本等国普遍的做法，这样不但可使患者减轻恐惧，而且利于和患者之间建立良好的信赖关系。

选择好访视的时间，尽量避免影响患者休息与治疗。为减轻患者进入手术室陌生环境产生的紧张、恐惧心理，可将手术室的内部环境、医生护士的情况以及患者进入手术室后的状况拍成照片制成图册，对患者边讲解边介绍，使患者在进入手术室之前有充分的心理准备。可提前说明手术台上的操作顺序，如输液、心电、血压监测、体位、固定带的使用等等。认真倾听患者诉说，耐心回答疑问，解决患者的烦恼。并要通过病房责任护士的介绍和阅读病历来了解患者的情况。帮助患者手术后尽快康复，协助病房医护人员使患者掌握有关恢复期的知识，主动配合康复治疗。例如：对预定在全身麻醉下进行手术的患者，教授术后呼吸运动和排痰的方法等。

术后随访有助于患者病房的责任护士评估手术中的护理效果，当病人知道手术室的护士仍然关心他的术后恢复时，会很愉快，这种愉快的心情也能促使他早日康复。一般于手术后第二天随访，对特殊病人，亦可于手术当天或术后几日多次随访，向病人和家属介绍手术情况并进行术后指导。查看病人有无手术并发症，也可通过局麻病人对手术的体验以及对护理情况的描述，对手术医生和护士配合质量的评价等，来评估术中护理计划的落实情况。

（二）手术室护理道德规范

1. 结合访视，做病人的心理护理

（1）术前护理

无论手术是否重要，也不论手术大小，对病人来说都是较强的紧张刺激。我国的医学心理学工作者通过调查发现患者术前常有如下的心理活动，对手术一是害怕，二是担心。怕的是疼痛与死亡，担心的是是否会出意外，是否会残废和毁容等。他们反映，入院就盼早日手术，一安排手术日就惶恐不安，吃不下饭、睡不好觉，尽管在手术的前一天晚上服用安眠药，仍难以入睡。病人意识到了这种紧张刺激，就会通过交感神经系统的作用，使肾上腺素和去甲肾上腺素的分泌增加，引起血压升高、心率加快，有的临上手术台时还可出现四肢发凉、发抖、意识域狭窄等症状，对手术环境和器械等异常敏感，甚至出现病理心理活动。

故，手术室护士若能在术前一日根据患者的情况和需要解除其焦虑，是非常有利于第二天的手术的。

（2）术中护理

从患者入手术室到手术结束前是患者心理最紧张的时刻，护士可从患者的表情、言语、动作中判断其不安的程度，再次考虑护理计划是否完善。为准确把握患者的生命体征及术前准备工作是否周密，除由病房护士向手术室护士进行口头交接班外，还可提出手术前处置表。该表详细记载了术前准备的各项内容，为手术的顺利进行创造了先决选择。患者入室后至麻醉结束前，应有护士守护在其身边，如果可能，在做各种操作前均应向患者说明，保护患者的隐私权，避免身体不必要的暴露。

另外，准确记录术中全部情况，为病房护士和医生进行术后护理和医疗提供依据和参考。

（3）术后护理

术后的访视是手术室护士的职责，术后对病人的心理和生活等护理主要是病房的责任护士的职责，具体内容可见第六章第一节。

2．洗手护士保持环境清洁

是否能防止术中和术后的污染，洗手护士是一个关键的因素，其中很多细微的环节完全靠护士自身的自觉。如在术前准备期间，在手术间打包前先要擦拭桌子、柜子等物品上的灰尘，减少手术间的悬浮物质。擦完后需用肥皂洗手后才能再打包，然后查看是否过期等项内容。这中间的用肥皂洗手就要靠慎独，当然养成好的习惯也是一个因素[15]。病人对手术的环境和气氛极为敏感，印象也很深，而整齐清洁的手术室环境利于患者心理产生安全感。

3．热情、体贴、关心病人

护士热情、友善地把病人接到手术间并用几分钟时间专门照顾他，让他感到他是这里最重要的人，亲切地称谓病人，勿用床号、病名或手术名称代替病人姓名，尽量保证病人入室后，始终有人陪伴他。手术室护士应向他简单介绍手术室的设置、现代化的仪器设备、经验丰富的手术大夫和麻醉师等，向病人讲明麻醉与术中必要的配合，可能体验到的各种感觉与注意事项。如术中的牵拉脏器时会有不适和牵拉痛，告诉病人做深呼吸可减轻不适与疼痛。

局麻病人能意识到在自己的身上进行手术而"胆战心惊"，全麻病人真正是对医护人员"性命相托"，可以想象患者此时的复杂心情，这就要求护士应该关心、体贴病人，例如，热情照顾病人上手术台；束缚病人四肢时要耐心向病人解释；静脉穿刺、导尿等争取一次成功；对于术中意识清醒的病人，应用温馨的话语、带有鼓励和希望的眼神，给病人以心理支持和安慰，避免出现给病人带来打击、导致失望等言语或表情。

4．保持环境安静

避免谈论与手术无关的话题。对病人的病情不随意议论或窃窃私语，尤其对矫形、烧伤、妇科及乳房整形手术者，更要注意言辞勿损伤病人自尊心。病人对术中身体暴露往往感到羞怯，护理时应给予理解，并做到最小范围的暴露，保护病人的自尊心。

二、手术室的医护关系和规范

医护关系的好坏不仅关系到手术配合的密切，还关系到患者的感受。病人十分重视手术室医生和护士的举止言谈，因为他们一进手术室就失去了对自己的主宰，一切痛苦甚至包括生命如何，全都由医生和护士掌握了。所以，医生和护士都应端庄大方、态度和蔼、言语亲切、使病人产生安全感。术中医生和护士都应注意意识清楚病人的情绪变化,如心理过度紧张时应及时安慰。器械护士要准确了解医生的意图,轻、准、稳、快地传递器械、敷料,密切配合手术,医生之间要全神贯注、紧密合作,以减轻病人的痛苦。手术室内不应闲谈嬉笑,也不要窃窃私语,相互之间谈话的声音应当轻柔和谐。应尽量减少、减轻手术器械的碰击声,避免给病人的一切不良刺激,尽量使用手术语。护士是护患关系和医护关系的核心,术中出现问题,考虑的应是多方面的,既有患者,也有医生。这就使护士在处理问题时要能兼顾到医患护多方。在术中一旦发现病情变化或发生意外,医护人员要沉着冷静,不可张皇失措,以免给病人造成恐怖和紧张。也不要突然一下子全无声音,这样更能增加患者的恐惧。

巡回护士(台下护士)要认真观察手术进展,及时供应所需物品,保持与病人家属的联系,管理好手术的秩序和环境。手术即将结束时要认真清点核对手术器械、敷料等物品,并进行登记,核对无误后,再让手术医师关闭切口,这不是一件技术上难以操作的活动,但许多医疗事故表明正是由于纱布或其他物品落在患者体内,造成了本不应发生的纠纷。

三、手术室的护护关系

手术科室护士身上的护护关系也是比较复杂的,如术前术后与病人病房护士的联系与交接,术前术后配合病人责任护士的护理等都是手术室护士工作的一部分。目前,这一短暂而特殊的护理过程中的各种关系越来越受到应有的重视。

第四节 护理道德规范(二)
——其他护理关系和道德规范

在整个护理过程中,围绕护患这种纵向关系,在护士身上还存在着横向的医护关系、护护关系、护技关系等,护士只有明确自身所处各种关系中的位置,并了解调节各关系相应的道德规范,才能从伦理理论和实践上把护理工作做好。

一、医护关系和道德规范

案例10 医生小张与护士小李由于在一次交谈中发生摩擦,双方各执己见,谁也不肯主动认错,日久天长,俩人见面都互不说话了,致使隔膜日益加深。一次,正赶上他们俩人值夜班,一名患者头痛剧烈,找到护士小李,小李打电话给医生办公室,简单地说明了情况,就在这边等医嘱,怎知医生小张不愿和小李说话,将医嘱悄悄放下就走了,小李并未发现医嘱的存在,碍于脸面,也不愿意去问小张,故也未执行,家属等待着急大发雷霆,责怪医护人员不负责任。

案例11 一年轻护士刚参加工作不久,科里来了一个急诊手术患者。由于急诊来得比较突然,在其他手术都没有结束的情况下,找不到洗手护士,护士长决定派这个"新同志"上台,这是她第一次独立,非常紧张,但只好硬着头皮洗手。到了台上看到那么多的器械、纱布、缝针、缝线等,不知从何下手,尽管台下老师在旁边不断提醒、指导,高度紧张的新护士还是手忙脚乱,这时一位医生穿好无菌衣走过来,帮她完成了本应由护士完成的工作,然后,又提醒她下一步该做什么,该准备什么,还不时地安慰她,告诉她别紧张。在整个手术过程中,每到一步他都事先提醒该准备什么,在他的提醒和帮助下这个新护士慢慢地适应了手术,心里对这位医生充满了感激,以后她成为了非常出色的护士。

（一）医护关系的模式

1. 医护关系在理论上是信任的关系

医护之间无论如何都应是信任的关系，因为医生把药和针剂都交托到护士的手中，而这是关系到病人生命的事情。无论医生或护士个人是否承认，这都是人世间最大的信任。

2. 医护之间是协作和监督的关系

传统上，医护之间是主从型的模式，随着整体护理的开展和护理职业独立性的提高，医护之间已经转向是协作和监督的关系模式。现在双方都需各自学习一些对方的知识，以互相补充，如护士需要医生了解护理等级、程序，医生（如外科）也希望护士能熟悉胃液等其他分析，X光诊断及治疗方法，以及其他专业性之治疗等程序。虽然诊断与治疗是医生之职责，但医生希望护士能懂得药品之正确用量，并熟悉各种可能用于治疗之方法。假如医生开出的药量有错误，而护士按照医嘱给药，则护士与医生同样都要负责任。如有时医嘱上的"tid"、"bid"或"qd"等与计算机中以往对病人的记录或新的根据医嘱的记录不一致，护士不应机械地执行，尤其是对那些有疑问的，需要与医生核对，彼此监督工作。主班护士在与护理班和治疗班护士一起交接、核对医嘱时，可能发现有的医生在医嘱中有遗漏的地方，一般护士会帮医生补上，事后告诉医生签字确认。现实中绝大多数情况下医护的配合非常好，就像案例11所示。

3. 医护之间是平等和相对独立的关系

护士的工作不只是执行医嘱，现在完整的护理过程需要进行一系列的步骤：对患者进行评估、做出护理诊断、制订护理计划、实行具体护理措施、评价护理效果等。医生的诊疗过程和护士的护理过程是有区别、有联系、有分工的共事过程。因此，医护关系是一种平等的、同事间的关系，而不是主从关系。当然，并不是说护士可以不严格执行医嘱，事实上一名不认真严格执行医嘱的护士是不合格的护士；但一名只会执行医嘱，而不能独立、主动、高水平地制定出护理计划并完美地加以实施的护士，也不是新时代的合格护士。

4. 医护关系的理想模式是"并列－互补"型

医疗和护理是两个并列的要素，贯穿于治疗疾病的全过程，在诊治疾病中发挥着同等重要的作用，如同车之双轮，鸟之双翼，两者缺一不可。"互补"，即医护之间交流信息，互相协作，互为补充。从一定意义上说，医疗过程就是医护工作互补的过程。医生和护士虽然工作的对象和目的相同，但工作的侧重面和使用的技术手段不尽相同。医生的主要责任是及时地做出正确的诊断和采取恰当的治疗手段；护士的主要责任是能动地执行医嘱，做好躯体护理和心理护理。因为病人是全面的、整体的、立体的，医生和护士是为了适应病人的整体需要而做不同方位的工作，医生和护士在各自的范围还需要按照整体立体的要求做好本职工作。

从对阑尾炎患者的医疗和护理，看医护关系模式图：

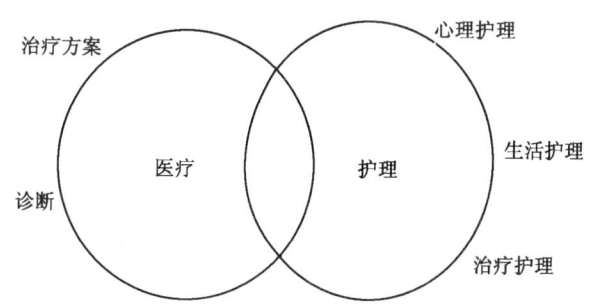

左半图表示医生为患者治疗或提出手术方案等医疗活动，与护士交叉的部分是医生下医嘱，护士准备手术等其余的部分；右半图表示护士对患者的护理，如果病人疼痛，需要的是自理性护理，或需要打针（如杜冷丁）；病人出汗，担心感冒，需要护士提醒保温或换件衣服；如果护士发现患者恐惧、烦躁，需要特别注意予以心理上的护理；如果护士发现患者因为疼痛而无法活动，无法达到术后4小时活动，担心导致肠粘连，需要向患者解释为什么要活动或帮助病人活动，甚至下床。

作为一门学科，护理伦理学从医学伦理学中独立出来，但不是说护理和医疗已经完全分离开，彼此没有关系了，各干各的，而是说除了协助医生外，在护理领域还有自己独立的诊断和实施步骤，有独立的道德判断。

（二）医生和护士相互之间的角色期望

为了使医护关系更加和谐，需要知己知彼，了解医生和护士各自对对方的角色期望是非常有必要的。

1. 医生对护士的角色期望
- 严格而认真地执行医嘱，并能理解医嘱的意图和意义
- 及时而详细报告有关患者的病情变化、对疾病的态度及有关的心理社会情况、对治疗的反应等信息
- 若执行医嘱中有什么问题及时和医生商议，以求更好地解决问题
- 具备一定的医学基础知识和护理知识，具有特定的护理操作技术及相关的人文社会科学知识。做好躯体、心理护理工作，同时要做好病人家属的工作，以保证医疗过程的顺利进行和取得治疗的成功

2. 护士对医生的角色期望
- 诊断正确，治疗处置得当，医嘱明确具体，便于执行。如病人不合作，能予协助
- 工作计划性强。尽可能按病房医疗护理工作时间表的规定开医嘱，做各种临床处置工作不要拖泥带水
- 医嘱执行过程中遇有问题能给予适当的帮助，在必要和可能时，对医嘱做出修改
- 在患者面前注意维护和树立护士的威信，充分尊重护士的劳动
- 具备较高的医学专业知识和一定的医学心理学、医学社会学、医学伦理学等人文社会科学知识，能为躯体护理和心理护理提出意见或建议
- 主动关心病人的各种情况，协助护士做好病人的心理疏导，做好病人、家属、病人所在单位的必要的解释工作
- 帮助护士提高医学知识水平[16]

（三）医护关系现状和存在的问题

1. 医院中医护比例配置不当

从总体上看，护士数量不足，一些患者投诉医院护理不到位，许多是由于护士达不到规定配备标准而造成的，使患者家属、护工承担护理的部分工作；其次是因为整体护理护理内容不断扩展，使得护理的"缺口"越来越大。

2. 护士与医生交往的矛盾

医护交往的矛盾多体现在，如医嘱开得过多与护士超负荷运转的矛盾；医嘱开完走了与护士寻找的矛盾（如案例10）；医生用物不检点与护士管理的矛盾等；医生持传统观念对待护士与护士随着护理独立性的增强而产生的彼此互不服气的矛盾等。

有些护士对医嘱提出的意见是合理的,但存在部分医生不正确对待护士提出的意见或不认真对待的现象,便加剧了护士心理上对医生原本存在的隔阂——医生未重视护理的独立性,使护士与医生的关系受到影响。

(四)调节医护关系的伦理原则和道德规范

1. 调节医护关系的伦理原则

患者利益至上原则 在这一原则指导下,医生与护士无论任何时候任何情况下,都把患者利益放在首位,因为医护工作的目的都是为了病人早日康复。护士严格执行医嘱,这是医疗工作所必需的。但如果医嘱有误,根据"患者第一"的原则,护士便不该执行,这不但没有破坏医护关系,而是从根本上维护了医护关系。因为这种关系的最高原则乃是患者的生命安全和康复。当然,这种情况毕竟不多见,而且最好是通过适当的方式来进行,不必采取硬性对抗的方式,更不能动辄怀疑医嘱,拖延或拒绝执行医嘱。

互相尊重原则 医生不能以为自己的技术水平和业务知识超过护士,而自视清高,目中无人,说话不注意分寸,认为"医生的嘴,护士的腿"是天经地义的,工作无计划性,一会儿一个医嘱,一会儿一个处方(当然急诊抢救是可以的)。长此以往,就会在护士心目中形成"我们护士的腿不值钱,就你们医生嘴大"的印象,因此,医生必须充分尊重护士的劳动。同样,护士也不可以看不起医生,尤其一些老护士对年轻医生要注意尊重,刚到工作岗位的年轻医生由于对医院的规章制度、工作环境、业务技术等方面还不够熟悉,因此在临床处置等方面还不成熟,无论医生还是护士都应热心给予指导和帮助,案例11给了我们一个好的榜样。

平等协作原则 科室内医护关系的整体协调,关键在于科室主任和护士长。科室主任和护士长不但有个互相尊重的问题,还有一个教育和带领医生和护士双方互相尊重的问题。个别医生的临床处置、医嘱或处方有误,只能说个别医生的工作问题,护士长绝不能说"你们医生……",同样,个别护士操作失当,科主任应个别向护士长指出,也不能不分场合地指责"你们护士就是自己不争气"。否则,会导致科内医护关系的紧张。

互相监督原则 医护之间互相监督是符合双方共同利益的,试想,医嘱开错了,护士以为被动照做就行了,就像案例4产生了不良结果,事后医护双方都是要承担责任的。

2. 医护关系的道德规范

互相协作,互相帮助 医护双方可通过共同查房的方式,这样双方既可互相学习(护士了解病人的病情,医生了解患者的护理诊断计划等情况,互相告知护理新进展、新模式,医疗新进展、药物、模式等),还可减轻患者的负担(现实中存在不同的医生和护士都分别去病人处问病史,一个病人可能就同一个问题重复几遍,病人有时也不满意:你们为什么不一起来问?我都说多少遍了?),虽然医疗和护理的病史询问应有所不同,但本着减轻病人负担和医护相互协作的规范便可把一些矛盾减少到最低水平。

互相尊重和保护 病人对医生或护士的意见不能当病人的面未加验证便做出结论,即便验证也不能当病人面指责对方,医护双方应彼此沟通,然后做好协助护患关系或医患关系的工作,消除误会。切忌在病人面前互相指责,以免造成医患或护患关系的紧张,这是互相保护,不是互相包庇,因为目的是要改正或预防因医护方面的原因而对患者造成不必要的伤害。

平等 原来的医生教育程度高、护士教育程度低的现实现已大大改观,护士多在补习功课,取得学位的人数越来越多。知识差距的缩小和整体护理的实行,使医生和护士在对病人的康复问题上越来越有同样重要的发言权,无论是在知识上还是在能力上和效果上,双方越来越平等,所以要相互重视对方意见。

相互沟通　由于医护之间工作的差异,有时护士对医嘱的理解与医生不同,或医生对护理诊断、计划、措施、护理级别的理解与护士不同,出了问题后不能互相指责而是互相沟通,为对方着想(医生口头医嘱后,护士可督促医生及时补上),这样才能做好各自的工作。

总之,护士在与医生合作时,既要自信,又要信赖医生,双方如果能做到互相帮助,互相扶持,互相欣赏,坦诚开放的沟通和友善相待等方面,医护关系将是非常融洽的关系,可提高双方的工作效率,使患者得到更大的益处。因为医院是为病人而存在的,医护有共同的服务对象,工作目的是一样的,更何况医护之间有理论上最信任的关系这一基础,所以,医护关系没有理由不和谐。

二、护护关系和道德规范

案例12　有一次,我科一位护士从冰箱里拿走了一瓶已经启用的胰岛素,准备为一位病人的液体里加药,很快她又跑回来问我还有没有胰岛素,我心里顿时起了疑团,便问她要加多少,她说3ml,我听出了问题,并且予以纠正。原来她把12单位的胰岛素也就是0.3ml误算成3ml,及时防止了一起可能发生的严重差错[17]。

一般的医院,护士的数量要占医务人员总数的二分之一多,承担着繁重的护理工作任务。护理工作同其他工作一样,是一项需要同事之间团结协作、紧密配合的工作。同一位病人,常常要经过多人的护理才能完成护理工作。这可能由于护理分工的不同,如有的是治疗组,负责治疗操作;有的是生活组,负责生活料理;有的则是由于工作时间不同,如有的是白班,有的是夜班,即使是责任制护理,也不可能连续二十四小时护理。因此,在工作中存在着相互合作和工作衔接问题。不仅如此,医院的护士也分为主任护师、副主任护师、主管护师、护师、护士、见习护士多个层次,因此,其间存在着领导与被领导的关系,分工与合作的同事关系,教与学等多重关系,只有正确处理好这些关系,才能高质量地完成护理任务。

(一) 护护关系的种类

护士与护士之间的人际关系,可以有不同的探讨方式,比如门诊与住院部的护际关系,科内与科外的护际关系等;也可以分成不同层次来加以探讨,例如:上下级护际关系,同级护际关系,教学护际关系等。

1. 上下级护际关系

护理副院长、护理部主任与护士长的关系,护士长与护士的关系等,都有上下级的领导与被领导的关系。在这种关系中,领导者一定要以身作则,严于律己,领导之间需搞好团结,不能夜郎自大或互不服气,要取长补短,共同提高。有的科室设2~3名护士长,她们之间做事情、处理问题理应该讲求方法,要经常沟通情况,以工作大局为重,及时解除误会,把工作做好。再一个重要的问题,就是下级尊重上级的问题。

2. 同级护际关系

护理工作整体性很强,同时又有明确的分工,如治疗护士、服药护士、护理护士、大小夜班护士、办公室护士等。因此,就形成了护士与护士之间协调一致的工作关系。一般说来,分担这些护理工作的,基本都是同一级别的护士,相互之间是一种平行的协作关系。这种关系的协调与处理,必须坚持以病人利益为重的原则,这就要求每个人都应以严肃、认真、诚恳、热情的态度,完成好自己所分担的工作。同时,要主动协助和配合他人的工作,使得整个护理工作能够准确、及时、高质量地完成。

同级别的护护关系,也需要互相帮助,避免对方的一些错误的发生,如案例12所示。

3. 教与学的护际关系

在护士长、护士和实习护士之间,除了存在同事关系以外,更重要的是一种教与学的关系。医学是一门实践性很强的科学,任何一位高深的临床学家或护理专家,不但要不断地进行理论知识更新,更离不开扎扎实实的床边实践。即便是同级之间或上下级之间,都有一个互相学习的问题。比如,有的同志毕业后又参加了在职教育,在理论上可能就更强一些,在这一点,她们虽然年轻,但同样可能成为很好的教员。

(二) 调节护护关系的伦理原则和道德规范

1. 护护关系的伦理原则

患者利益第一原则　这是护际关系的一个最重要的伦理原则。任何情况下,患者的生命、健康和利益应高于一切,应该把患者治疗上的需要放在首位。在护理实践中,我们仍然可见到违背这一原则的做法。比如:有的护士劳动纪律松弛,在工作时间内干与工作无关的事,聚堆闲谈;有的由于和某同志闹矛盾,或者个人之间的恩恩怨怨以至影响护理工作;有的不但自己不遵守护理常规,还对工作成绩突出受表彰的同伴产生嫉妒心理;或者工作怕脏怕累,拈轻怕重。患者第一的原则,就是说在处理护际关系中,要把对护士自身的考虑、对其他护士利益的考虑、对护士与护士之间关系的考虑,放在第二位,以患者的生命安全和经济利益为出发点。

互相支持,彼此尊重,互相学习原则　尊重他人,不仅表现出护士个人的思想品质修养和素质,也同样是处理护际关系的一条重要伦理原则。在工作中不尊重他人常会自觉不自觉地表现出来,比如,有的护士在病人面前或和其他同事一起,无原则地议论治疗过程,对别人的护理操作妄加评论和指责,甚至无端贬低,以抬高自己;而对同事中的"知己"即使出现工作的疏漏,甚至出现护理差错,也出面打圆场,帮助掩饰工作中的过错,这种工作中不一视同仁的做法,不仅直接影响到护际关系的协调与改善,而且直接影响到医患关系,甚至使病人对不和谐的护理集体产生不信任感,继而影响治疗效果。正确的做法应该是:在患者面前应该对医疗护理过程充满信心,提高医疗效果。当然,这不是说要夸大事实去吹捧某个医生或护士,而是说一个护士一定不要在病人面前贬低其他医护人员。

2. 护护关系道德规范

护护关系道德规范可通过对附录中法典内容的归纳来总结出来。

ICN中关于"护士与同事":护士与护理同仁和其他领域的同仁保持一种合作关系。当某个人的照护受到来自某同事或其他人的威胁时,护士应采取适当的措施来保护他。

CNA(1997)中也有大量的关于护士同事关系的规范。

具有丰富知识、能主动积极且有效地与其他健康专业人员合作;如果其他参与健康照护的人员没有尊重患者的秘密,护士要予以干涉;当护士怀疑有不符合伦理或不胜任或不安全的照护时,护士应首要考虑患者的利益和将来任何可能的伤害;当护士有合理的理由提出同事有以上的行为或有关于照护过程的安全性问题时,她们个人或与其他合作者应谨慎地审查情况,采取措施,解决问题;护士应支持那些保护病人免于不胜任、不合伦理或不安全的照护的怀有良好信念的护士的行为,并尽力营造这样的工作氛围,即当护士干预这样的事时得到尊重的待遇;护士应支持营造一个有组织的和人道的系统的环境,卫生资源能必要地分配到安全、胜任和合乎伦理的照护中；护士应与同事和其他健康小组的成员合作，支持建立一个符合伦理学实践的、利于病人与其他人的良好健康状态的良好氛围，做到这些，要用符合职业角色和职责的方式进行；为了病人的利益，护士要和其他健康小组的成员分享护理知识。为了最大地提高能力，护士要为护生和其他护士的职业发展提供指导。

三、护技关系和道德规范

（一）护技关系可能存在的矛盾

在护理工作中，护士与检验、药房、供应科室人员经常发生业务上的联系，几乎天天打交道。对送检标本、领取的报告单等容易产生无菌操作是否严格，是否影响检验结果的可靠性的矛盾；对门诊和病房用过的物品未按要求初步处理就送到供应室增加工作负担或供应室物品供应不及时等矛盾要相互体谅。护士与药房工作人员之间更容易产生矛盾，如药品数量的变动，服药时间的更改，病人用药通知单来得晚，影响摆药工作的正常安排等会引起药房工作人员的不满；新药的使用通知和药房缺药通知未及时通报，影响病人治疗，结果医护人员都不满意；发到药房的药品不符合要求，护士退回药房，这些药由谁来报销？等问题都是潜在的容易引起护际关系的矛盾。

另外，护士需要提前一天领第二天的药，但存在有的病人当晚去世的情况，于是产生药品多余出来的现实和药房不给退药之间的矛盾。若让家属负担是没有道理的，多数是本病房的不同病人之间用了，但因为疾病的差异，也有不能正好被其他病人使用的情况，这是需要护技关系的协调。

（二）护技关系道德规范

护士在与药、检等科室有业务往来时，要遵守患者利益第一、忠于职守、团结合作、相互体谅的道德原则规范。为了保证病人得到正确的诊断和及时的治疗，医技科室人员必须为诊疗、护理提供及时准确的依据；作为护士必须了解各医技科室的工作特点和规律，本着团结互助、合作共事的精神为医技人员提供方便和支持。由于护理工作的特点，护士直接接触病人的机会比较多，对病人的情况了解较全面，护士应协助医技科室把好安全关、质量关，如对一些送检标本要协助核对，督促及时送检；医技人员也要严防发错、出错报告等差错事故。在工作中双方如果发生了不同意见和矛盾时，都应以实事求是的态度，以诚相待，协商解决问题。同时，护士也要关心、体谅医技人员的辛勤劳动，而医技人员也应关心、理解护士的工作，做到团结合作，相互负责。

四、护士与专业之间的关系和道德规范

结合 ICN、ANA、CNA 等护理伦理文献，归纳出护士与专业之间关系的道德规范。

- 护士必须维持和提高护理专业能力
- 应继续进修，以维护个人专业行为之标准及执业能力，提升护理专业之社会地位
- 护士依据资料来做判断，以个人能力与资格为标准，来寻求咨询、接受职责及将护理活动授权给他人
- 护士应参与促进护理专业本身及其知识持续发展的活动
- 护士应致力于护理专业，以执行并改进护理标准
- 护士在提供照护时，要促成一个尊重个人的价值观、风俗习惯和精神信仰的环境氛围

- 应委婉拒绝病人或家属的馈赠，以维护专业形象
- 护士应肩负促进护理科研发展的任务，积极开拓并提高护理知识和技能
- 在所有的专业活动中，包括教育、科研和管理等，护士持有为病人的福利负责的义务。护士有义务采取这样的行动方式，以维持对护士和护理的信任
- 护士专业组织有阐明、保证和保持护士的合伦理学行为的责任。要完成这些任务，要求专业组织对患者和护士的权利、需要和合法权益保持敏感，并予以关注

五、护士与社会之间的关系和道德规范

- 护士与公民一起分担责任，发起和支持满足公众的健康和社会需要的行动
- 护士应参与专业对保护社会大众免于错误或虚假咨询之害，及维持护理自我管理整体性的能力
- 护士应与其他健康团队人员及民众合作，以促使社区及国家能满足全民的健康需要
- 护士发现任何人有不能胜任、不合伦理或不合法的行为，会影响病人及社会大众的健康照护与安全时，应采取保护的行动
- 能通过积极有效地参与立法过程，唤起大众对健康的重视，促使地区甚至国家的努力，以符合大众健康的需要

---

[1] 季惠茹．浅谈门诊分诊护士应具备的素质．实用护理杂志．1998，14（7）：382
[2] 黎正良等主编．实用护理人际学．成都：四川科学技术出版社，1989.85
[3] 张震华等．门诊病人焦虑和抑郁现状的调查分析．实用护理杂志．2002，18（1）：68－69
[4] 杜双层．做好门诊服务台工作．健康报，2002.04.10
[5] 张翠清等．300例肥胖患者肌内注射的观察与分析．中华护理杂志．1999，34（24）：748
[6] 张文惠等．重视急诊科医护人员语言技巧的培养．实用护理杂志．2000，16（6）：57
[7] 张文惠等．重视急诊科医护人员语言技巧的培养．实用护理杂志．2000，16（6）：58
[8] 乐惠飞．急诊护理种护士角色的掌握．中华护理杂志．1997，32（12）：734
[9] 张立群．急诊科护士与患者亲友关系处理的几点体会．实用护理杂志．1998，14（7）：380－381
[10] 献身壮丽事业的人们．北京：人民卫生出版社，1986
[11] 李凯娜．加药护士的护理道德．实用护理杂志．2002，18（1）：60
[12] 避免瓶装药液浪费有良方．健康报．2002/01/07
[13] 蔡静．护士在口服给药中的作用．实用护理杂志．2000，16（9）：189－190
[14] 王惠贤．健康教育是建立新型护患关系的重要环节．实用护理杂志．2001，17（3）：54
[15] 陈素兰．控制术中污染与洗手护士的职业道德．实用护理杂志．1999，15（2）：49
[16] 梁英政．医护关系的原则和角色期望．实用护理杂志．2000，16（7）：54
[17] 刘徽群．在平凡的岗位上．见：奉献自己的热和爱，献身壮丽事业的人们．北京：人民卫生出版社，1986

其他参考文献
1. 李小珍．影响急诊科医患关系的因素及防范措施．实用护理杂志．1999，15（2）：47－48
2. 李殿富，郭乡村 主编．中国医院人际关系学．长春：吉林人民出版社，2001
3. 孙升芝，贾堂宏 主编．整体护理临床指南．北京：中国科学技术出版社，2000

第三章 护患双方的权利和义务

案例13 警察把一个在街上发病的病人送到某医院,医院接诊后说你们得交费,警察说我们只负责送病人来治疗,没有义务交费。医院说,我们是科室承包,若都像你们这样不不交费,我们医院可没法办,我们也没义务给你们这种病人治疗。警察说,这个问题我们管不了,于是离开了医院。

前面章节是从较大的范围论述护患双方的关系和护士应遵循的原则和规范,在具体探讨护士的护理行为之前,需要从理论上知道与行为关系最为密切的伦理学概念——权利和义务。

道德是把社会公共利益和个人私利公正分配的重要社会调节手段,这样才能尽可能地保障每一方的基本需要。就个人的道德境界而言,公正远远低于仁爱和宽恕,但就社会效用而言,公正远重要于仁爱和宽恕。因为道德的目的是为了保障社会存在发展,而社会是为了每个人实现其利益而进行合作的一种形式。亚里士多德说:"在各种德性中,人们认为公正是最重要的"。斯密把仁爱和公正比较,说:"与其说仁爱是社会存在的基础,还不如说正义是这种基础。虽然没有仁慈之心,社会也可以存在于一种不很令人愉快的状态之中,但是不义行为的盛行却肯定会彻底毁掉它"[1]。

在众多的伦理学概念中,与公正逻辑关系最密切的概念是权利和义务,它们是保证公正得以实行的条件,也可以说是实质性内容,即关系各方都按照各自的权利义务去做将最低限度地保证公正。案例13说的是现实中存在的,不仅存在有警察把类似无家可归的病人送到医院,也有一般的善良的市民把在路上遇到的病人送到医院的情况,令医院为难,其中的权利义务关系比较复杂。一般的市民把路上遇到的病人送到医院,说明的是一般公民的仁慈,警察这样做是他的职业义务。但作为医院,在患方没有能力交费时,是否有权利拒绝治疗?这是学习本章后希望能解决的问题。

第一节 权利和义务的道德和法律涵义

一、权利和义务的概念

人是自由的,因为人有各种选择、判断。也正是因为人是自由的,人才有责任,即对自己所选择的行为负责任,担当起自己行为的后果,即对出于权利而做的事情有义务承担后果。继而扩大到行动之前的深思熟虑,能自觉地分辨善恶。正因为我们能这样做,所有我们才对我们的决定有责任,这就是伦理学中的最重要的范畴——权利和义务。

从一般意义上说,权利是指法律上认可或伦理学上可得到辩护的权力和利益。义务是指特定的角色要求,即主体必须或应当承担的职责。权利是一个人(权利人)从他人(义务人)那里得到某种东西的资格。义务是为满足权利人的要求应该或必须的作为或不作为。这个资格和要求可以是合法的,也可以是合理的(道义上的),或二者兼具。由于其中必然涉及两个以上的人,所以权利义务是处在"关系"之中的概念,权利和义务,也可以理解为一个人在社会中的付出和得到,社会是各方利益的合作,一方面表现为"我为人人",另一方面表现为"人人为我"。

提到权利好像人们心理没有障碍，但一提到义务，人们会有一种被束缚和不情愿等复杂的感情，即存在"义务和本性、爱好"之间的冲突。义务与责任本质是一样的，微妙的区别在于责任更强调必须性、外在性、法规性，而义务更强调应该性、道德性、内在性。义务就是社会对自身的要求，也可简言之道德风俗。风俗的存在是为了人类社会的生活。它们有助于保存创造它们的社会整体，有助于作为整体成员的个体的正常发展。就义务要求个体根据风俗调整他的行为而言，遵守义务的行为也倾向于推进这一个体及其周围人的福利。由于每一个体的意志根本上都指向这一目的，所以意志的根本目标也就是义务所要求的。爱好相对于风俗而言，就是个人意志相对于社会意志，其根本上应是一致性的，"道德就是约束"的感觉从理论上说应是一种误解，因为社会的完好是个人完好的保证。

权利和义务的内容是随社会的发展而变化的。在社会的发展初期，一个民族的不同成员是非常相似的，具有相似的观念、思想、意见、习惯和行为方式，个人的独立性较弱，彼此的依赖较强，人的社会性成分较大，个性方面的要求还不高。即生活内容是相同的，受风俗所决定，人们遵循的义务的形式表现为"你勿"。但随着社会的发展，社会变得越来越丰富多彩，同时关键的是个体间的差别越来越大。社会价值观多元化，个人开始有自己的思想，不再满足于冲突的世界观和人生观。社会风俗也在慢慢变化，比以前宽容了，更加民主了，个人开始走自己的路，铸造自己的理想生活，表现为人们渐渐接受的行为的模式是"我要"。由于个人的行动范围扩大了，相互联系越来越多，风俗也就越来越难于命令式地支配他。个人生活和与他人的联系越来越私人化，因此服从常规也变得越来越困难，虽然不会完全脱离风俗，但会与原来的观念和生活方式出现较大的差别。人的个性的自由和对私利的肯定是联系在一起的，在传统的尚不发达的社会，对私的否定是很强的，而私利是人类社会发展的巨大推动力。而私利、利益与权利又是密切相关的，而如何协调社会的利益就是道德的职能。当社会发展了，人的权利范围将扩大，人与人的平等和自由将成为道德观念中的基本要素，而尊重他人的自由也变成一个人的修养的重要部分，这些都构成一个社会的道德，即风俗的重要内容。

人们的道德是通过教育传递的。违背风俗行事的人会有如下的结果：从几乎觉察不到的不赞成到被处死。这点，我们每个人自己或看到他人经历过，这也可以理解为什么义务表面看起来好像并不根植于个人内在的意志之中，而是表现为外加在他身上的东西。可见，风俗构成了义务的根本内容。在较高的发展阶段，义务与风俗的关系改变了，义务逐渐获得了一种私人的个体的特征。父母和教育者的意志、祖先的意志、民族的意志（这里的意志可理解为道德观念，是比较强烈的道德要求）都通过风俗对个人的意志发表命令。有的表现为是神的权威，随着宗教的发展，普遍成为风俗和法律的保卫者。它们的权威在义务感中显示了自己：义务感是对一个较高的限制爱好的意志负有责任的感情。只是这一较高意志不具有超人的力量，并不是以武力和恐惧来统治的，而是被个人意志内在地接受为一种以绝对权利发布命令的意志，一种在所有情况下都必须遵守的意志[2]。

道德是为人而存在的，而人不是为道德而存在的。就像护理学、医学是为了人的健康而存在，各科的划分等也是为了治疗和护理的目的，但人不是按照各科的划分而生病的。如果风俗的某个内容不再具有维护社会利益的性质，或服从某法则将产生长久的衰败的情况，那么，护士的行为就应该以患者的利益为核心，如摈弃原来的功能制护理的形式，实现整体护理的本质和内容。形式必须让位于内容，手段必须让位于目的，即权利和义务的内容要随着社会的变化而变化。

一般来说，权利可转让、放弃，但职权是必须行使的，具有权利和义务的双重性质。这也是为什么护患关系与一般的合同关系相比的不同之处，因为照护患者本身也是护士的职务行为，不具有完全的自愿与选择的特点。

二、权利和义务在道德和法律层面上的关系

现实中普遍存在医护人员重视与医护行为相关的法律、但轻视相关的道德的现象，好像法律与自身的利益关系更加密切，道德是没有用的，可有可无的。其实这说明了法律的要求是基本的，必须的，道德的要求是较高的，但没有强制性来约束的特点。但事实上，人们本质上还是有道德的倾向性的，如法律规定父母抚养孩子，但父母不仅如此，还尽自己的所能来培养，付诸全部的心血；同样法律只规定孩子在父母年老时要赡养，但孩子不仅想这样做，而且还想给更多的关爱，有时甚至不惜一切代价来挽救父母哪怕只多一天的生命。同样，对于患者，护士都希望让每个患者都能满意，不仅是做到法律上的要求，而且希望护患关系非常融洽，每天生活工作在和谐的人际关系中。这就是说，人有一种倾向，只要可能，把事情做得最好。只是，现实中，由于存在各种情况、各种人，而且每个人的价值观不可能完全一样，双方的沟通不一定顺利，不可能人人都满意，因此社会需要双方各自做到自己基本的那一份，满足社会上每个人的最基本的需要，然后鼓励向更好的方向发展。每个人在社会上享有什么权利、履行什么义务，并非随心所欲，而是由社会通过一定的规则所承认、规定、允许的。由于在医疗领域，患者是处在弱者的地位，要求医护人员尽量多付出些，而不是"陌生人"式的服务关系。

概括地说，这些规定无外乎两类，第一类是基本要求，使社会有序化，避免暴力和伤害，满足最基本的社会生活需要，如安全、公正、不伤害等；第二类包括那些有助于提高生活质量和增加人与人之间的紧密联系的原则，但这些原则对人们提出的要求远远超过了那种被认为是维持社会生活的必要条件所必需的要求，如慷慨、仁慈、无私、富有爱心等。即权利和义务有两种：第一类的法律上的要求和第二类的道德上的要求。之所以有的成为法律上的权利和义务，是因为若不这样做将对社会造成较大的损害；之所以有的只是或目前只是道德上的权利和义务，既可能因为立法尚不成熟或法律无法过问，或可能人们根本就不希望法律过问，只作为社会提倡的内容，使社会和人与人之间的关系更加和谐美好。

（一）权利和义务在法律和道德层面上的区别

1. 法律上的权利和义务是明文规定在各类法律条文中，内容具体、明确，既规定人们的义务，也规定人们的权利，通常以权利和义务的一致性作为条件，是实然的。道德上的权利和义务不决定于法律上有无规定，通常是约定俗成的，存在于人们的思想和观念中，文字表达比较原则性、笼统和抽象化，道德规定的内容侧重于义务，不强调权利，不要求体现权利和义务的一致性，是应然的。

2. 在形成方面，法律权利和义务是被制定或认可而形成的，容易存在滞后的现象，道德权利和义务通常是认可的和约定俗成的，不是像法律那样正式地被颁布。

3. 在调整的范围方面，法律多调整外部的关系，只要求从外部行为上服从现行的规定，难以考察行为内在的动机；道德多支配人们的内心生活和动机，诉诸于良知，要求从高尚的意图——责任感去行事。如一护士不把患者的隐私说出去，如果这样做是出于法律规定，担心说出去被处罚；如果这样做是出于道德上对患者的尊重，是自觉的行为，则说明其背后的

道德境界和行为动机。一般法律所调整的关系，道德也都调整。

4. 在修改方面，法律权利和义务是通过法律手段进行修改或废除，是截然地完成；道德权利和义务是通过观念和风俗习惯的变化而变化，需要比较漫长的时间。

5. 在实施方面，道德权利和义务由于没有强制力，也不能得到确定性的保证，只能依靠于社会舆论、个人的内心信念和传统习俗的约束；而法律权利和义务背后有法律的强制力保障实施。

6. 道德权利和义务是善的，法律权利和义务可能是善的符合伦理的，也可能是恶的不符合伦理的。

7. 道德权利和义务的层次性较多，对人们的要求较高，即道德境界层次不同；法律权利和义务的层次性较少，一般只有违法和合法层次，对人们的要求较低。

（二）权利和义务在法律和道德层面上的联系

1. 道德权利和义务与法律权利和义务都是调整人们关系中的行为的规范要求，二者共同作用才能维持社会的稳定。那法律权利和义务和道德权利和义务是否是部分和全部的关系？不是，二者是交叉的。因为法律有善法、恶法，善法规定的权利和义务同时是道德上的权利和义务，恶法不是。但绝大多数的法律权利和义务同时也是道德权利和义务。

2. 调节的范围可以相互转化，有些道德权利和义务是法律权利和义务的理想，通过努力，最后能立法，就说明能转化为法律权利和义务。或当人们的道德水平提高后，原来的法律规定的内容可以废除，没有必要了，转而采取道德调节的方式。

3. 有较高的职业道德可以保障道德权利和义务的实现，相应地也就保证了法律权利和义务的实现。法律上的权利和义务当被主体意识认可后，便转变成了内心信念，自觉地去履行，即以道德的方式表现出来。其力量也很久远。

第二节 护士的权利和义务

案例 14 某医院的一位护士在为一位癌症晚期的女病人进行医师指定的化疗时，病人问这位护士：癌症治疗是否还有其他可选择的方法？护士回答说：是有几种可选择的方法。因此，这位病人拒绝接受化疗。病人的儿子因为母亲拒绝治疗十分生气，将此情形告诉医师。医师即到法院控告这位护士，结果护士被解雇，执照也被吊销了 6 个月，理由是她的行为"分裂了医师与病人的关系"[3]。

案例 15 患者，女性，57 岁，家庭主妇，性格有些神经质。诊断为进行性食道癌。患者因行食道癌手术入院，入院时对护士说"关于手术的事我什么都不想听"。随着手术的临近，患者表现强烈的不安。手术前一天，患者不能安静卧床。在走廊来回走动、大声说话、在病室内哭泣。主管护士将其带到谈话室，通过谈话发现患者根本不了解手术，只是哭泣，表示不知如何是好。护士通过谈话认为需要精神科医师会诊，精神科医师在谈话室对其进行了心理治疗，并开出让其夜间充分睡眠的处方。

医护人员讨论认为：虽然医生向其介绍了病情及手术，但患者处于极度不安状态，根本就没有记住也没有理解医生的说明。当患者经过药物治疗情绪稳定后，护士向其耐心说明不手术就不能根本解决进食的问题，并让患者知道，护士将与她共同度过这一关。在护士的帮助下，患者详细地了解了病情，在稳定的状态下接受了手术。

护士的权利和义务，除了具有第一节中关于权利和义务的一般特点外，由于其作为医务人员权利和义务的一种，更具有其特殊性，即由于患者的特殊角色，使医护人员一切以患者的利益为核心，而不是像一般的社会关系中强调双方利益的公正与平等，因此要求医护人员既出于职业的原因又出于道德和法律的原因对患者更加关注，表现为更加注重护士的义务，而非权利。由于患者是弱者，无论是从道德角度还是从法律角度，都比较倾向于患者权利的维护，这样使护士、医生在潜意识中认为医护人员自身的权利不受重视，其实这只是发展的一个阶段，在人们的道德水平和法律比较健全时，对患者和医护人员的保护都将是平等的。

另外，在说明护士的权利和义务时，要明确护士的角色和护士面对的特定对象，如某个权利或某个义务是针对特定的患者或非特定的社会群体等，因为护士身上有三种合理合法身份：作为公民，受国家法律的保障；作为护士，执业人员，拥有专业角色；作为医疗机构的成员，受雇于医疗机构，也有受雇者的角色。

一、护士的权利

（一）护士的法律权利

护士的法律权利在《中华人民共和国护士管理办法》第四条中规定："护士的执业权利受法律保护。护士的劳动受全社会的尊重"。第二十六条，护士依法履行职责的权利受法律保护，任何单位和个人不得侵犯。

作为劳动者，《劳动法》中的劳动者的权利同样是护士的法律权利。《劳动法》中有关劳动者的权利有：

- ◆ 获得劳动安全卫生保护
- ◆ 接受职业技能培训
- ◆ 享受社会保险和福利
- ◆ 提请劳动争议处理

另外，护士的法律权利有时可通过法律义务表现出来，如执业中的进行护理诊断、制定护理计划等，既是义务，也是权利。

（二）护士的道德权利

这里的道德权利是分别针对护士面对的不同服务对象而言。

1. 作为护士，在为病人服务时拥有的道德权利

（1）有权要求自己的权利和人格被尊重。

（2）在注册的执业范围内，进行护理诊断、治疗、实施护理计划等，具有自主权和决定权。这是临床护士的一项基本权利。它是由护理科学职业的严肃性和科学性决定的。在护理诊治过程中，采用什么方法，需作什么检查等，都属于护士权利范围内的事，只能由护士自主决定。护士的这种权利不受外界干扰，是独立的、完全自主的。病人及其家属，乃至整个社会，都应尊重他们的这种权利。

（3）在行使执业权利时，为了诊疗及护理的需要，有自由询问病情的权利，要不断地询问与病情有关的信息，而病人亦应本着信任的态度给予充分的回答与配合；有充分检查病人的权利，病人的主诉症状或问题，有时牵涉到其他相关的疾病，护士在做专业判断时，应一一细察；要根据自己的检查和专业判断，得出护理诊断的权利。

（4）在某些特殊情况下，护士有特殊干涉权，即是在特定情况下限制病人自主权以维护病人、他人或社会的根本利益。其实这本身也是在履行护士的义务。如，急性心肌梗死病人要下床活动，胃手术后病人要拔出胃管等，护士可从病人的利益出发行使特殊干涉权。

（5）护士有权利也有义务保护服务对象，发现任何健康照护小组的人有不能胜任、不合伦理的或不合法的执业行为，可能对病人发生潜在的或已存在的伤害时应寻求机构内的官方渠道及程序向适当的行政主管报告，不怕被报复。

（6）在执业活动中，人格尊严、人身安全不受侵犯。

2. 作为专业人士，护士在专业上拥有的道德权利

（1）护士有要求其专业被尊重的权利。

（2）有权从事护理研究、学术交流，参加专业学术团体，参加专业培训，接受护理继续教育。

（3）在参与研究方面，护士有权得到以下相关资料——研究目的、研究设计、研究方法、知情同意书的内容陈述、机构对人体实验之参与研究的受试者的保护情况等，以作为接受或拒绝之依据。

（4）护士有权利参加影响护理的政策性决定。

3. 作为受雇者，护士拥有的道德权利

（1）护士有权利要求一个对身心及对健康危险性减至最低的工作环境。

（2）对所在机构的医疗、预防、保健工作和卫生行政部门的工作提出意见和建议，依法参与所在机构的民主管理。

（3）有权要求在安全和具有功能性设备的环境下工作，减少身心的压力，防范潜在性的感染。

（4）有权要求服务的报酬和津贴，享受国家规定的福利待遇。

4. 作为同事，护士拥有的道德权利

（1）有权对他人提供协助与支持：不仅为病人提供护理服务，也包括对其他专业同仁的支持。（同时也是义务）

（2）护士需严格执行医嘱，但若发现医嘱有错误，有权拒绝医师的处方。

二、护士的义务

（一）护士的法律义务

1. 作为劳动者，护士需遵守《劳动法》中有关劳动者的义务

◆ 完成劳动任务

◆ 提高职业技能

◆ 执行劳动安全规程

◆ 遵守劳动纪律和职业道德

2. 作为执业人员，护士需遵守专业性的法律义务

《中华人民共和国护士管理办法》第四章的"执业"部分比较详细地规定了护士的法律义务：

第二十一条 护士在执业中应当正确执行医嘱，观察病人的身心状态，对病人进行科学的护理。遇紧急情况应及时通知医生并配合抢救，医生不在场时，护士应当采取力所能及的急救措施。

第二十二条 护士有承担预防保健工作，宣传防病治病知识、进行康复指导、开展健康教育、提供卫生咨询的义务。

第二十三条 护士执业遵守职业道德和医疗护理工作的规章制度及技术规范。

第二十四条　护士在执业中得悉就医者的隐私,不得泄露,但法律另有规定的除外。

第二十五条　遇有自然灾害、传染病流行、突发重大伤亡事故及其他严重威胁人群生命健康的紧急情况,护士必须服从卫生行政部门的调遣,参加医疗救护和预防保健工作。

另外,《中华人民共和国执业医师法》中提到的"关心、爱护、尊重患者,保护患者的隐私";和"努力钻研业务,更新知识,提高专业技术水平"同样可以作为护士的法律义务来参考。

《医疗事故处理条例》第五条规定:医疗机构及其医务人员在医疗活动中,必须严格遵守医疗卫生管理法律、行政法规、部门规章和诊疗护理规范、常规,恪守医疗服务职业道德。

《医疗机构管理条例》第三十一条规定:医疗机构对危重病人应当立即抢救。

《中华人民共和国执业医师法》第二十四条:对急危患者,医师应当采取紧急措施进行诊治;不得拒绝急救处置。第三十七条第二款"由于不负责任延误急危患者的抢救和诊治,造成严重后果的"将受法律处罚。

柯吉尔(Barbara Kozier)提出护士的法律责任分两大块:执行医师处方及独立执行护理措施。执行医师处方时当病人提出用药的疑问要立即查看处方,当你为病人注射时,如果患者告诉你,医师已将注射的药改为口服,你必须先查对;在病人病情有改变时,要告诉医师是否要改处方。如正接受静脉点滴中的病人,倘若脉搏加速、胸痛及咳嗽,就要考虑是否能保持原来每分钟的点滴数;对于口头处方要记录完整,并记上时间、医师姓名、尽快请该医师补写于病历上;对于例行治疗的处方,要运用判断力评估病人的需要。当护士执行独立性护理措施时更要注意,护士最重要的责任在促进病人的健康、利益及安全[4]。

(二) 护士的道德义务

护士的道德义务一直是护理伦理学的核心范畴之一。在任何时候、任何情况下,医护人员都应当把患者的健康需要放在首位;忠实于患者的利益,对患者的健康负责。治病救人、解除病痛,不是医护人员对患者大发慈悲恻隐之心,更不是医护人员对患者的恩赐,而是不可推卸的责任。

参照附录中的护理道德文件和法典,你会发现多数内容都是针对义务而言的,这是伦理学的一个特点,即在道德领域重义务而非权利。

综合以上文件,可粗略归纳出护士在针对不同照顾对象的道德义务。

1. 护士对病人的道德义务

(1) 尊重病人的生命、人性、尊严、价值观、宗教信仰及风俗习惯。

(2) 接受并尊重病人的独特性、自主性和个别性。有责任依病人的价值系统及独特性,执行护理判断及措施,提供人性化护理照顾的服务。

(3) 为患者解除痛苦,不仅要努力解除病人躯体上的痛苦,同时还要以同情、理解和关心努力解除病人心理上的痛苦。尤其对那些治疗无望的患者,如晚期癌症患者,当治愈他们疾病的希望已成为泡影时,对这类病人的义务,已不再是治疗而是照料——尽量保证他们的舒适,提高生命质量。

(4) 当病人接受询问、检查、治疗、护理时,应尊重并维护其隐私及给予心理支持。

(5) 应保守病人的医疗护理秘密,在公开其资料时,需审慎判断,除非病人同意或应法官要求或医疗护理所需。

(6) 在病人入院时,应对病人及家属说明医院有关规定,以避免病人权益受到损害。

（7）对患者的治疗和护理措施予以解释和说明。在为病人提供医疗照护活动时，应事先给予充分说明，鼓励他们主动参与到照护活动中，经病人同意后执行，但紧急情况除外。护士有义务协助医师向病人说明病情、诊断、治疗、预后等有关医疗情况。

（8）在执行医疗照护活动中，应保护病人免受伤害。

（9）当某个人的照护受到来自某同事或其他人的威胁时，护士应采取适当的措施来保护他。当发现其他医护同仁有不道德或不合法的医护行为时，应积极维护病人的权益并采取保护措施。

（10）应尊重病人参与研究或实验性医疗的意愿，并提供保护，避免受到伤害并确保病人应得的权益。

（11）应提供符合病人能力与需要的照护指导与咨询，增加病人在健康照护上的知识与能力。

（12）当病人有继续性医疗照护需要时，应给予转接并把病人情况交代清楚。

（13）遇病人情况危急时，应视情况给予紧急救护处理，并立即联络医师。

（14）当病人对其应缴之医疗费用存疑时，应给予充分说明或会请相关单位澄清。

（15）对濒临死亡的病人，仍应予以尊重，让其安详而且尊严地死亡。

（16）护士不应接受患者或他人的财务贿赂。

（17）护士不应将自己的姓名使用于有关成品宣传的推荐书中。

（18）有义务为病人节约医疗护理上的费用。

2．护士对同事的道德义务

（1）积极主动并负责地执行医嘱。

（2）应和健康小组成员维护良好合作关系，并相互尊重。

（3）在感到护理专业知识及能力不足以为病人提供照护时，应该请求他人协助或报告主管。

（4）当同事的健康或安全面临危险，且将影响专业活动水准和照护品质时，必须采取行动，同时报告有关人员或主管。

（5）应在个人的专业知识，经验领域中，协助护理同仁发展其专业能力，安全地执行其合适的角色功能。

（6）护士应维护同行的威信和职业荣誉；相互支援，认真做好代理工作；正确对待同行之间的分歧；正确对待同行的差错；同行之间进行竞争，应该做到公开、公平、公正。

3．护士对专业的道德义务

（1）保证护理记录真实、完整。

（2）实事求是地对待和处理差错事故。

（3）护理专业人员不仅需要接受完备的训练和教育，并要继续自修、阅读、观察及研究，积极发展护理专业知识与技能，以维护个人专业行为之标准及执业能力，提升专业水准与护理专业之社会地位。

（4）应加入护理专业团体，并积极参与对护理发展有贡献的活动。

（5）积极致力于护理标准的制定与修改。

（6）应作为护生的角色模范，并具有教学精神，以培养优良护理人才，并适时给予指导及心理支持。

（7）应对自己的照护行为负责，随时检讨，并致力改进。

(8) 当接受和授予责任时,应以能力和专业资格为依据。

(9) 应委婉拒绝病人或家属的馈赠,以维护专业形象。

4. 作为受雇者对所在单位的道德义务

(1) 有责任不断学习新的知识和技能,以提高服务品质。

(2) 有不断自我充实,维持工作能力的责任,以作为升迁的准备。

(3) 需对自我工作环境加以评估,并将不当的工作负荷,经由适当渠道沟通,或利用书面文件上呈。

(4) 有责任和同事一同订立出有效而可信的工作标准。

(5) 需能敏锐觉察出其他工作人员不适当、不道德及不合法的行为,予以指导,必要时寻求协商,并迅速地与机构沟通。

5. 护士对社会的道德义务

(1) 护士的基本责任为促进健康、预防疾病、恢复健康、减轻痛苦。

(2) 护士应与公民一起分担责任,发起和支持满足公众的健康和社会需要的行动。对于促进大众健康的活动,应积极倡导与支持。

(3) 有责任教育病人及大众,增加大众的保健知识与能力。积极转向社区保健、健康教育宣传、保护环境和生态平衡等活动。

(4) 对于影响健康的社会、经济及政策等因素,应表示关切,并积极参与有关政策之制定。

(5) 在个人的表现方面,护士不应忽视社会所公认的行为模式及风俗。

(6) 护士不仅要遵守法律,应特别遵守有关医务及护理业务执行方面的法律。

(7) 能通过积极有效地参与立法过程,以唤起大众对健康的重视,促使当地甚至国家的努力,以符合大众健康的需要。

(8) 护士应与其他医疗人员共同参与有关促进地方、国家或国际的公共卫生方面的医疗工作。

案例13说明的问题代表我国现在医院的经营管理中存在的一些问题,类似的案例还有很多,眼看着能救活的病人无钱用药,医护人员想治,但却被无钱和救治的矛盾所困扰。医护人员应救死扶伤,但如果这样做的话,科室内所有人的经济利益将受到损害。这是我国在医疗体制改革过程中经历的特殊时期,缺乏第三方为医疗机构承担风险,使得医护人员被医院的管理牵涉到经济效益中,这与其肩负的道德职责相矛盾。其结果是医护人员在工作中不能彻底履行职业道德,而且也使患者感觉到医患之间和护患之间存在经济利益的冲突,这样就使建立融洽的医患关系和护患关系面临一道很难跨越的障碍。但案例13中医护人员若因为警察没有付钱而拒绝救治患者的话,将触犯法律,因为对危重病人、急诊病人的救治是其法律义务。

案例14说明,医师和护士之间缺乏沟通。虽然一般来说,关于治疗的知情同意主要是医师的责任,护士是在护理方面向患者说明。如果护士在确信病人对治疗的方案上并没有充分知情,护士可主动询问病人所了解的事实,并通知医师,由医师亲自向病人解释。如果病人一再向护士询问某方面的信息,只要可能,护士要先与医师沟通,以确保护士提供的信息,与医师的一致,即应是医师想让病人知道的。本案例中若一定要说护士有责任的话,即没有和医生对患者的解说一致,但这是以医生未向患者履行充分的知情同意的义务为前提。护士最好的做法是先问医生对患者是如何解释的,但医生也同样有义务向护士事先说明为何向患者如此解释的原因，否则，护士在没有得到医生的额外告知的情况下，会按照常理认为医生已经使病人做到真正的知情同意了，护士只要按常规做就可以了。所以，若从伦理学的角度看，本案例的法官判决是不符合伦理学原则的，不只是护士告知病人真实的信息本身没有错，而且有个前提在于任何一个护士在当时情况下，都会以为患者已经对此充分知情了，这是医生对患者的法律义务——使患者知情。这一发生在1977年的案件掀起了美国护理界的风波，案件当事人屠玛持续上诉，在1979年的4月17日，爱荷华州的最高法院宣判屠玛小姐未犯不当护理行为之罪，因为爱荷华州的护理工作守则既未定义何为不当护理行为，也未设置指引来提供警告[5]。但是，法庭未对屠玛的行为做进一步的说明，使护士在告知病人病情和治疗选择等方面的信息的权利仍然未予明确，这就使得护士在确认医生对患方未尽到知情同意的义务时，该如何行动的问题上陷入了道德困境。当护士的价值观和医师在对待病人知情同意的问题观点不一致时，护士是被动执行医嘱还是为了患者的利益？本书认为：理论上应该让患者知情。更何况，ICN的行为准则中规定"护士负有执行医嘱、发现医疗错误，拒绝参与不道德的业务执行"的义务。

案例15说明的是患者对手术没有做到真正的知情同意，患者在精神混乱状态下不了解自己的病情，医生即便已经对患者讲过手术的情况，但患者根本不能理解，因而无法接受手术。案例中有个稍微复杂的情况，即患者在入院时已经明示："关于手术的事我什么都不想听"，表明患者放弃了这个权利，但当护士发现了问题后，就不能以患者的这个明示为行动依据，而是从患者的利益出发，充分履行了使病人知情同意的义务，并让患者感觉到有护士陪在身边的安全，情绪稳定后了解病情必须手术时，就能接受手术。这样，就把问题解决得很完满。

第三节 患者的权利和义务

案例16 "对病人不再叫床号"

目前，许多医院的护士在为住院病人进行护理服务时，习惯用床号称呼病人，如"3床打针"、"8床吃药"、"20床输液"等。病人对这种称呼很不适应，有的甚至认为喊床号如同叫犯人似的，听起来不舒服。南京市东南大学附属中大医院近日决定，在全院推广肿瘤科病房叫病人不再叫"床号"的做法。

经过近一年的试点，中大医院肿瘤科病房改革病人称谓的做法普遍受到好评，于是该院护理部决定在全院病区推广[6]。

案例17 "怎能随便观摩我的身体"及追踪报道。

2000年9月15日下午，刘某到某医院妇产科门诊做人工流产。一女医生叫其进门诊检查室，刘脱下衣服后躺在检查床上，告诉医生自己准备好了。约一分钟后，医生推门而入，接着对外面的人说："你们都进来"。随后进来了10多个穿白大褂的男女青年。

"我当时只穿了件短袖T恤，一下子面对这么多人，难堪得要命。稍微镇静些后，我要求让这些人出去。而医生说没什么，他们都是见习生，并让我躺好，不然没法检查。接着医生一边指着我的身体，一边向见习生介绍各部位的名称特征，其间还有见习生的笑声。我脑中一片空白，只能把脸扭向一边忍受着一切。"第二天，气愤难平的她找到当事医生，问把自己当成教学标本的事为什么不先给她打招呼。医生回答：没必要。而另一位医生干脆对她说，在医院就没有隐私权。为此，羞辱难当的刘某以医院及当事医生侵犯了自己的隐私权为由把医院告上了法庭。

面对起诉，医院有些吃惊。据医院妇产科主任解释，当天见习的是医学院97级临床医疗系的本科生。在给刘检查时，只是医生动手，其他人并未操作。另外，学生们对刘的姓名、年龄等背景一无所知，何谈侵犯隐私？

"医院的任务是治病，但病人也相应承担帮助培养医生的责任。否则，医生从哪儿来呢？假如这位告状的女士面对的是一群会诊的专家，她还会说隐私被侵犯吗？见习生不就是即将走上医生岗位的准医生吗？我们这么做了几十年，没见什么不妥。到目前为止，也没有一条法律或规定说到医院的隐私权，更没有要求事先征求患者的意见。"医学院一位负责人对此感到难以理解。

官司一起，医学院附属医院在门诊大厅的显著位置挂出《告患者书》，写明了该医院是医学院的临床教学基地，来此就诊的患者应该配合，医务人员将恪守医学伦理道德，对患者疾病和个人隐私严格保密。结果，一纸《告患者书》引来一片拒绝声，患者纷纷对这种教学方式说"不"。结果，医院在咨询上级部门和翻阅有关规定后，确定没有"必须征得患者同意方能临床教学"的条件，于是很快恢复了过去的做法。

经历这次波折后，医院发出了一份《致全国医院呼吁书》，呼吁书中写道："作为临床教学医院，医生带教是医学教育不可分割的部分，也是临床教学的惟一途径，更是教学大纲的明文规定。如果教学医院必须先征得患者同意方可示教，医学院的见习生、实习生都会被患者拒之门外，医学教育事业如何发展？呼吁最后更是"振聋发聩"，如果法院判我院败诉，那将是我国医学教育的悲哀，医学教育将何去何从？！"[7]

案例18 患者，女，39岁。家庭主妇，性格稳重、孤僻。诊断为肺癌。术前诊断为多发性肺囊肿。术后医生通知患者家属诊断为进行性肺癌，需进行化疗，化疗的有效性为50%。患者在谈话后立即外出住宿。患者与家属商议在这样的治疗效果下生活是否优先于治疗。护士和患者交谈中，患者表示"其实也没有什么要谈的，只是不知怎么办才好，心理很烦恼"。通过进一步交谈，护士了解到患者考虑到治疗效果的问题，决定首先考虑生活上的需求，希望到疗养院那样舒适的医院，护士根据患者的愿望为其介绍了合适的医院。

一、患者的权利

(一) 患者的法律权利

目前，我国尚无病人权利法案，但根据现行的《中华人民共和国宪法》、《中华人民共和国民法通则》、《中华人民共和国执业医师法》、《中华人民共和国护士管理办法》、《中华人民共和国消费者权益保护法》、《医疗事故处理条例》等法律法规及行政管理条例的有关规定，病人法律权利可概括为：

1. 生命权

生命权是指病人在患病期间所享有的生存权。病人生命权与常人相平等，并不因处于疾病状态而被降低，即使病人出现心脏、呼吸、脑电波暂停等情况但并未进入不可逆丧失其功能阶段时，其生命权都是不可忽视的。《中华人民共和国民法通则》第98条明确规定：每一位中国公民都享有生命健康权。1998年颁布的《中华人民共和国执业医师法》第24条明文规定："对急危患者，医师应采取紧急措施进行诊治；不得拒绝急救处置。"，第37条明确规定的必须承担法律乃至刑事责任的12个款项中，涉及侵害病人生命权的有8款，即第1、2、3、6、7、8、11、12款。

2. 健康权

健康权是指病人恢复健康和增进健康的权益。病人有权按程序要求医务人员为其解除病痛、恢复健康,有权享受基本医疗保健服务。病人健康权不仅是生理健康权益,而且包括心理健康权益。民法通则第98条的健康权是与生命权并列在一起的。《中华人民共和国执业医师法》在"总则"和"执业规则"等章中,说明和确认了"人民健康"是"神圣"的,是必须得到"保护"的;病人享有医疗服务权、接受"健康教育"权等。一些法规、条例还明文规定了对病人健康权伤害行为的罚则。

3. 身体所有权

身体所有权是指病人对自身正常和非正常的整体及其肢体、器官、组织、基因等都拥有所有权及支配权。身体所有权不仅为病人生前所享有,而且死后也是不容侵犯的。例如国内现行的有关人体器官捐献和遗体捐献的条例和规定,无不把捐献者自愿列为首要条款,其前提和实质就是尊重和维护捐献者身体所有权。

4. 平等的医疗权

平等医疗权是指病人有权享有同样良好的医疗保健服务和基本的、合理的医疗卫生资源。《中华人民共和国宪法》第45条规定"中华人民共和国公民在年老、疾病或者丧失劳动能力的情况下,有从国家和社会获得物质帮助的权利。国家发展为公民享受这些权利所需要的社会保险、社会救济和医疗卫生事业。"我国政府曾提出的2000年人人实现享有初级卫生保健的思想,也突出地体现了中国公民享有的平等的医疗保健权。

5. 疾病认知权

疾病认知权是指病人对自己所患疾病的有关信息拥有了解和认知的权利。这些信息包括病人所患疾病的性质、病程、严重程度、治疗方案、治疗进展及病情预后等。《中华人民共和国执业医师法》第26条明文规定:"医师应当如实向患者或者其家属介绍病情,但应注意避免对患者产生不利后果。"

6. 知情同意权

知情同意权是指病人对医务人员给予自己的诊治护理方法,包括诊治护理方案,实施诊治护理的有效率、成功率、并发症、所承担的风险和某些可能发生的不可预测的后果等信息有获息的权利,以及在此基础上有自主决定接受或者拒绝该项诊治护理方法的权利。1994年的《医疗机构管理条例》第三十三条规定:"医疗机构施行手术、特殊检查或者特殊治疗时,必须征得患者同意,并应当取得其家属或者关系人同意并签字;无法取得患者意见时,应当取得家属或者关系人同意并签字;无法取得患者意见又无家属或者关系人在场,或者遇到其他特殊情况时,经治医师应当提出医疗处置方案,在取得医疗机构负责人或者被授权负责人员的批准后实施"。《中华人民共和国执业医师法》"执业规则"中的第26条明文规定:"医师应当如实向患者或者其家属介绍病情","医师进行实验性临床医疗,应当经医院批准并征得患者本人或者其家属同意。"同一部法规中第37条第8款明文规定:"未经患者或者其家属同意,对患者进行实验性临床医疗的",承担相应的法律责任或刑事责任。另外,国家药品监督管理局1999年颁布的《药品临床试验管理规范》的第三章是关于对受试者权益的保障,其中第14条规定:"研究者或其指定的代表必须向受试者说明有关临床试验的详细情况",14条的第一款说明受试者的同意应是自愿的。

7. 隐私保护权

隐私保护权是病人享有的私人信息和私人生活依法受到保护,不被他人非法侵犯、知悉、搜集、利用和公开的一种人格权。受到保护的病人隐私，主要包括病人为诊治疾病而告诉给医护人员的某些不愿让他人观察和接触的身体部位、生理特征、心理活动以及与公众无利害关系的"过失"行为等。1988年卫生部颁布的《医务人员医德规范及实施办法》中第三条第五款规定："为病人保守医密，实行保护性医疗，不泄露病人隐私与秘密。"《中华人民共和国执业医师法》第22条明文规定的"医师义务"中的第3款为"保护患者的隐私"，以及"罚则"中第37条第9款"泄露患者隐私，造成严重后果的"要承担相应法律责任的明确规定，都确认了病人享有隐私权。《药品临床试验管理规范》第14条第二款说明，参加试验及在试验中的个人资料均属保密。

现实中经常有"病人的保密权"的提法，由于保密与隐私之间的关系比较微妙，所以二者确实容易被混淆。首先需要明确隐私的含义。隐私是指公民个人生活中不愿为他人公开或知悉的秘密，医学隐私可简单地理解为病人在就医过程中不愿让医疗领域之外的人知道的关于自身的一些信息。法律领域的隐私权是指自然人就自己个人私事、个人信息等个人生活领域内的情事不为他人知悉、禁止他人干涉的权利[8]。隐私权是随着社会的发展而出现的关于人格方面的权利，虽然我国在法律上并没有法条明确规定隐私权为基本的民事权利，但从一些司法解释和一些判例能明显看出对隐私权的大力保护，尤其是在电脑和通讯等日趋发达的今天，对此的保护更显重要。从逻辑上说，保密是因为对隐私的承认和保护而存在的，即因为人享有隐私权，所以他人有尊重别人隐私的义务，在未经他人许可的情况下不能把隐私公开。广义上，保密的主体是与隐私的主体相对的，即所有其他的人；狭义上，因为职业原因而知晓了患者的隐私的医护人员对患者有保护其隐私的义务，即对患者的隐私有保密的义务。所以，现实中说的病人的保密权是不确切的，而应是隐私的所有者之外的所有人对其隐私保密的义务。不同的国家对此在道德和法律方面的规定不尽相同。从发展趋势上看，对隐私的保护越来越重视，如英国议会已原则上免除妓女和同性恋的刑事责任，以后隐私的范围也会越来越广。但对隐私权的保护范围受公共利益的限制，即对他人和社会不能造成伤害。

8. 因病免除相应社会责任权

这项免责权是指病人在获得医疗机构合法的医疗诊断书或医疗鉴定书之后，可因病不承担相应的社会责任，并有权享有法律规定的各种福利待遇。例如，病人在诊治和休养期间，可凭医疗诊断书免除正常工作的角色责任，并可同时享有合法的工资及其他福利待遇；精神病人在病情发作期间可凭医疗诊断免除法律责任和道德责任等。

9. 诉讼索偿权

诉讼索偿权是病人对医疗机构及其医护人员在医疗活动中，因违反医疗卫生法律、行政法规、部门规章和诊疗护理规范、常规，或因过失造成患者人身损害的事故、差错而产生对了病人正当权益的侵犯时，享有向卫生行政部门和法律部门提出质疑和诉讼的权利，以及要求医方给予经济补偿或经济赔偿的权利。2002年4月4日国务院颁布的《医疗事故处理条例》第五章就是关于医疗事故的赔偿问题，对医疗事故的经济补偿部分有明文规定。而更具权威性的《中华人民共和国民法通则》在其第22条中规定：因医疗事故受到侵害的公民有权获得赔偿。最高人民法院"关于贯彻执行《民法通则》若干问题的意见"第146条规定："侵害他人身体致使其丧失全部或部分劳动能力的，赔偿的生活补助费，一般应补足到不低于当地居民基本生活费的标准。"

10. 选择医生的权利

2000年国务院转发的国务院体改办、国家计委、国家经贸委、财政部劳动保障部、卫生部、药品监管局、中医药局的《关于城镇医药卫生体制改革的指导意见》中提出"保障广大群众对医疗服务的选择权",于是广泛开展了病人选医生的活动。虽然护士的工作更倾向于集体性,但也不排除将来病人有选择护士的权利。

11. 复印或者复制自己的医院的医疗和护理记录的权利

这个权利在《医疗事故处理条例》颁布之前一直未得到法律的认可,只是道德领域讨论的问题,现在已经成为法律权利。此记录包括病人门诊病历、住院志、体温单、医嘱单、化验单(检验报告)、医学影像检查资料、特殊检查同意书、手术同意书、手术及麻醉记录单、病理资料、护理记录以及国务院卫生行政部门规定的其他病历资料。

尽管在患者是否是消费者的问题上存在疑义,但患者是部分消费者应该是能被接受的,因此,有关消费者权益保护法中关于消费者的部分权利的内容也可以参考。

(二) 患者的道德权利

在具体的、专门的病人权利法缺如的情况下,医护伦理学意义上的病人权利则必然承载着更多的社会功能,诸如说明、论证、规定、调节、导向等。病人权利是现实医学关系中各主体构建复杂的权利与义务关系网的纲领,护士树立现代的病人权利观是其培养护理道德素质的主题。为了掌握好这一纲领、表现好这一主题,有必要在上述法学层面简述的基础上,结合具体案例及现实矛盾,对病人权利方面的主要问题作深入的探讨。

1. 被尊重的权利

病人在就医过程中,人格尊严受到尊重,这是一项绝对的权利。

2. 获得公正、平等的医疗和护理服务的权利

案例 16 表面上看属于语言包装、服务态度问题,但问题的深层实质却是医护人员对病人的人格尊严和平等权利的淡漠与实用主义价值取向。病人应享有平等的受尊重的权利并非是病人苛求的某种奢侈品,而是病人应该也可以享有的基本权利。病人享有平等医疗权的伦理依据是:公民人人享有平等的生命健康权;所有病人在社会地位、人格尊严等方面,都是相互平等的;病人与医护人员双方的社会地位、人格尊严是相互平等的;病人的千差万别与弱势处境的客观要求。这些因素决定了病人享有平等医疗权利的伦理与法律的合理性和必然性。

病人享有平等医疗权的主要伦理要求是:人际交往平等,医疗卫生资源分配平等。人际交往平等权强调医护人员在与病人及其家属交往时双方平等相处,在对待有千差万别的病人时做到一视同仁,即病人得到的医疗服务质量和服务态度是同样的。医疗卫生资源分配平等权要求医务人员在满足病人基本医疗保健需求时体现和保证绝对公平,在满足病人不同层次尤其是特殊医疗保健需求时体现和保证相对公平。

3. 病人自主权

病人自主权的观念在西方出现得较早,尊重病人的自主权是生命伦理学的基本原则之一,将在第七章继续探讨。从广义上说,病人法律权利中的知情同意和选择权都属于病人自主权。从狭义上说,病人自主权专指病人对医方及其所提供的诊治护理决策等所享有的自主选择与决定权,包括自主决定放弃或拒绝他认为无效或无益的诊治护理行为等。这里的讨论主要围绕狭义的病人自主权而展开。

病人自主权在护理领域中要求护士尊重病人的自主性,即尊重和保障病人或其家属的自主性或自主决定:协助病人自主选择医生、护士、医疗(手术)小组;诊治、护理方案措施必须经过病人或其家属知情同意;保证病人或其家属改变决定和再选择的实现;慎重、负责

任地处理病人自主放弃或终止治疗的决定；慎重、负责任地处理病人自主与医生护士做主的关系。其中，比较普遍且棘手的伦理问题是如何化解病人自主权与其家属代理决定权、病人自主权与医师治疗决策权（尤其是医疗干涉权）以及放弃治疗中各主体相应权利的冲突。

在临床实践中，病人自主经常与医生做主发生冲突。当面临此类矛盾时，护士既应协助医师处理好病人自主与医生做主的关系，又应处理好护士独立做主与病人自主的关系。

尊重病人自主权，绝不意味着医护人员可以放弃或者减轻自己的道德责任，也绝不意味着听命于病人的任何意愿和要求。当病人做出不合理的决定，可能对自己、他人造成伤害时，有时医护人员的特殊干涉是符合行善原则和不伤害原则的。

4. 知情同意和知情选择权

知情同意是患者权利的核心，是指病人享有知晓自己病情和医护人员所要采取的诊治护理措施，并自主选择合适的诊治护理决策的权利。案例 17 是中国文化背景下一个典型的关于知情同意的案例。案例中尖锐的冲突告诉我们：对什么是知情同意权、病人享有什么样的知情同意权、病人知情同意权如何才能真正实现等问题，医患双方、护患双方在认识上是有很大差异的。

知情同意最先反映在 1946 年的《纽伦堡法典》中，后来，知情同意由人体实验扩大到临床医学，被规定到病人主要权利之中。知情同意的关键问题是如何做到真正的知情同意，其中涉及医护人员、病人及其代理人等多方利益，需要满足一些必要的条件。"知情"的前提条件是医护人员提供的信息的真实、准确、充分，其次，还要使用患者能听懂的语言，然后是要求病人及其家属对医护人员提供的信息要能理解。"同意"要求患方是自愿的同意，而且必须具备表达同意的能力。知情同意是病人的一个基本权利，但并不是所有的病人都具备这个能力，尤其是未成年人、精神病患者或昏迷病人等。社会和专业并没有每个医护人员都同时是精神科专家，但要求知道在自己不能判断病人是否存在精神障碍时主动寻求精神科医生的帮助。由于文化传统、价值观念、现实国情等方面存在着诸多差异，中国和西方国家在认识和处理知情同意问题的某些环节上则有着不同的理念和做法。中国比较强调维护病人知情同意权的根本价值在于争取与患者家属合作，从而维护病人诊治疾病的根本权益。所以，在实施中，医师不是特别注重病人自己的意愿，更看重的是病人家属的决定。欧美国家十分重视病人本人的知情同意，认为它是病人自主权的主要内容，并订有明确的程序规则，实施中强调病人本人知情同意：不管医疗费用由谁支付，在知情同意书上签字的都应是病人自己，除非病人失去了行为能力。有的国家的传统法律甚至明文规定：未经病人本人同意的治疗可视为"殴打"行为，要受到处罚。所以，对待有行为能力的患者，"沟通"既是医护人员的义务，也是实现知情同意的重要保证。

其他关于知情同意的内容，可见第七章（尊重原则部分）和第六章的内容。

5. 拒绝治疗权

美国医院协会的病人权利条例中提及："在法律许可的范围内，且经过解释，理解医学上的后果，病人有拒绝治疗的权利。"拒绝同意权是基于法律上认为人的身体有不受侵犯的自由、有隐私权及宗教信仰的自由权利。但并非在任何情况病人均可使用拒绝同意权。例如在紧急情况或手术后麻醉苏醒期，病人若使用拒绝同意权，将对其造成重大伤害，甚至威胁其生命。因此，原则上医疗人员应根据临床的情况，权衡风险和利益后处理病人，必要时只有诉诸法庭的决定。虽然知情同意是尊重病人的自主权的主要手段，但基于不伤害原则、预防犯罪行为及保护社会整体的福利，美国有些州出于对未成年人和无自主能力的人的保护、预防不合理的自我损伤、保护公众的健康等原因，在法律上不准未成年者的父母或病人行使拒绝同意权。

6. 节约医疗费用的权利

在治疗护理效果相差不大的情况下，病人有权得到经济的治疗护理服务的权利。当然也要结合病人的知情同意权，因为现实中确实存在不同患者对医疗护理的要求层次不同的状况。

关于患者的其他道德权利，可参考美国的《病人权利法案》，其实这是医院协会制定的，不应看做法律权利，故放在道德权利部分，可作为参考。

《病人权利法案》

1972年底，美国医院协会为了进一步做好治疗工作和更好地满足病人、医生和医院三方面的需要，特制订"病人权利法案"。美国护士也根据此项条例作为工作总则。其内容为：

- 病人有权受到考虑周到、尊重有礼的治疗照顾
- 病人有权利从经治医生处以其可以理解之字句获知有关的诊断、治疗和预后信息。有权利知道经治医生的姓名
- 病人有权利在同意治疗前，了解治疗和处理的详细情况
- 病人有权利拒绝治疗并了解其后果
- 病人有权利要求对其治疗保密，包括病例讨论、会诊、检查和治疗
- 病人有权利要求有关其治疗的一切谈话、记录保密
- 病人有权利要求院方认真对待利用医院设施的请求。转科应向病人说明确有必要的情况
- 病人有权利知道，医院在涉及本人治疗时，是否与其他医院或教育机构合作
- 病人有权利拒绝作为人类实验研究项目的对象
- 病人有权利知道出院后使用医院设施的情况
- 病人有权利查核医疗费用并得到解释，不论是否支付上述费用
- 病人有权利了解有关的医院规章制度

（三）案例简评

案例17和案例18都是关于患者的知情同意的问题。知情同意是护理伦理学和医学伦理学中非常重要的概念。可以毫不夸张地说，如果医生、护士在临床充分履行了知情同意，许多问题可以避免，如果认识到知情同意的重要性，在出了问题后也可以比较圆满地解决。案例18中的患者在护士的帮助下行使了知情权，在知道诊断与治疗的效果及预后，选择了生活优先于治疗，这样就满足了患者提高生存质量的愿望。护士在整个护理过程中尊重了患者的选择，达到了帮助患者提高生活质量的目的，发挥了护士的作用。

在处理具体的案例时，如何能做到知情同意？可通过问自己如下的问题，如果能满意地回答，说明对知情同意已有充分的了解，那么患者的知情同意权也就能得到保障。

1. 知情具体应知什么？
2. 谁承担告知的义务？
3. 护士的角色是什么？
4. 如何认定病人已理解需要知情的内容？
5. 如何衡量病人的行为能力？
6. 自主病人的同意是否是真正的同意？

7. 无自主能力的病人的同意是否代表了病人真正的利益？

二、患者的义务

案例17既涉及知情同意问题，又涉及病人义务问题。案例中的院方及医护人员，曾以各种方式再三强调病人必须尽到配合临床教学、支持医学发展的义务，这其中有合理性。院方若以此为根据坚决否认病人享有知情权和隐私权，则是大错特错。若把患者未尽义务和患者能否享受权利绝对地联系到一起也是不妥的。

（一）病人的法律义务

1. 如实提供病情信息的义务

虽无法律规定病人要相信医护人员，但尽可能准确、全面地回答医护人员的问诊，真实、负责地叙述自感症状及既往病史和家庭病史，即使涉及个人隐私，如果与疾病的诊治有关也有义务如实提供。凡夸大、缩小病情，有意不述隐私，或故意考验对方等做法，都有违病人就医道德，若因为病人自己的原因而出现了问题，医方并无责任。

2. 遵守医护嘱咐的义务

医护嘱咐是医疗护理活动得以顺利进行的依据和基础，尤其是传染病病人，若不遵从医嘱，将给自己、他人和社会带来危害。因此，病人必须认真遵从科学的合理的医护嘱咐，积极配合医护人员的医疗护理活动。如果认为医护嘱咐有不妥之处，需要调整、更改，病人不宜擅自主张、自行其是，而应该及时与医护人员沟通，将有关信息及其建议、要求反馈给医护人员，以求得妥善解决。

3. 支付医护费用的义务

医疗卫生事业不是纯粹的福利性事业，医院不是专门的慈善机构，医疗护理服务必然是有偿的。因此，病人按照国家规定支付相应的医疗护理费用，也是不言自明的义务。

4. 遵守医院规章制度的义务

医疗护理的良好环境和秩序不仅依赖于医护人员的辛勤工作，也依赖于病人及其家属的自觉遵守。病人及其家属若不尽相应的道德义务，例如不遵守医院作息制度、陪护制度等，就会直接危害医护活动。对于不合理的规章制度，医护人员和患者都有权利反映并参与改进。现实中，由于医院条件有限，病房拥挤，要么没有电视看，要么没有可口的饭菜等，更别指望便捷的通讯手段，所以病人经常不按医院规定使用手机、呼机。由于病人感到很不方便，便经常请假回家，若严格按医院的管理要求做，病人就更不方便，若放任自流，工作又容易出漏洞，确实需要双方的理解、配合。

5. 尊重医护人员的人格、劳动以及专业权利的义务

《中华人民共和国护士管理办法》第四条规定：护士的执业权利受法律保护，护士的劳动受全社会的尊重。就是说，全社会，包括病人都有这项义务。第三十条中规定：非法阻挠护士执业或侵犯护士人身权利的，由护士所在单位提请公安机关予以治安行政处罚，情节严重，触犯刑律的，提交司法机关依法追究刑事责任。医护人员专业权利是医疗护理工作得以顺利进行的必要条件。它主要体现为医师、护士在医事活动中的自主决策权，如采取何种检查手段、实施何种治疗方案以及护理计划等。病人在行使自己的自主权时，并不意味着要否定医护人员专业权利，恰恰有必要，也有义务尊重这种权利，应该认真听取医护人员所作出的负责任的职业判断、建议、决策，在医护人员悉心指导下，慎重地进行理性选择。一般来说，病人自主选择若离开医护人员专业权利的合理运用，是不可设想的。如果缺少充分依

据,又未经深思熟虑,病人不可盲目地否定医护人员的专业权利。即使情况确属风险太大,病人认为由负责医护人员一方决策或病人自主决定都不放心,也不宜简单否定其权利,最好请求会诊,必要时请医学伦理委员会或司法机构裁决。

新的《医疗事故处理条例》第三十三条规定,有下列情形之一的,不属于医疗事故:(1)在紧急情况下为抢救垂危患者生命而采取紧急医学措施造成不良后果的;(2)在医疗活动中由于患者病情异常或者患者体质特殊而发生医疗意外的;(3)在现有医学科学技术条件下,发生无法预料或者不能防范的不良后果的;(4)无过错输血感染造成不良后果的;(5)因患方原因延误诊疗导致不良后果的;(6)因不可抗力造成不良后果的。从这些规定中,尤其是第5点,也能反向推出患者有积极主动配合医护人员、遵守医护嘱托、如实陈述病史等义务。

(二)患者的道德义务

1. 维护健康的义务

联合国卫生组织(WHO)提出,人人为健康。也就是说,维护自我健康与他人健康是每个病人应尽的义务。维护自我健康就是要积极、主动地参与医疗护理的互动过程,学习和提高自我医护照顾的能力。维护他人健康就是要避免将疾病传播给他人,并帮助他人提高自我医学照护的能力。人生病后一般不会被指责为不注意身体而造成的结果,但人不论是健康状态还是在疾病状态,都有义务尽量避免不健康的生活习惯,因为人身上的社会角色很多,对他人、社会等都有不同的义务。

2. 促进医学科学、护理科学的发展的义务

为了维护和促进人类健康,病人有义务在自己不受伤害,或者受益与伤害(风险)成比例的情况下,经自愿知情同意,配合医护人员开展教学、科研、公益等活动。例如为医学生做示教,作为受试者参加人体实验、义务献血、死后捐献遗体及其器官等。正是由于这是病人的道德义务,才没有法律的约束力,也就是说,不能采取不经患者同意的方式进行教学和科研等活动,更不能采取强迫的方式,否则将违背法律中患者的权利和医护人员的义务。案例19的症结在于此。

3. 按规定准时接受医疗护理的义务

现代医疗护理活动头绪多,事务繁杂,时间性和程序性都特别强,无论是门诊,还是住院处,或者是社区医学服务,不仅对医护人员提出了很高的诚信守时的要求,而且也要求病人严格按照有关制度或与对方约定的内容,在适宜的时空条件下参与和接受诊断、检查、治疗、护理及随访等后继性专业活动。如体外受精等在受孕成功后,要求患者定期到医院接受检查或接受随访,以检查是否存在胎儿畸形、孕妇是否存在健康问题等情况。

(三)正确对待病人的道德义务

现阶段,医护人员普遍感到压力大,其中一个原因是医护人员感觉对患者的权利强调得多,对医护人员的义务强调得多,但对患者的义务强调得少。现在对患者的权利比较重视,这本身是向好的方向转变,但若给医护人员造成社会忽视他们权利的错觉,也不利于良好医患、护患关系的维持。

首先医护人员自己在主观上要认识到,强调患者的权利,并不是与医护人员的权利相矛盾的,由于患者在就医时是弱势人群,无论是社会还是医护人员都要对他们予以保护。改革开放以前,我国多是医护人员做主的情况,那时医患双方的信任基础好。长此以往,有些医护人员就忽视了患者的权利,加上现代公众权利意识提高了,表现医护领域,好像是过分重

视患者的权利,而忽视了医护人员的权利。要清楚,这是良好的医患关系和护患关系发展的必经阶段,在不远的将来,当双方的关系更加融洽时,这种感觉将慢慢消失。

1. 正确把握病人义务的特性

与法律义务等强制性义务相比较,病人在道德上应尽的义务,大多数具有非强制性,即条件性、弹性等特点,它们需要在医护人员告知、解释、指导、劝说之下,经过病人自己的认可,才能真正履行。

2. 正确利用病人义务的层次性

依病人义务内容的指向,它们可被划分为对自己的义务、对国家法规的义务、对医护人员的义务、对他人的义务等层次。就病人的心理来说,越是靠前的义务层次,他越是看重,而病人履行义务与其心理需求直接相关。因此,医护人员在向病人进行宣教、指导时,应该注意将全面告知与突出他最关心的重点层次结合起来,动之以情,晓之以理。

3. 正确处理病人义务与权利的关系

病人尽义务与享有权利是相辅相成的。客观上看,二者互为前提,互为条件。医护人员在处理病人义务与权利二者的关系问题时,主观上更应重视的是维护病人权利,切忌片面强调病人若没有尽到义务,因而自认为有权否定病人根本权益,或者为自己不尽职责、违规作业找借口的做法。例如,病人坚决拒绝作教学标本,不尽配合教学的义务,难道医学院校的附属医院就可以拒绝为此病人提供医学服务,从而剥夺其在本院的就医权吗?显然不能。案例17中某些医护人员的做法及事后医院发布的《告患者书》的内容,都试图以病人未尽到应尽之配合教学医院培养人才的义务为由,而拒不承认病人享有知情权和隐私权,这些即使真能找到不违法的根据,但从伦理学角度也是绝对说不通的。比较理想的解决对策只能是:在明确承认和真诚维护病人知情权、隐私权等合理权益的基础上,通过医护人员的积极努力,去化解其中的尖锐冲突,即使十分困难,也只能如此,而且理应如此。任何简单化的认识和做法,都是不可取的,也必定是有害的。

第四节 对护患双方权利和义务的再认识

一、转变观念

病人的权利,也就是护士的责任。很多护士认为,病人既然是"病人",到了医院就是来请我们帮助的,医护人员所作所为对病人就是一种施舍、恩赐,所以病人就应该服从医护人员的安排,积极配合,不应该对医护人员的行为存有不信任,如果病人表现出不信任,我们医护人员马上就觉得自尊心受到伤害。由于病人的依从满足了护士的某种心理需要,从而使护士感到工作不是一种责任,而是一种权利。护士对病人的讲话和治疗态度,简直把他们当成小孩。护士还可能这样认为,病人有责任合作,并应该对治疗表示感谢。于是,慢慢形成了这样的观念,护士是给予一方,这是典型的把病人与医护人员之间看成不平等关系的思想基础,病人到医院的行为被称为"求医"。所以,明确护患关系中的权利义务关系,把病人到医院的行为看成"就医",就会在观念上转变了。

以往的病人"求医"的心态与当时的社会环境有关,现在随着人与人关系的平等化、权利意识的提高,权利义务的内容确实要相应地进行改变。否则就会造成护士把某些事情看做她们的"权利",而病人却不认为这是他们的责任,反过来也是一样。这样下去的结果无疑要产生矛盾，虽然不会太尖锐，也会造成病人意见纷纷和护士情绪低落。既然明文规定病人有权利了解自己的病情和治疗方案，护士和病人之间也就可以开诚布公、推心置腹，互相了解彼此的需要、目的和希望，这样要比单纯的护士给予、病人接受，更能体现出护士的"权利"和病人的"责任"。护士将会通过和病人的短暂交往，建立亲密的友谊，从而使双方在工作和精神上备感愉快，使护士体会到工作的价值和意义。

二、正确处理护患双方权利和义务的关系

（一）病人权利与护士义务的关系

一般来说，病人权利和护士的义务是一致的。例如病人有知情同意的权利，护士则有协助医师给予解释和说明的义务；病人有隐私权，护士则有为病人保守秘密的义务等。但是病人权利也经常同护士对病人的义务发生矛盾：一是病人有权拒绝治疗护理，但当这一行为属于判断选择失误而其后果会伤害病人自身时，便与护士保护病人健康的义务发生矛盾；二是病人权利与护士对他人和社会尽义务有矛盾，这是因为护士的义务对象有时不是患者单人，还有他人和社会，这是护士的社会角色所决定的。例如传染病病人要求护士为其绝对保密，但其疾病会危害社会利益，这时病人的权利与护士对社会的义务就会发生矛盾。解决这些矛盾，除了从道德评价的理论上判明是非外，还应从现实角度就病人的权利与护士的干涉权问题进行具体分析，从护理伦理学的四个基本原则进行分析。从发展趋势上看，病人的自主性将越来越起主要作用，其中的关键是判断病人的自主性是否完全，是否存在对他人、社会构成伤害等制约患者自主性的因素。

（二）病人权利与护士权利的关系

护士权利与病人权利的本质也应该是一致的，因为护士的权利是为了保证护士的基本义务——增进健康、预防疾病、恢复健康和减轻痛苦——而存在的。现实中因为价值观或护士个人的原因而出现的"我有权拒绝给你护理"等极端错误的想法，这是对其权利的歪曲和滥用。倘若因为拒绝为病人治疗护理而造成了不良后果，医护人员要承担道德与法律的责任。

但护士的权利与病人权利也可能存在不一致的情况，如病人有一定的选择医护人员的权利，但医护人员却不应该对病人挑挑拣拣。虽然看起来，这是二者的权利不对等，但这是由于护士的职业所决定的，而不代表人格上的不对等。

护士的权利和病人的权利之间可能发生冲突。如病人的自主权利和护士的特殊干涉权的冲突，其本质是护士的义务决定的，即因为职业的原因，有些权利表现为义务。如病人自杀，护士干涉；如艾滋病阳性结果原则上通知受检者本人及其配偶或与其关系密切的其他人，患者要求保密的权利与医护人员因对他人、社会的义务而承担上报的义务之间发生冲突。

（三）病人义务与护士权利的关系

与病人权利和护士的义务之间的关系不同，患者义务与护士权利之间的逻辑关系并不密切，也不一致。即护士的权利不以患者是否履行自己的义务为前提，如案例19，即便患者未尽遵守医嘱的义务，未尽为病人做示教的义务等，但护士执业的权利、特殊干涉的权利、受尊重的权利、保护患者的权利等并不因此而被改变。

（四）病人义务与护士义务的关系

多数情况下，二者的目的是一致的。在治疗护理过程中，患者并不是完全被动的，除了医生护士的努力外，如果没有患者的积极配合，有的治疗是难以成功的。功能的恢复、疾病

的预防等更需要患者的努力和配合,因为护士的义务同患者的义务一样都是为了患者的利益这一最终目的。

可以肯定的是,护士的义务不应以患者是否履行自己的义务为前提,如医生和护士不能因患者未交费而拒绝抢救,否则触犯法律。但是,护患关系是双向的,也就是说,由于现在的市场经济和医院的发展等情况使得病人若不尽义务,必然影响医院和护士尽义务,否则就是对医院和护士利益的侵犯,也是一种不平等。现实中比较棘手的是病人无钱付费,如肾透析病人无法支付费用,在医院中医护人员是否要为其透析,这已不单纯是权利义务问题,而且与卫生体制、保险等社会问题结合起来,也可以称为伦理学难题。现实中困惑护士的情况有许多是因为社会问题,单位或家庭的经济问题。如患者经过一段时间的检查、治疗、手术及护理,病情基本稳定或缓解,但仍需继续治疗,此时病人住院费押金已用尽,或所剩无几,医护人员便向病人、家属或单位催款。如家属在很短时间内能补交住院费,治疗将不间断,但如不能补交或已欠费,现实中医院就得考虑停止现行的治疗,要么出院,要么改成成本低的仅能维持生命的治疗措施。可见,患者不尽或没有能力尽付费的义务,客观上会影响医护人员对患者尽义务,至少影响其尽义务的方式,如不能采取效果好价格高的治疗或护理。

但有时不能肯定的是,病人的义务也不以护士是否履行了义务为前提。比如,如果护士不尊重病人,病人是否就可以不尽付费的义务?好像理由不充分。如果护士未给病人进行护理,就收取了病人相应的费用,病人不交费,好像又能说得通。所以,还是要具体案例,具体分析。

---

[1] 王海明 著. 公正 平等 人道. 北京:北京大学出版社,2000.9－10
[2] [德] 弗里德里希·包尔生著,何怀宏,廖申白 译. 伦理学体系. 北京:中国社会科学出版社,1997.295
[3] 卢美秀 编著. 护理伦理学. 台湾:汇华图书出版有限公司,1993.82
[4] 顾乃平,李选,陈彩风等 著. 护理专业导论. 北京:科学技术文献出版社,1999.61
[5] 庄英瑜,方秋萍 编译. 护理伦理. 台湾:南山堂出版社发行,1983.273
[6] 程守勤. 东南大学中大医院规定对病人不再叫"床号". 健康报,2002年1月5日
[7] 江波,郝磊. 怎能随便观摩我的身体. 中国青年报,2000年11月3日
[8] 王利明,杨立新,姚辉 编著. 人格权法. 北京:法律出版社,1997.147

其他参考文献

1. 邱仁宗,卓小勤,冯建妹 著. 病人的权利. 北京:北京医科大学中国协和医科大学联合出版社,1996

第四章 护患情感和信任的建立与维持

案例 19 某医院手外科收治一吸毒自残小指的病人,入院后,大家议论纷纷:这种人就不应该给他治。但本着救死扶伤的人道主义精神,还必须给他做手术,并且入院观察。当时,大家像躲瘟疫一样躲着他,为他治疗时小心翼翼,更不用说与他交谈了。因为他是吸毒者,我们把注射器都上了锁,将全麻药转移到更安全的地方。根据惯例,手外科术后病人,主诉伤口疼痛时,可连续注射三天杜冷丁。对他我们顾虑重重:不注射吧,看到他疼痛难忍的样子,的确很同情;注射止痛针,不是一针两针能解决问题,还有可能引起他的毒瘾。虽然他一再强调他已戒毒,并且以自残发毒誓,但我们还是不相信他。面对这样的病人,我们怎样才能信任他呢?

护患关系建立后,我们在学习一些必备的知识,掌握了权利和义务等知识后,现在可以开始按照临床实际的工作程序来实践伦理精神了。

护患关系不是商场服务员和顾客之间陌生人式的关系,而是一种信托关系,如果双方都缺乏信任,护患关系是维持不好的,而且双方在情感上都有"累"的感觉。信任来自了解,了解需要沟通。

第一节 建立护患情感 增进信任友谊

从理论上说,情感是一个伦理学的基本范畴,范畴可以理解成一个学科最大的概念,是构成一个学科的砖瓦。普通伦理学把范畴形象地称为人们认识和掌握自然现象之网上的纽带,反映的是人与人之间道德关系的某些本质方面,人们把这些本质方面的认识用概念的形式确定下来,从一些主要侧面和关节点上指导人们的道德行为,帮助人们自觉地调整道德关系,以实践道德原则和道德规范的要求。这么难懂的一长句话的意思是说,范畴既然是基本概念,那么在这个学科中到处都能表现出来,就像楼房的砖瓦,横看、竖看、左看、右看都能看得见,那么,在我们的头脑中,就表现为都体会得到。在学习护理伦理学的过程中,不但在道德原则和道德规范中所包含的基本概念是道德范畴,如自主、公正、行善、权利、义务等,就是反映个体道德行为和道德品质的基本概念,道德评价、道德修养和道德教育的基本概念,也都是道德范畴,如教育中的情感、修养中的慎独、评价中的良心、荣誉等。在护理伦理学中,除了以上这些,还有一些概念,如隐私、审慎、尊重等等都可以说成是这门学科的范畴。刚才提到的所谓方方面面都体会得到的意思是说,几乎所有的这些概念都是整合在一起的,综合地存在于每个人的意识中,构成人的道德境界。例如,导言中的护士 A 和 B,她们和患者的关系如何、她们的行为如何等都分别与她们各自对护理道德的认识、对事业的情感、对自身行为的评价和修养的程度相适应,即不可能表现为情感处于高层次的阶段,而认识处于低层次的阶段。另外,方方面面整和在一起的另一个含义是说这些范畴本身也有内在的联系,如道德意识要素中的范畴必然要指导或应用在道德活动要素的范畴中。例如,对护理道德义务的认识程度,是处在他律还是自律阶段,必然要决定行为主体在道德活动中进行行为选择时自觉主动和被动的区别,或尽义务自觉还是被迫敷衍了事的区别。只是为了讲授的方便，本书把这些概念分散地融合在了与护理领域关系密切的相应的概念中，有的在实施护理行为中讲，有的放在教育修养评价中，目的是真正把这些相对独立、反映道德关系的基本的概念切实应用到行为实践中。如儿科更强调良心、审慎，对精神科更强调慎独、对老年病人更强调情感、关怀，对性病病人更强调公正等伦理学概念。

一、道德情感的涵义

（一）情感和道德情感

南丁格尔的"护士必须要有一颗同情的心和一双愿意工作的手"道出了护士与道德情感之间天然的联系。与医患关系相比，客观地说，护患关系在增加信任和拉近距离方面有很大的优势。因为首先是护士先接触病人，面带微笑、着装整齐、整洁的护士，加上女性在情感丰富方面特有的优势，会减少患者的陌生和紧张感。另外，护士本身端庄的举止、良好的气质和风度等使患者愿意同护士接近，使患者产生安全、被尊重感。

从生理上看，情感是人的意识中稳定的条件反射的形成物，它构成人在不同形势下的激情和意志的反应（情绪和冲动）的基础。从社会内容上看，道德情感是人对世界（他人、关系、活动）的体验和对自身情绪的认识、控制而形成的高级感情[1]。如爱、恨、同情、信任、嫉妒、羡慕等都是人们相互关系的主观心理反应。其实，一切构成个人道德自我意识的内容的东西（如义务、责任、良心、尊严、耻辱）也表现在相应的情绪体验中（如义务感、责任感、良心责备或欣慰、自尊心、耻辱感），在进行道德判断时，人们首先是用这种类似本能的情感来进行判断[2]。

（二）道德情感的分类

在情感中，有的部分是天生的（如同情），但多数是后天建立的（如责任感和事业感）。

一般可以把护士道德情感分成：同情感、责任感和事业感。其间是层层递进的关系，是个体对自身的控制能力在加强，表现在护士内心对自身责任的认识越来越深入和自觉主动。

1. 同情感是护士最起码的道德情感

类似于"恻隐之心，人皆有之"，这是生活在社会中的人的一种本能的情感，是人性中善良的一种表现，是沟通个人与他人的依据和桥梁，是仁慈、利他、助人等美德的心理基础。这种社会情感与个人利益同时产生，但却以一定的方式限制了个人的利己倾向，保证了社会中人与人的利益按照道德的方式分配。护士一般都能以高度的同情心为刚接触的陌生的病人送去微笑，这将使今后的护患关系有个良好的开端。

2. 责任感是最能体现护士职责的情感

如果说同情感还是护士个人情感的自然流露，但当护士自觉地把关心、体贴病人的情感带给病人时，她就进入到了第二个层次，意味着她已经是个称职的护士了。如果说同情是以他人为对象的个体道德情感活动，那么，尊重就是一种使自己的意志服从规律的内在的理性情感，是人们对道德规律的认识程度的提高。尊重也是对自己活动的负责，即自尊。

整体护理中的责任护士8小时在班，对病人24小时负责，对病人从入院到出院的护理是系统的、连续的、积极主动的。正是由于责任护士的设置，从伦理学角度来说，对病人最大的好处在于减少病人对医院和医护人员的陌生感，从内心深处觉得有了"依托"，觉得有人"管"他，即有人对他负责，就像玩笑中常说的"找到组织"的感觉，使病人心里感到安全。单纯从病人的良好感受角度来看整体护理，这种转变已经是功不可没了。责任护士对病人除了日常的生活和临床护理，还要对病人进行有计划的健康指导和身心护理，必然使其在病人身边的时间多了，沟通和交流的增多必然又增加了护患之间的信任度和护患情感。仁济医院的护士有自己的网站，上面有护士的感受文章："要使病人真正满意，护士的真诚服务至关重要。在我实习时，碰到一名患嗜铬细胞瘤的年轻患者，胆子特别小，情绪极不稳定，当他知道自己的病必须做手术时，差点瘫软在地上。……我非常理解病人的心情，答应了他的要求，陪他进了手术室，握紧他的手，直到患者麻醉了才离开。因为我知道，病人住了院，就意味把生命交给了你，这时医生、护士就是他最亲、最信任的人"。因同情而把病人看做亲人和因责任而把病人当作亲人是不同的，分别代表护理道德情感的前两个层次。

责任感不仅体现在为病人做好分内的护理工作，同医生一样，还体现在能否为病人敢承担风险这一临床常遇到的问题。如，医生从各方面考虑，认为这个病人最适合选用"青霉素"治疗，但"皮肤过敏实验"结果恰恰表现为不典型，此时护士可能有两种做法：一是全心全意为病人着想，在确认无过敏史的前提下，一边做好充分的急救准备，一边果断地注射青霉素；二是多考虑自己得失，少惹麻烦，轻易地划上"阳性"了事[3]。其中体现的就是责任感的问题。

3. 事业感是最高层次的护理道德情感

事业感意味着在与事业冲突时，自身的利益和自己家庭的利益经常被舍弃。如果一个护士把护理当作事业来对待，就意味着事业是排在第一位的，其他事情是要为事业做出牺牲的。护理史上这样的例子不少。

二、建立护患情感、增进护患信任的途径——护患沟通

曾几何时，病人面对护士变得越来越小心翼翼，他们似乎越来越善于察言观色，甚至在提一些合理要求时，也专找护士面孔稍有放松的时候。殊不知微笑的影响是巨大的。至今一位急性胃穿孔需要紧急手术的中年女性患者仍清楚地记得一个急诊科值班护士在给她做完一切术前准备后把她送往手术室的路上对她的微笑。当护士看到患者的眼神以及那微微颤抖的双手，便清楚地看到她内心的恐惧，于是轻轻地握了握她的手，向她露出一个微笑，患者眼中的恐惧、无助渐渐退去，手也很快不再颤抖了。当不久后的一天这位护士再次见到处于康复中的患者时，患者说了一句："我无法忘记在进手术室前你给我的微笑，是你的微笑让我不再害怕。知道吗？那个笑对我来说真是天使的微笑啊！"[4]因此，不要吝惜你的微笑，因为你们是真正的白衣天使！

建立情感，在护士一方，首先要付出爱，但不要期望一定会有回报，只管让爱在患者的心中成长，如果在他们心中没长，在护士自己心中先长也是非常好的。上面的情形中的护士当时也许不知道自己的微笑（希望这个微笑是有意识的，但也可能是情感中本能的同情在起作用）在患者的心中已经成长，但当这个患者给了她这个正反馈之后，相信她以后对自己职业的情感会更深厚，更稳定，以后对患者的微笑也会更有目的和意识，即达到了自觉、自律的阶段。现实中许多问题不能只靠微笑来解决，像护理诊断、实施、效果评价等都需要靠言语等沟通。信任和情感是联系在一起的，由于护士对患者付出了情感，患者对护士必然回报以感激的情感和信任的情怀，这其中离不了沟通，沟通是取得患者信任的重要手段。

（一）沟通的概念

沟通是将信息从一个人传递到另一个人的过程，有效的沟通应是接受者所收到的信息与发出者所表达的正好相同。沟通的结果不但双方能相互影响，并且双方还能建立起一定关系。讯息的传送媒介有三种：语言、文字、非语言。沟通包括6个要素：谁、什么、何时、何地、如何和为什么，即英文的WHO、WHAT、WHEN、WHERE、WHY和HOW。

（二）沟通的种类

沟通从方式上看，可主要分为语言沟通和与非语言沟通。语言是传递信息的符号，包括所说的话和所写的字。要注意的是所用的符号应当是为发出者和接受者都能准确理解的。非语言性沟通是伴随着沟通的一些非语性行为，它能影响沟通的效果。如面部表情、身体姿势、声音（中的音色、音调、音量）、手势、抚摸、眼神交流和空间距离等。非语言信息是一种不很清楚的信息，但它往往比语言性信息更真实，因为它更趋向于自发和难以掩饰。同样一句话可以由于非语言性行为的不同而有不同的含意和效果，有人认为非语言沟通的重要性甚至超过语言性沟通。护士应格外注意自己非语言性行为的影响，要善于观察病人的非语言性信息，特别是焦虑的流露，然后鼓励病人用语言表达出来。

沟通从目的上看，可主要分为了解性沟通、解决问题性沟通和治疗性沟通。

（三）沟通的层次

随着相互信任程度的增加，沟通层次也逐渐升高。从"一般性交谈"（是一般肤浅的、社交应酬开始语，在短时间内使用会有助于打开局面和建立友好关系）到"陈述事实"（报告客观的事实，没有参与个人意见）到"交流各自的意见和判断"（在此层次一般双方都已建立了信任，可以互相谈自己的看法，交流各自对问题或治疗的意见，作为帮助者的护士应注意不能流露出嘲笑的意思，以免影响病人对你的信任和继续提出自己的看法和意见，而又退到第二层次做一些表面性的沟通）到"交流感情"（这种交流很有帮助，但只有在互相信任的基础上，有了安全感才比较容易做到，人们会自然愿意说出自己的想法和对各种事件的反应。为了给病人创造一个适合的感情环境，护士应做到坦率、热情和正确地理解病人来帮助他建立信任感和安全感）到"沟通的高峰"（是一种短暂的、完全一致的感觉，很少有人能达到这一层次，一般也不会维持多长时间，只在第 4 层次时，偶尔自发地达到高峰）。

在护患关系中，可以出现沟通的各种层次，但重要的是让人们在感到最舒适的层次时进行沟通，不要强求进入较高层次，护士应经常评估自己的沟通方式，尽量避免由于自己的行为关系而使治疗性沟通关系停留在低层次上。

（四）沟通前的心理准备

患者生病后，身体和精神发生了变化，他不再是正常情况下的自己，一般会产生如下的心理活动：抑郁、焦虑、怀疑、孤独、被动依赖、否认、同情相怜、侥幸等。他有时会变得焦虑、狂躁、忧郁、蛮不讲理，甚至会对护士横加挑剔。护士若没有宽容和接纳的准备，交流只能在表层进行。护士要理解患者，因为他并不一定是在针对你，他可能是只是在发泄，护士只不过暂时成为了他消极情绪的发泄对象。因此，护士不应感到自尊受挫而反应过度、针锋相对，而应洒脱和宽容。

第二节　护患沟通的技巧

沟通技巧主要有语言沟通技巧和非语言交流技巧，另外，发放一些书面材料，如卫生宣教材料、入院须知、家属须知、出院指导、本科室的特色等，也是很好的交流的方式。在护理技术尚存在缺憾时，完善的语言沟通和优良的服务是弥补此缺憾的重要手段。下面的技巧是通过参考有关资料，大致归纳出来的。护士自己在工作中，建议根据自己的性格特点，总结归纳出适合自己的沟通技巧。

一、沟通技巧 15 "要"

1. 与你护理的患者第一次接触时，要介绍你的姓名和职称，使她明确你将负责对他的护理。对患者要使用合适的称呼，避免直呼其名，不要用床号代替。巧避讳语，对不便直说的话题或内容用委婉方式表达，如耳聋或腿跛，可代之以"重听"，"腿脚不方便"等。
2. 见到你的患者时，要给予他坦诚友好的微笑。
3. 与患者要有目光接触（目光交流），以表达你对他的关心和尊敬。巡视病房时，尽管不可能每个床位都走到，但以眼神环顾每位病人，能使之感到自己没有被冷落。
4. 与患者交谈时，要面对着患者说话，而不是背朝着他讲。
5. 要使用清楚、简洁、朴素的语言，用患者能够明白的方式对他进行指导。要掌握声音的大小和语调，说话清晰。
6. 要尽可能使患者了解他的病情。对不良预后直接或间接向病人透露时，防止引起过大的心理刺激；对某些诊断、检查的异常结果，以及对不治之症者的治疗用开导性语言。
7. 要询问患者的想法，以澄清一些错误的概念。要让患者重复你给他讲的程序以确保他已明白，并对患者提出的问题以确定他是否真正理解。
8. 要提高倾听技能，积极、专心地倾听你的患者。
9. 要使用诸如握住患者的手之类的方式来表达你对他的关心和体贴。
10. 要注意你自己的形体语言，如何做事、走动、坐立、目光怎么看病人等。当病人向你诉说时，不应左顾右盼，而应凝神聆听，患者才能意识到自己被重视、被尊重。
11. 要控制你的非语言交流所传达的信息，使自己不要给患者带去消极的情感，因为最有力、最真实的信息是由非语言信息来表达和传递的。
12. 要观察患者的面部表情、姿势和体语以发现线索来了解患者的感受。
13. 要知道沉默有含义，它是一种语言，可以表达接受、拒绝、恐惧或需要安静及需要时间考虑等等。
14. 要保护病人的隐私，避免任何使患者感到难堪、丢面子的事情，避免交流中在你与患者之间制造隔阂的任何因素，如行话、术语、新技术及"忙不过来"等等。
15. 要说"对不起"，如果给你的患者带来不便（如等候），或你的所言所为有可能刺伤你的患者，哪怕是无意的[5]。

二、沟通技巧 15 "不要"

1. 不要因为知道疾病的基本过程，就理所当然地认为你了解患者的需求，否则你会给自己和患者帮倒忙。
2. 不要使用俚语和粗俗的词语。
3. 不要使用患者不熟悉的医学术语和词语。
4. 不要使用模棱两可、含糊不清、意思隐晦的词语。
5. 不要大喊、耳语、咕哝、嘟囔，以免交流无效。
6. 不要与患者发生口角，假如患者刺伤了你的自尊心，不要当着患者的面抗辩。
7. 不要为打消患者的焦虑而给他敷衍了事的安慰话，这样的反应会中断交流。
8. 不要让患者做事而又不告诉他为什么要做和如何做。
9. 除非临床需要，不要打听患者的隐私。

10. 不要说谎，哪怕圆场谎。
11. 不要当着探视者的面讨论他的病情。
12. 不要当着探视者的面，暴露患者的身体。
13. 不要使用任何体语或暗示，给患者传递消极的情绪。
14. 不要假装在听，这样会对患者所说的话做出不适应的反应。
15. 不要在患者面前，对治疗小组中的医务人员评头论足[6]。

三、倾听的艺术

常听大人这样教导小孩子：你如果不会说话，但你会不会不说话？前者可理解为沟通的技巧，后者可理解为倾听的艺术。

倾听是不容易做到的，据估计只有10%的人能在沟通过程中好好倾听。做一个有效的倾听者，应注意如下几个方面：

1. 准备花时间倾听对方的话
2. 学习如何在沟通过程中集中注意力
3. 不要打断对方的谈话
4. 不要急于判断
5. 注意非语言性沟通行为
6. 仔细体会"弦外音"，以了解对方的主要意思和真实内容

倾听有时可以是治疗性的，尤其是当患者处于紧张状态需要释放的时候。倾听时也可以做解决问题性的沟通，藉此能发现患者的问题，这样护士可回头思考解决方案，如果可能，当时解决。

第三节　应用沟通技巧　了解你的患者

一、认识你的患者，得出科学的护理诊断

对你的患者实施整体护理，首先需要得出科学的护理诊断，这是护患关系进一步发展的物质基础。

一个护士长曾说：我在1984年当护士的时候，病人的病史等都是我自己亲自去问，经常是晚上6点还下不了班。所以，我的护理病历写得是最好的。但现在，没有人去自己问，只是把医生病历的首页拿过来抄上了事。多数护士认为，实行整体护理，整天就是写病历，影响与病人的交流时间。要想解决这个问题，单靠减少病历的书写并不是一个好的办法，因为书写病历是一个深入了解患者的过程，期间还可以反思下一步的护理措施。

认识你的患者，首先要做出护理诊断。护理诊断是整体护理程序中的关键环节。目前临床护理诊断中存在的主要问题有：遗漏重要的护理诊断；诊断不确切的占8.55%；诊断出有心理和社会问题的仅占3.7%，这与疾病谱的改变是不相符的[7]。威胁人类健康的心、脑血管疾病、恶性肿瘤等疾病，除与生物、遗传因素有关外，不良生活习惯和行为方式以及不良社会环境等也是致病的重要因素。反过来，如果护士对心理和社会问题不能及时发现，或发现了也没有意识到要反映到护理诊断中，则必然影响护理效果。现实中的问题是护士能对这些有所反映，如在护理诊断中都能注意到"焦虑与恐惧"，但在后面具体的原因分析中未

能深入询问，对患者的了解也多停留在表面，这样便无法进行针对性的护理，因为每个患者都有不同的原因和症状。如，焦虑是正常人与病人、住院病人与非住院病人中都经常存在的一种症状，在我国已作为一种护理诊断，并且是最频繁出现的诊断之一。焦虑可通过许多不同的方式表现出来，焦躁不安、晕厥、倾向于责备他人、不断审视心中之事、过分关注自己、缺乏自信等被认为是焦虑的6个特征。由于产生焦虑的多方面原因，对焦虑的处理也必须从医疗、教育、心理治疗以及认知行为治疗等多管齐下[8]。整体护理强调的就是病人的个性化特征，焦虑也是如此表现，而且不同的文化背景和生活方式也使焦虑的症状存在相当大的差异性，因此，要求护士对你的患者有充分的了解，第一步先从接触病人、询问病史，了解他的生理和心理疾病入手。可见，单从焦虑这一最常见的护理诊断，就说明了解患者，不是泛泛地，而应该融入伦理学精神。

二、认识你自己

认识你的患者，得出他的护理诊断之后，在护理过程中会经常有不同的问题发生，有的是纯粹护理问题、医学问题，有的便夹杂有伦理问题。如何解决伦理问题，在绪论中已经详细介绍了方法，其中强调要了解你的患者的价值观。认识患者的价值观，是为了解决护理关系中的伦理学问题。如案例18就是在护士的帮助下，患者明确了自己的价值观，选择了生活优于治疗（化疗）的方式。

患者自己的价值观，经常需要护士帮助明确，但护士自己的价值观，由谁明确呢？案例19中的护士对患者避而远之，因为她非常反感这样的患者，觉得患者是个大坏蛋，好像给他治疗、护理是与之同流合污的事情。在这里，护士应该是了解患者的，但护士对自己的了解就显得不够，因为护士没有把自己的专业角色充分考虑在内。俗话说，"知己知彼，百战不殆"，这说明了解自己和对方的重要性。护士首先需要先了解自己，有时了解自己也不是件容易的事。

作为一个护士，了解自己，包括了解自己个人的价值观和专业的价值观。护士在进入工作岗位时，一般来说，已经形成自己的价值观了，通过职业化的过程，个人的价值观最后可能和职业的相同了，但也很有可能有不同之处。随着工作年限的增长，大部分人会发现如果能把社会和个人的价值观整合在一起，那将是非常完满的事情，也是件幸福的事情，即你喜欢做的和工作上应该做的是一致的！但事情并非都如此完满，需要科学地认识这个问题。因为人们需要社会的价值观以使自己感到得到社会的认同，但现在的人更需要个人的价值观以使自己与他人区别开来，有自己的个性。

（一）价值观的概念

1. 价值观和影响因素

价值观是一个人对客观的事实、意义和行为等的信念、态度。每个人都有自己的价值观，它在做选择时是非常重要的依据。

价值观有的属于非道德性的，有的属于道德性的。非道德性的价值观主要与个人的喜好和兴趣有关，不具备道德的本质，而道德性的价值观则表现为与他人利益会发生关系。在不影响他人利益的前提下，尽量满足病人非道德方面的要求。尊重道德方面的价值观是一个原则。

文化背景会影响个人的价值观。西方社会比较强调个人的自主决定，而亚洲的文化比较强调家庭的集体决定，对年长者的尊重及权威的服从较为重视。许多文化方面的价值观与宗教关系密切，医护人员要了解病人这方面的信息，在提供有效治疗护理的同时，给予病人和家属这方面充分的尊重。比如伊斯兰教，按教规，每天要做五次"礼拜"，还有"净身"。在诊查时，女病人还要由女医生予以检查，在不影响医疗的情况下，满足其信仰上的一些要求，对病人是有好处的。尤其是在护理涉外病人时，需要尊重病人的宗教和民族习惯，并把日常与病人接触而了解到的信息及时反映到医生那里。国外医院几乎都设有教堂供病人祈祷之用，并把此作为身心健康和治疗的一部分，这点是值得我们借鉴的。我国从大的范围看，有南方和北方之分，56个民族有的有严格的民族习俗和禁忌，从服装和饮食到生活等可能都与医院的管理和环境有冲突。尤其是在少数民族聚居的省份，更需要关注这些。比如云南省，有的少数民族对疼痛的耐受性较强，对疾病认识不足，乐观，但对休息和饮食等调理比较随便，故在护理时重视观察、加强巡视；有的少数民族熟悉汉语，知识阶层人数比例较高，自尊心理较突出，需要更充分地尊重他们的民族习惯。少数民族一般都很重感情，只要你与他们建立了信任关系，他们就会对你以诚相待，并积极配合医院和医护人员的工作[9]。

2. 专业价值观

专业的价值观，是专业团体所认同的本专业应具有的特质。如案例19中的护士对吸毒患者有着强烈的情绪反映，很难平静自己，这说明了护士个人的价值观和护理专业的价值观发生了冲突。当一个很珍爱生命的护士，在被期望配合医生做撤消病人的生命支持器的操作时，意味着价值观更大的冲突。另外，医护人员之间价值观可能冲突，医护人员与患者价值观存在冲突，患者和家属间价值观可能也存在冲突，甚至家属不同成员之间价值观也会冲突，这样使护士在做出专业护理判断时需要多方位地考虑。

在价值观相冲突时，是做决定比较难的时候。难在医护人员个人的道德和非道德的价值观的矛盾，个人价值观与专业价值观的矛盾等情况，以下的建议可作参考：
- 凡是符合专业伦理规范及病人福利的价值观应列入优先考虑；
- 选择最明显有利于专业伦理规范及病人福利的价值观；
- 受到决策影响最大的人其价值观应列入优先考虑[10]。

（二）价值观的组成

一个人的价值观是通过孩童时期父母的教育、学校的教育，社会或亚群体的文化、宗教背景等综合因素形成的。莱斯等三人（Raths，Harmin和Simon）认为，作为一个价值观，需满足如下条件：

1. 是在没有外界强迫的情况下的选择
2. 是从众多选择中挑选出来的
3. 是深思熟虑后的选择
4. 被赞许过，是自己珍爱的
5. 曾向他人说明过
6. 曾应用到自己的行动中
7. 在自己的一生中重复使用过[11]

关于此价值观的构成要素，要强调的是价值观是把信念应用到实践中，某个人单纯所持有的信念和态度、情感等不是价值观，关键因素是要在实践中应用过，这样才能成为完整的价值观。护士可通过把平时自己对某问题的看法按照这个步骤来反思一下，来发现并明确认识到自己的价值观，这样做的好处是能认识自己是在什么观念下和这些观念是如何指导自己的行动的，可以"内视"自己，分析自己，看自己是否在某个方面存在个人的价值观和专业价值观的不同，最后决定是否继续维持或修改自己的价值观。具体做法可通过是向自己提问，如：我喜欢做的 10 件事情是什么？我喜欢我自己的 10 个方面是什么？我不喜欢我自己的 10 个方面是什么？等等。

三、了解患者的价值观，完善自身的价值观

（一）明确意识并清楚归纳出自己的价值观

（二）认识病人的价值观

由于人的价值观可能随着生活情况的变化而变化，一个人的健康对一个人的价值观是能产生影响的，如一个视力不好的人可能会把"看见"的能力提高到很高的地位。所以，护士明确病人的价值观有如下的好处：帮助病人在疾病状态下审视患者自己的价值观，向病人提供关于疾病的一些信息，如果病人的价值目标不能实现时，帮助病人重新设定目标和达到此目标的对策等。可通过多种方式了解病人的价值观，如与病人非正式性的谈话，聊聊工作、家庭、宠物、嗜好、过去的成就、目标或财富等；通过病人的家属或朋友的介绍，会提供一些有意义的线索来了解病人；审阅病人以前的记录，也可以了解一些病人个人价值观的情况。

护士为了帮助病人明确自己的价值观，需要问病人一些问题，通过围绕构成价值观的 7 个要素来提问患者，继而总结出患者的价值观。在交谈过程中可运用第二节介绍的交流技巧，将会顺利准确地得出结论：

1．关于不同的选择，可通过询问"你已经想过其他的方式了？"来明确病人是否意识到所有可能的选择并已经想到了各种可能的后果。

2．关于检查选择的后果，可问"你这样做后能得到什么？""你预期这样做的利弊是什么？"

3．确实是否是自由的选择，可问"对这个决定你还有什么说的吗？""你还有什么其他的选择吗？"

4．确实患者对自己的选择是否感觉很好，可问"你觉得这个决定怎么样？"，如果发现病人选择后感到很不满意，可以这样问"有些人做了决定后感觉很好，有的则感到不好，你现在感觉怎么样？"

5．确定患者是否向他人明确过自己的选择，可问"这个决定你跟其他人（家属和朋友等）说了吗？"

6．确定以前是否付诸过行动，观察他是否将把决定付诸行动。

7．确实是否重复使用过，可问"你以前也这样做过吗？""你还会那样做吗？"

需要注意的是，护士不能诱导病人，应避免说"如果这样做可能会好些"或做出判断"这样做是不对的"等。只有当病人向护士询问时，护士才可以拿出自己的意见。

在对待价值观的问题上，护士需要持有这样的观念：护士必须对病人做有利于病人的道德的行为，不管护士和病人之间的价值观是否相同。护士不应只相信自己的价值观是正确的，而病人的是错误的，否则会影响护士和病人建立良好的护患关系。

（三）承认自己与患者价值观不同的现实，并接受它

如果病人的价值观和自己的不同，那么，承认病人价值观与自己的不同，并接受它，这是第三步。

（四）检视自己与专业价值观之间的差异

最后也要知道自己与其他职业人员的价值观或专业团体要求之间是否存在差异，即第四步。当然，最终目的是为了在认清自己的价值观的前提下，如何能形成与周围环境（职业）不矛盾的最适合自己的价值观。

作为护士，很可能在眼看着自己的病人与自己结束了护患关系，选择了并不延长生命的方式生活，如案例18，如果护士的价值观和患者不同，那么，这个护士无疑会很困惑，并影响自己的情绪和生活。这就是因为没有对自己和你的患者的价值观有充分的认识，而了解一个人，关键的是了解他的价值观。

一般情况下，护士与病人的价值观不同时，护士的义务是对病人提供必要的照护，尊重病人的人格和权利，护士不能、也没有权利把自己的价值观强加给病人。美国有法律规定，在护士的价值观和病人的不同时，在下面四种情况下，护士不能因为价值观的冲突而不为病人提供照护：如果护士不提供帮助，病人的情况将非常危急；护士的参与将直接与预防伤害有关；护士的照护将可能减轻对病人的伤害；病人从中得到的收益将大于对护士可能造成的伤害，没有形成对医务人员超过最低限度的风险。如对人工流产，如果这样与护士本人的价值观和宗教信仰等发生冲突时，美国多数州的法律允许护士找到能替换她的人来做。CNA（1997）中也有这方面的内容。我国对这方面还没有相应的规定。

第四节　防范和解决护患矛盾　维持护患关系结束后的友谊

案例20　一患者，女，24岁，在某医院门诊注射室打点滴。进行到一少半时，患者发现管内有个气泡，于是把针拔了下来，大声问护士这是怎么回事。护士长过来协调，她看了看针管，说这种情况没事，这种气泡一般不动，并问患者护士在开始注射时是否已经把气体排空了，患者说是。但患者对后来出现的气泡仍然不能理解。护士长说，既然这样，这就不是我们护士的原因，而是针管注射器的问题。患者说：就是你们为了吃回扣才进这样糟的注射器。护士长说：你凭什么说我们拿回扣？于是把厂家找来核实是否拿了回扣。结果否定了患者的说法。患者坚决要求免费重新注射，最后，患者的要求还是得到了满足。

一、责任护士要做好直面护患矛盾的心理准备

实施整体护理后，护患纠纷很可能会增加，对此，护士需要做好心理准备。责任护士在整体护理中的作用除了可以提高护理质量外，非常重要和实用的一点就是使患者心中有了依托，二者建立了完全实体性的护患关系。但由于沟通不够，或由于双方认识不一致，或其他原因，护患关系会出现不协调。以往也同样存在这种不协调，但由于没有责任护士，许多不协调便通过其他方式表现出来，现在，责任护士与患者是一对一的关系，患者在有不满意的情况，首先想到的可能是与责任护士理论一番，表现为护患纠纷非常有可能增加。

对病情的解释主要是医生的工作，护士对此也应给予足够的重视。以往的情况是，在诊治和护理过程中，患者往往急于知道自身病情如何，治疗效果如何，加之缺乏基础医学知识而紧张、焦虑，所以多询问医疗方面的信息，而护士往往脱口而出"我不知道"，或"问医生去"等生硬言语。这样患者必然会认为护士医疗知识及临床经验不足，专业知识不牢，不能及时准确地判断瞬息多变的病情变化，也不能准确观察病情的变化，于是使患者丧失安全

感，直接的结果是对护士丧失了信任。其实，这样也使护士自己失去了增加知识的机会。实行整体护理后，责任护士心中应有一种自觉的意识，要把患者的问题护理之外的事情也要弄清楚，可以与医生探讨，客观上既加强了医护的联系，也为进一步观察和护理病人打下好的基础。

另外，由于护士少，护士的工作强度大，病人得到的护理服务少，使患者自感不被重视，发生误解。现在有的医院也挂牌标明责任护士，但现实中还是与以往的功能制护理一样，患者必然有意见。

二、维护护患情感，防范护患纠纷

（一）明晰权利和义务

权利和义务是维持护患关系的基石。现实中存在的医患纠纷、护患纠纷多数不是人们行使和追求自己的权利造成的，而是侵犯了他人的权利或不尽自己的义务的结果。

权利未能实现的情况一般包括：权利人放弃权利；义务人未尽义务；一个人的权利与另一个人的权利发生冲突等。现实中护患纠纷、医患纠纷的发生也是这样，要么是权利人之间的权利发生冲突，要么义务人未尽义务。护患双方都有被尊重的权利，要求双方都尽义务，这是防范护理纠纷的关键。

案例20中并没有哪一方有明显的错误，不是护士没尽义务，也不是护士不尊重患者的隐私，也不是患者没尽患者的义务，但麻烦的是还存在纠纷，其实就是双方缺乏理解，没有互谅互让。现实中没有那么多因明显的护理事故而产生的纠纷，多数是各自站在自己的立场上，以各自的利益为重，主要就是过分维护各自的权利，而强调对方应尽义务所致。当然患者不应在没有证据的情况下说医院拿回扣的话，这样对护士非常不尊重；护士和护士长对患者的解释还可以做得更好，语言沟通方面还有些欠缺，没有让患者感到真诚。若都能设身处地地替对方想想，结果应该不一样。最终医院的做法还是比较好的。

（二）公正地解决矛盾

护士与患者的交往首先要以护士的"言而有信，行而有果"开始的。护士对患者提出的要求或答应患者的事情，没有办到的话应向患者予以解释，否则将产生不信任。维护护患之间的相互信任，不意味着一定没有产生过护患纠纷。发生了纠纷并不可怕，纠纷也是双方交往的一个方式，只要能公正地解决，不仅不会减弱护患信任和情感，还能增加彼此的了解。

要维护护患情感，不要借助于公正地解决纠纷，而应主要把注意力放在防范纠纷上。

三、维持护患关系结束后的友谊

护患关系的终末期是说再见的时期，护士应尽可能在完全结束护患关系之前就考虑到一些护患关系结束后可能发生的问题。传统上病人出院就意味着护患关系结束了，但随着护理的发展和人们需要的变化，在家庭中接受护理将变得普遍，即护患关系随着社区护理的开始而得到延续，维护护患之间在医院期间建立的护患信任和友谊将具有深远的意义。这里，要突破原来的护患关系三个分期的观念，重视护患关系结束后的友谊，不仅是出于护理领域的延伸而产生的需要，也是人际交往的正常继续。

《护理的科学、艺术和精神》一书中非常强调指导护士的四个原则：协助病人保持其个人的整体性；协助病人恢复正常的健康；预防病人再得病或再受伤害；协助病人出院后过有意义的生活[12]。后两个原则在今后护理工作中将起到越来越重要的作用，因为护士的工作延伸到了社区、家庭，客观上更需要护患之间的相互信任和深厚的情感。

---

[1] 唐凯麟 著．伦理学．北京：高等教育出版社，2001.248－249
[2] [苏]伊·谢·康 主编，王荫庭等 译．伦理学辞典．兰州：甘肃人民出版社，1983.447
[3] 张银霞等．医学伦理道德修养与护士的自我管理．护士进修杂志．1998，13（7）：16
[4] 徐习．展开你天使的微笑．实用护理杂志．1999，15（7）：59
[5] 刘玲，刘均娥．临床护理交流的原则和技巧．中华护理杂志．2001，36（11）：874
[6] 刘玲，刘均娥．临床护理交流的原则和技巧．中华护理杂志．2001，36（11）：875
[7] 罗艳华等．目前护理诊断中存在的问题与对策．中华医院管理杂志．2002，18（2）：121－122
[8] 华陵莉，王素芬．患者焦虑的评估及处理．实用护理杂志．1999，15（11）：179
[9] 宋建华等．不同民族文化背景病人的护理．中华护理杂志．1996，31（5）：285－287
[10] 尹裕君，林丽英，卢小珏等著．护理伦理概论．北京：科学技术文献出版社，1999.213
[11] Barbara Kozier, Glenora Erb, Kathleen Blais. Concepts and Issues in Nursing Practice, 2nd ed. Addison－Wesley Nursing, 1992.188
[12] 爱丽斯·普莱斯著，颜裕庭等译．护理的科学、艺术和精神．台湾：徐氏基金会出版，1975.20

第五章　护理行为实施过程中的伦理问题及分析（一）

第五章和第六章是通过提出临床特殊科室的护士在护理中容易遇到的伦理学问题，归纳出这些特殊科室的护理道德规范，分析讲授几个与特殊科室和特殊病人关系密切的伦理学基本范畴，最后给出案例分析的简要线索。

第一节　妇产科病人护理道德

案例21　医生J从产科的一个检查室出来，让值班护士B去说服R太太，让她有些理智。B要求J进一步解释，J说，R太太需要进行羊膜穿刺术来检查她的胎儿是否患唐氏综合征（蒙古征），R太太拒绝接受这项检查。R太太39岁，第一次怀孕。B决定和R太太谈一谈，她对R太太说她看起来非常沮丧，问她是否能帮什么忙，R太太说医生J要她做一项检查，看胎儿是否智力有障碍，且如果如此，则做堕胎手术。当B问R是否知道胎儿患唐氏症的感觉时，R说她将永远不会同意堕胎，她一直都想要一个孩子，且这将是她唯一的一次机会了，因此不准备放弃这次怀孕。B说羊膜穿刺术很安全，R说她已经做了决定。于是B建议她穿好衣服回家去。当医生J被告知病人的决定时，他说：我绝不愿意接生一个唐氏症的小孩！[1]

一、妇产科（包括计划生育）护理道德要求

（一）妇产科护理的一般特点

除妇产科的常规工作外，随着计划生育工作的开展和人类辅助生殖技术的应用，使妇产科工作的内容范围不断扩大。妇产科护士的工作不仅繁重，而且政策性强，有其特殊性。

首先，服务对象特殊。妇产科护理的对象既要面向病人（妇女、孕妇、产妇或母亲），又要兼顾到现在或将来对胎儿、新生儿的影响，注射和发药等不但要考虑对母亲的治疗作用和副作用，而且还要考虑到对胎儿和婴儿的利害关系。因为涉及两代人，关系到千家万户的幸福和民族的繁衍，更说明了护理工作的重要。

其次，护理与咨询并重。对患病的妇女和病理产科情况，既要重视疾病诊治和护理，也要重视生理性的护理。在搞好日常护理工作时，还要和医生一起积极开展妇女的保健咨询工作，帮助妇女正确认识对待自身的生理性和病理性问题，对正常妇女、孕妇的护理主要是做好咨询和各期保健，使他们在月经期、更年期、老年期不致诱发疾病，使正常孕妇在妊娠期不发生合并症，一旦发生病理情况能及时就医，得到恰当的诊治和护理。

最后，心理、躯体护理任务重。妇产科病人，因内分泌变化的影响，加之疾病、妊娠、手术等，会出现一些特有的心理变化。同时，妇产科的躯体护理也很重要，观察项目繁多。

（二）妇产科护理的道德要求

1. 细致观察，为母婴双方的利益着想

在妇产科诊疗和护理工作中，要观察的项目比较多，既要严密观察阴道出血及排出物，

又要观察呼吸、血压、脉搏等生命体征；既要观察孕妇的胎心、胎动、羊水、宫缩、产程进展，又要观察新生儿情况和产妇的恶露、出血、子宫恢复情况。变化快，反应要敏捷。护士要严格执行医嘱，不怕麻烦，观察仔细、全面又突出重点。

2. 尊重妇女的隐私

妇女（尤其是未婚妇女）对月经不正常、未婚先孕、性功能障碍、性传播疾病等会产生害羞心理，特别是未婚女性多以自责、羞愧、尴尬的心情来到医院做人工流产手术，害怕遇见熟人，害怕医护人员的训斥和嘲笑，有的未婚先孕者出于羞耻心理常出现掩饰行为，暗自忍受、对手术中出现不适不吭声，应予以重视，注意观察其表情、面色、脉搏的变化，尊重她们，做好心理护理，严格执行保密程序，以最大限度地保护病人的隐私。

3. 尊重妇女对避孕方式的知情选择

护士在对避孕环、药等的放取和埋植，人工流产、绝育和复通手术、不孕症的检查等诊治技术和措施方面，要配合医生进行护理，同时兼有宣传、指导和咨询的任务。如向育龄夫妻介绍、宣传各种避孕方法，向他们讲解性生理、性心理、性道德和性健康等方面的知识，使他们享有避孕方法的知情选择权，采取适宜的避孕措施，尽量减少人流和引产，实现生殖健康。现实中曾发生的乡级卫生院医生应乡长的要求为村里的育龄妇女都放避孕环的做法是对妇女知情选择权利的侵犯。

4. 不怕苦、不怕脏的工作责任感

妇产科，尤其是产科分娩时间没有规律性，加之妇产科急诊较多，工作任务重。产妇分娩时羊水、出血、粪便及产后恶露的观察，以及新生儿窒息时的口对口呼吸抢救等工作确实需要护士付出更多的不怕脏累的代价，需要较强的工作责任感才能胜任。

5. 同情、关心、体贴患者，做好心理护理

一对夫妇在只生育一个孩子的情况下，多数夫妇的心理是担心胎儿畸形。城市中对生男生女的问题并不十分看重，部分农村的妇女担心生女孩引起家庭不和。另外，由于多是初次妊娠，害怕分娩疼痛和发生意外的紧张、恐惧心理在所难免，不能强迫她们做不愿做的检查，要耐心解释说明以取得她们的同意和合作。

6. 对病人、家庭、社会的高度责任感

产科疾病有变化急剧的特点，如输卵管妊娠等，任何疏忽大意，犹豫拖延和处理不当，都会给母婴、家庭以及社会带来不良影响。护士应自觉地经常地意识到自己的工作对患者、家庭和社会的责任，以高度负责的敬业精神对待每一个病人，兢兢业业地做好护理工作，做好妇女和孕妇保健，做好围生期监护，按技术操作规程正规操作，确保母婴安全和家庭幸福。

二、生殖领域高新技术护理道德

目前而言，护士一般并不过多地介入生殖技术领域，但由于遗传学在医疗卫生方面的影响日益广泛，护士必须在这一领域中不断学习并积累经验。

（一）生殖技术的开展状况

生殖技术亦称人类辅助生殖技术（ART），是指运用医学技术和方法对配子、合子、胚胎进行人工操作，以达到受孕目的的技术，分为人工授精（AI）和体外受精—胚胎移植（IVF－ET）技术及其各种衍生技术。人工授精是指用人工方法将精液注入女性体内以取代性交途径使其妊娠的一种方法。根据精液来源不同，分为丈夫精液人工授精（AIH）和供精

人工授精（AID）。体外受精—胚胎移植技术及其各种衍生技术是指从女性体内取出卵子，在器皿内培养后，加入经技术处理的精子，待卵子受精后，继续培养，到形成早期胚胎时，再转移回子宫内着床、发育成胎儿直至分娩的技术。除这种俗称的试管婴儿，现在我国试管婴儿技术已经成功的有赠卵试管婴儿、冷冻胚胎试管婴儿、输卵管配子移植试管婴儿、单精子卵胞浆内显微注射试管婴儿，而且还可以使用胚胎着床前基因诊断技术。1985年4月，中国第一例试管婴儿诞生在台湾。1988年3月10日，中国大陆第一例试管婴儿诞生在北京大学第三医院。目前，全世界人工授精已生子女达100万以上，出生试管婴儿达25万以上。

（二）实施人类辅助生殖技术的伦理原则

2001年8月卫生部颁布实施了《人类辅助生殖技术管理办法》和《精子库管理办法》及附则。在附则中，有医护人员应遵循的伦理原则：

1. 知情同意的原则

对要求实施辅助生殖技术的夫妇，应让其了解实施该技术的程序，成功的可能性和风险以及接受随访的必要性，并签署知情同意书。对捐赠精子、卵子、胚胎者，应告知其有关权利和义务，如捐赠是无偿的、健康检查的必要性以及不能追问受者与出生后代的信息等，并签署知情同意书。

2. 实行技术准入，维护供受双方利益的原则

以卵子提供为例，护士在注射促性腺激素（HMG）注射时要注意，在治疗时严格执行医嘱，尽量做到准时、定量给药，因为HMG的剂量大小对卵泡发育起着至关重要的作用，护士在抽取药液时要做到剂量准确，不残留药液，HMG、FSH均为粉剂，在溶解时，应将稀释液沿着安瓿壁缓慢注入，防止泡沫产生，如已产生泡沫，需待泡沫消失后抽取，以免在排气过程中造成药液浪费。注射时应二侧臀部交替，防止注射区域发生硬结，影响疗效。超促排卵常见的并发症是卵巢过度刺激综合征，需严密观察，精心护理。

3. 后代利益和社会利益兼顾的原则

捐赠精子、卵子、胚胎者对出生的后代既没有任何权利，也不承担任何义务。遵照我国抚养—教育的原则，受方夫妇作为孩子的父母，承担孩子的抚养和教育。通过辅助生殖技术出生的孩子享有同正常孩子同样的权利和义务。为避免后代之间的近亲结婚，一个供精者的精子最多只能提供5名妇女受孕，且必须是来源于人类精子库，精液冷冻半年经复检合格后才能临床应用。不得实施非医学需要的性别选择，以免造成人口的性别比例失衡问题。

4. 互盲和保密的原则

凡是利用捐赠精子、卵子、胚胎实施的辅助生殖技术，捐赠者、供受方夫妇、参与操作的医护人员、精子库工作人员、出生的后代等涉及的人之间须保持互盲。医疗机构和医务人员对捐赠者和受者的有关信息应予保密。

5. 严防商品化的原则

应严格掌握实施辅助生殖技术的适应证，不能受经济利益驱动而应用于有可能自然生殖的夫妇。供精、供卵、供胚胎应以捐赠助人为目的，禁止买卖。但可给予捐赠者必要的误工、交通和医疗补助。对实施辅助生殖技术后剩余的胚胎，由胚胎所有者决定如何处理，但禁止买卖。

另外，对单身妇女是否实施辅助生殖技术、是否允许代孕技术等伦理难题，随着社会的发展和生育政策的改变等会有不同程度的改善。

与生殖领域关系密切的伦理学范畴主要有隐私、保密、自主、知情同意。隐私将在特殊

病人部分论证,计划生育门诊和生殖技术等领域,对妇女和家庭的隐私的保密是首要的伦理学问题。自主主要是针对避孕方式的选择,要经过知情同意等程序,否则是对妇女权利的侵犯。

三、案例分析

羊膜穿刺术是很普遍的检查子宫内胎儿的发展的技术,即穿过孕妇之腹壁取出羊水的外科手术,取出的羊水用来分析病症、遗传缺陷及胎儿的成熟情形。虽然这种手术对母亲和胎儿都有些危险,仍比分娩过程安全。

案例21不是发生在中国,如果发生在中国,病人完全可以下次不到医生J处生产就行了,而且中国正实行计划生育,父母最担心的就是胎儿是否畸形,如果畸形,非常想流产。故,由于国家文化背景不同,对案例的理解是非常不同的。本案例主要想说明的是孕妇的自主决定权,即护士和医生对与医护人员持不同价值观的病人的决定是否应接受的问题。关键的是护士如何通过交流,了解到孕妇真正的理智的观点,在确定之后,即便与自己和医生的不一致,也要尊重孕妇的决定。本案例中护士与孕妇的交流比医生成功,起码能从对方的价值观处入手,并以接受的心态来处理。

第二节 儿科病人护理道德

一、儿科护理道德

(一) 儿科护士的角色

儿科护理不仅要为患儿进行技术护理,而且需要心理护理和大量的生活护理。因患儿住院后有紧张、恐惧心理且生活不能自理,需要护士关心他们的心理活动、饮食起居、衣着冷暖、卫生和服药,注意他们的安全等。就像一个母亲或大姐姐那样关怀患儿,是典型的亲情式的护患关系。

儿科护士是患儿直接护理者,是患儿的代言人,也是家长的教育者,更是康复和预防的指导者。必要时还需担当协调者。作为儿科护士应该帮助患儿适应医院环境及接受各种治疗,教育家长如何观察患儿的病情,如何给患儿提供全面照顾和支持,使患儿更舒适。同时还必须通过教育手段,让家长理解在患儿出院后他们的责任及掌握相应的照顾技巧。发现患儿在营养、预防和心理健康方面存在问题之后,采取相应的护理措施,指导父母有关养育子女的方法,以预防可能遇到或潜在的问题。

(二) 儿科护理道德

1. 密切观察,医护配合

儿童处于生长发育的阶段,其免疫力比成人差,较易感染疾病,而且发病急、病情变化快,更由于孩子还不善于表达其自身的变化。因此,医护工作都有紧迫性,护士需要配合医生尽快地做出诊断,迅速地采取安全、有效的医护措施,以促进患儿的康复和防止并发症的发生。由于疾病的紧迫性和患儿病情变化不能主动呼唤医务人员的特点,要求儿科护士善于观察患儿的病情变化,特别是夜间值班不能麻痹大意。通过观察患儿的精神状态、体温、脉搏、呼吸以及吸吮能力、大小便性状、啼哭的声音等变化,了解病情变化的先兆和征兆,并对观察结果认真分析、做出判断,及时给医生提供病情变化的信息并共同采取处理措施,以免病情加重或因发现不及时而延误抢救。案例5中，正是因为护士的密切观察，才为及时提供给医生信息创造了条件，保证了孩子的安全。

2. 关爱孩子

孩子离开妈妈，大都恐惧、焦虑和不安，经常哭闹、拒食及不服药。如果可能，尽量安排母亲陪护。心理学家认为，人体间的接触和抚摸是婴儿天生的需求，有人把这种需求称为"皮肤饥饿"。儿童的皮肤饥饿现象，在家庭中可由父母的搂抱等方式满足。在医院里，护士对他们轻拍、抚摸及搂抱，可使其大脑的兴奋和抑制变得自然协调，产生如在母亲怀中的安全感。不同年龄的儿童个性差异极大，其心理特点也很不相同。因此，他们的心理状态只能从其言语和非言语行为（表情、目光、体态等）中仔细体会理解。护士只有爱孩子，才能切实地出于关心他们而观察到这一点。触摸和陪伴一般是最为有效的，因为儿童更需要这种非语言沟通。

3. 教育后代

护士一定要做到"言而有信"，切忌为了患儿一时的配合打针或服药而哄骗孩子，要以高度的责任感在对患儿认真观察、耐心护理的过程中，为孩子们提供力所能及的教育，并注意自己的一言一行对患儿道德品质形成的影响，如不哄骗、恐吓患儿，以免使其染上说谎、不诚实的习惯。总之，护士既要努力尽早使患儿痊愈，又要培养患儿良好的道德品质，即尽到治病育人的责任。

4. 尊重患儿

有人说，"好孩子都是夸出来的"，儿科护士对儿童要多加鼓励，不要训斥，保护儿童的自尊心，这对孩子的自信心的增强和勇敢都非常有益。

5. 协调与患儿父母的关系

我国当前现实生活中儿童大都是独生子女，一旦生病，父母格外紧张、焦虑。他们大都过分照顾，夸大病情，对医护人员提出过高要求，给护士带来很大的心理压力。所以，儿科的护患关系便显得更加复杂，护士要运用有效的沟通技巧，不断地与患儿及家长交流信息，全面了解患儿的生理、心理和生活环境情况。现代的儿科护理，不仅要挽救患儿的生命，同时还必须考虑到疾病的过程对儿童生理、心理及社会等方面发展的影响。所以护士对儿童的心理护理，实际上在很大程度上是对家属的心理支持。同样，家属的心理状态对患儿也有着直接影响。例如，父母对护士不满意可以变成患儿对护士的愤怒；父母亲的倾向性可以变为儿童的倾向性，如要某阿姨喂饭、不要某阿姨打针等等往往正是这样形成的。儿科护患关系在绝大部分程度上是护士与孩子家属之间的关系，这是特别需要注意的。

二、儿科护士也要关爱自身

有学者做过对儿科（32）和成人科护士（33）的问卷调查，采用临床症状自测量表，二组在总分、躯体化、强迫症状、人际关系敏感、忧郁、焦虑、敌对、恐怖方面等采用t检验，显示显著性差异。引起儿科护士以上不健康心身状态的主要原因是：病儿家长对护士要求高（87.5%）；工作烦琐、量大、劳累（81.3%）；患儿病情变化快（50.3%）；小儿护理难度大（50%）；环境嘈杂（43.8%）。儿科护士对不健康心身状态的应对方式：发脾气（59.4%），哭泣46.9%，娱乐（28%），学习（21.9%），……[2]。可想而知，发脾气既可能是冲着患儿、家属，也可能是冲自己的亲人，因此，调整自己既是对患者方面负责，也是对自己和周围人的健康负责。

造成这种结果的主要原因之一是护士的工作内容的复杂性,儿科素来被称为"哑科",护士面对的对象是不能表达或不能完全表达疾苦的幼儿及过于疼爱孩子的家长。由于儿科疾病起病急、发展快、病死率高等特点,决定了其在护理、治疗以及对护士的素质的要求等方面与成人科护士有较大的差异。儿科护士应激反应程度较成人科护士强烈。环境嘈杂,哭啼声不断,加上劳动强度高,不仅要为患儿进行技术护理,而且需要心理护理和大量的生活护理等,使儿科护士对同样的事情要付出 2 倍以上的精力。患儿家长情绪往往不稳定,心态偏激,小儿病情变化快,这些均可成为应激源对护士产生影响。人在应激源的刺激下,人的情绪、心理和生理等都会出现一系列的变化,影响人的内分泌功能和免疫功能。如果自己不善于排除困扰和减轻心理压力,这种消极的破坏性的情绪使护士心身都处于应激状态,久而久之会导致心身疾病,影响护理质量,也影响自己的身体健康。

对儿科护士所患疾病的调查发现,发病率高的前 3 位是经前期紧张综合征、神经衰弱、习惯性便秘。

可见,关爱自身,就是关爱孩子。

三、与儿科护理相关的伦理学范畴

在第五、六章中提到与某些科室、病人关系密切的伦理学范畴的目的主要是结合特殊科室、病人的实际情况,融伦理学概念与护理实践中。但不能因此而误解为在某科室后提到的伦理学范畴只与这部分病人的护理相关,事实上范畴作为非常基本的伦理学概念,存在于各部分,只是因为关系相对密切而分别安排在不同位置,如良心与儿科护士对病人的关爱、教育等相对密切,故放在这部分。

(一) 责任感

责任感见第四章的情感部分。

(二) 良心

1. 良心的概念

其实,良心就是个人对自己行为的道德责任感,在个体的道德生活中,起着一种特殊的自我控制和自我调节的作用。

良心和义务是密切相关的概念。人们在社会生活中,对他人和社会负有一定的道德责任,同样,人们在履行道德义务的过程中,也要这样那样的把应负的责任变为内心的道德感,形成自己的良心,从而自觉地调整自己的行为。这一点对儿科护士尤为重要。

良心在一个民族的所有个人中都应是相同或相似的。因为一个人是生活在社会关系中,对自己行为的满意与否与当时社会的风俗密切相关,因而慢慢地发展起自己对他人和社会的责任感和自我评价能力。良心的内容又是变化的,随着风俗变化而变化,不同民族又根据各自不同的特性和生活条件推进风俗。个人的良心的内容代表着现实的道德,代表着民族的客观道德,每个人的一生都反复地通过榜样和褒贬受到这一道德的灌输。风俗被看做一种社会本能,迫使一个特定的历史社会里的所有个人都实现倾向于保存个人和社会生活的行为。这一形式是普遍一致的,即有对更高的意志的认识,个体的意志感到自己内在地被这一意志束缚。良心从根本上说是风俗或客观道德在个人意识中的表现,他本质上是作为一种对偏离常规的特殊意志冲动的阻止物而存在并活动的[3]。父母和教育者的意志、祖先的意志、民族的意志都通过风俗对个人的意志发布命令,个人就把自己的行为跟这些标准比较,根据普遍的意志来调节他个人的意志,就出现了这样一些情感:在行动之前被经验为制止或推动的感情,在行为之后被经验为后悔或满足的感情[4]。这种意识的发展是经历一个从不自觉到自觉的过程。开始时可能表现为担心受到长辈或神的惩罚,后来体会到这种外在的要求的正确性,对个人和社会的有益性,于是在内心形成应当履行义务的责任感和依据客观要求评价自己行为正确与否的能力。

概括地说,良心就是人们在履行对他人和社会的义务的过程中形成的道德责任感和自我评价能力。它既是人的一种道德意识,即对所作所为的道德意义的理性认识,又是一种道德情感,表现为意识中强烈的责任感和一种情绪体验,如良心责备的情感,同时还代表着个人对规范自己行为的控制能力和意志品质,是一定的道德观念、道德情感、道德意志和道德信念在个人意识中的统一,即一个人的道德意识是统一的,有什么样的认识、情感,就有什么样的良心。

2. 良心的作用机制

现实中确实常见这样的现象:良心允许不同的人在同一情况下做出不同的行动,甚至同一个人在不同的时候也会发出不同的良心命令,每个人都说我是凭良心这样做的,但肯定存在某人的良心"大大地坏了"的情况,所以才能出现以上的事实。这个事实说明了一种很重要的理论问题,即良心是和伦理知识密切相关的。正如费尔巴哈曾说:"良心是从知识导源而来的,或者说与知识有密切的关系,但它不意味着一般的知识,而意味着特殊部类的知识,即那种与我们的道德行为、与我们的善或恶的心情和行为有关的知识"[5]。一个人的知识有对有错,要做到行为符合自己的良心,不仅要有伦理学知识,还要有意志,即对自身行为的控制力。前者是使自己在评价自己时能自我意识到什么是伦理学上对的和错的,后者是使自己真正做到按良心去做,不受良心的谴责和控制自己的能力。因此,伦理学的目的不仅仅是命令个人服从他的良心,而首先在于指导他的良心。以儿科护士为例,她可能在意识上仅认识到我在技术上不出错就阿弥陀佛了,至于教育孩子可不是我的职责,因此在情感上当然不能对自己的未履行此方面职责的行为而责备自己,更不用说在意志上控制自己朝这方面去努力了。

良心是最个人化、最主观的东西,但又是最普遍化、最客观化的外在义务的内化形式。但良心的作用机制确是复杂的,是个人理性的"精粹"的积淀,又包含人的意志,还包含非理性的直觉等,因此是个综合的概念。随着护士道德修养的提高,意味着护士在意识上提高了认识,在情感上对自己的不符合道德的行为予以谴责,在意志上控制自己的行为方向。

3. 良心的作用

良心的作用主要表现为:行为前,对道德主体起到鼓励(出于良心的行为)或禁止(违背良心的行为)的作用;在行为中,对主体起到监督作用,随时督促道德主体按照良心的要求去做;行为后,进行道德庭审,要么产生崇高的感觉,要么忏悔,这也是道德长久发挥作用的根本之所在。道德力量实际上的强大和久远都与良心密不可分。至于我们为什么应该这样做,不应该那样做,就是因为人总是向着完美的生活迈进,是内在良心的呼唤。对良心,可用这样的比喻:它就像一座灯塔,能指示行船者前进的方向,但无法控制其船的方向必须按这个方向行进。但是,行船者必须按照这个走,才能安稳地到达目的地。而愈能清楚、熟悉灯塔的指示,就愈能更快速、更安稳地到达目的地[6]。

第三节　老年病人护理道德

随着社会经济的发展和医学的进步，人类的寿命逐渐延长，老年人在人口中的比例也愈来愈大。一般来说，60岁和60岁以上的老年人口占总人口的10%或者65岁以上的老年人口占总人口的7%，就称为'老年型'国家或地区，一些发达国家已进入老龄化社会，我国上海、浙江、北京等13个省市也开始进入老龄化省市。老年人过去为社会做了很多有益的工作，而且晚年也继续为社会做贡献，因此，对老年病人护理的重要性，不仅在于他们年龄的特殊，而且在于社会在向老龄化进展。所有的生命都必须衰老！所以，关注老年病人的护理，同样是关注社会自身，也是关注我们自己不远的将来。

一、老年病人护理的道德要求

（一）老年病人的生理情况对护理道德提出了高的要求

老年人患高血压、冠心病、糖尿病等慢性非传染性疾病较多，患脑出血、脑动脉血栓、心肌梗死、肺心病、恶性肿瘤等危重疾病也较常见，而且多数老年人同时患几种疾病。同时，老年人病后恢复缓慢，常易留有各种后遗症，因此老年病人的护理任务重。另外，老年人听力下降、记忆力减退，患病后常常主诉不确切、回答病史含糊；老年人体温调节中枢功能降低、疼痛阈增强，患病后往往体温升高不明显、疼痛反应不敏感，从而造成症状和体征不典型；老年人免疫功能下降，患病后住院容易发生交叉感染；老年人的肾功能下降，患病后容易发生药物的蓄积中毒；老年人消化能力减弱，患病后住院对饮食营养要求更高；老年人的骨质疏松、行动迟缓，患病后更需要照护；老年人机体储备力降低，患病后住院对病房的温度适中要求高等等。以上都说明对老年病人的诊治、护理难度较大，对医护人员在技术和业务上要求更高，在护理道德上要求自然也高。

（二）老年病人的护理道德

1. 注重心理护理

老年人一般都有慢性或老化性疾病，所以当某种疾病较重而就医时，他们对病情估计多为悲观，心理上也突出表现为无价值感和孤独感。老年病人来院就诊或住院治疗，常常表现出精神过度紧张、瞻前顾后、忧郁、焦虑、惊恐不安等心理变化。加之，五官失灵、行动不便，心理上常表现出痛苦不堪的状态。在诊治、护理中，还经常向医护人员探问自己的病因、病情、用药以及手术的安全性，甚至喋喋不休地询问治疗、护理中出现的微小问题和预后情况。有的老年病人还怀疑诊断的正确性，向医护人员提出质疑；有的老年病人悲观失望，表现出沉默不语或拒绝治疗等等。以上都给心理护理提出了更高的要求，从某种意义上说，对老年病人的心理护理比躯体护理更重要。

要做好心理护理，需要切实了解老年病人的需求。有人做过调查，对护士和老年病人同时进行老年病人的需求调查，根据老年病人的需求程度，排在前面的主要有：安静舒适的病房环境、解除疼痛、疾病有关信息、良好的护患关系等。排在后面的为：减少探视、出院前进行有关性生活的指导、提供更多的生活护理、使用先进的药物和设备等。老人和护士观念上差异非常大，老人要求及时告诉病人疾病的诊断、告诉并解释所做检查的结果、及时告诉病人病情的变化或治疗的效果等，但护士主要从保护性医疗出发，担心不良的诊断和信息对病人造成打击，但病人对自己的病情还是非常迫切需要了解的[7]。这说明，护士要完成高质量的护理，仅从自己对老人的理解是不够的，要根据实际情况切实针对老人的需求予以护理。

2. 尊重

老年病人对尊重的要求非常高。老年人阅历深，知识和生活经验丰富，工作上有成就，在社会、家庭中有地位，因而自尊心较强。有的老年病人情感变得幼稚起来，甚至和小孩一样，为不顺心的小事而哭泣，为某处照顾不周而生气。他们突出的要求是被重视、受尊敬。因此，对老年病人的尊重是护士的重要品德。对他们的称呼须有尊敬之意，谈话要不怕麻烦，常谈谈他们的往事；听他们说话时要专心，回答询问要慢，声音要大些。老年病人一般都盼望亲人来访，护士要有意识地告诉家人多来看望，带些老人喜欢吃的东西等。除了日常意义的尊重，还有一点非常重要的就是让老年病人体会到自己是被其家人和社会需要的。还有，尊重老年病人，就需要尊重老年病人的自主性，只要他的视力、听力存在，哪怕不是全部，他们就不愿意依靠别人给他阅读或讲解；只要他安全不受到伤害，他更加愿意享受他个人的自由，但家人可能担心他没法照顾自己而总是试图"看管"他；他们的味觉和嗅觉还是非常敏感的，可通过花盆或其他有芳香的气味使他们心情愉快。

护士一般希望老年病人改掉一些护士认为不健康的生活习惯，但这可能引起老年病人的不快，因为这样做对老年病人很难，还是尽量帮助他们舒适即可，而不必改变已经成型的生活习惯——除非妨碍到治疗和他的健康。另外，老年人由于睡眠少，所以，经常很早就开始了他一天的生活，故各种护理也要配合得早一些。

3. 爱和被爱同样重要

老年人在基本需要方面，和其他人一样，需要被人爱和爱别人；需要别人的赏识；需要有自我成就的感觉；需要经济上的保障和需要一份工作。老人面临健康状况的减退、收入的减少、社会关系的减少、退休、好友逝去、丧偶等，特别需要亲戚和朋友的支持。现实中，由于老人缺乏自我谋生的能力，或由于成年子女不放心老人独自在家乡生活，他们经常需要离开多年居住的城市和朋友，到另一个陌生的地方与子女一起住。老年人适应新环境是较困难的，他不能去访问与他同龄的朋友，加上老年人与年轻人生活习惯不同，时尔会为子女的家庭带来不方便，因此更加觉得自己是不被需要的；而子女由于自己工作较忙，或仅出于对老人生活不放心和自己的责任而把老人接来，不能深入了解自己的爸爸妈妈，不明白为什么住得舒适，又不要他们尽任何义务，不必工作，反倒不快乐、不满足？对此，护士要理解老年病人，在护理中切忌显出匆忙的样子，这样会加重他的思想负担，认为自己是被讨厌的，是一个负担，不被人需要，不被人所爱。如果可能，可就此问题与老人的子女谈谈，可能效果比较好。

4. 耐心解释，细致照护

老年病人一般都有不同程度的健忘、耳聋和眼花，护士要勤快、细心、耐心、周到、不怕麻烦。可根据老年人的特点，在生活护理和医院设施方面做些改进，如在走廊上加扶手；房门不设门槛，或用斜坡代替门槛，以方便轮椅进出；灯开关安在 1~1.5 M 高度，便于老人触摸；配备标记鲜明的呼叫装置、便携式坐便器、活动餐桌等。

老人对疾病诊断和治疗等相关知识了解的需求是比较迫切的。但时间对老年人来说，过得很慢，所以，他们的动作也很慢，护士要多体谅这一点，和他们说话时，语速也要放慢，解释病情时要多重复两遍。对已存在认知功能减退的老人，交待的事情不宜过多，最好一件一件地办。为避免他们忘记，还要多提醒。某些特殊的事情，如第二天要做特殊检查，需要禁食、禁水、禁药等，可写成文字，放在明显处提示。

二、与老年病人护理有关的伦理学范畴和理论

（一）尊重

尊重是具有一定道德自觉的人才能产生的道德情感活动。尊重这一道德规律是在建立在认识道德发展必然性的基础之上产生的。因此，可以形成人的责任感，使人承担起做人的义务，同时也获得了自己的价值。自尊是尊重的另外一个方面，即指向自我的尊重。责任感要求人们对自己的活动负责，也就是要求人们自尊[8]。

（二）关怀和关怀理论

伦理学上的关怀和护理学上的照护意义几乎一样。关怀就是对他人、对自己的关心和照顾。关怀本身是一种善。这里主要介绍一种与关怀有关的伦理学理论。

关怀理论是20世纪末兴起的。从哲学上说，现在世界已进入后现代社会，对世界的看法（就是世界观）是：社会既不是有待挖掘的资源库，也不是一个避之不及的荒原，而是一个有待照料、关心、收获和爱护的大花园[9]。客观地说，我们今天所说的伦理学，其中的很多观点还停留在现代阶段。现代社会的哲学表现为对权利的强调（因为我国历史上对此比较忽视，现在的经济社会又要求对此予以重视）、个人主义的盛行和对环境的忽视等，这些已成为现代社会各种问题的根源。后现代社会中，人渐被看成是关系的存在，男人和女人的关系也是其中讨论的一个重要问题。女性主义作为重要的一个流派，现在成为一个备受关注的领域，其中的关怀和非暴力等观点在伦理和政治等领域已显出勃勃生机。吉利根（Gilligan）是女性主义的一个代表，她认为科尔伯格的观点（见第九章）与大部分妇女的想法并不一致。她认为男性更强调个人主义和自主性，这是以前的道德发展理论的核心。她的关怀伦理学认为，道德的发展经历三个阶段：关怀自己、关怀他人、关怀自己和他人。在第一阶段，人感到孤独、孤立，与他人没有联系，认为自己是最重要的，没有考虑到与他人的需要之间的矛盾。这一阶段的核心是生存，这一阶段的结束发生在当个人开始意识到这样做是自私的，也开始看到与他人的关系和联系的必要性。在第二阶段，个人承认以前行为的自私，开始理解关照与他人的关系的必要。关怀他人便产生了责任。责任的定义包括自我牺牲，"好"被认为是关怀他人。个人现在对关系的观点集中在不伤害他人，这决定了个人更大的责任和服从于他人的需要，不包括对自我需要的满足。此阶段的转变发生在当个人意识到这样会引起处理关系的困难，因为在关心自己和关心他人之间缺少平衡，于是进入了第三阶段。人们意识到需要在关怀自己和关怀他人之间找到平衡，一个人的关于责任的概念现在变成对自己和他人的共同的责任，因为如果那些人自己的需要若不能满足，就意味着他们还在忍受痛苦，不符合关怀的本质。

吉利根相信女性是从更全面的关心和关怀的视角理解道德，所以她们遇到的道德的问题与男性的是不同的。男性会考虑公正的就是正确的，而女性则考虑承担责任是正确的。吉利根认为一个人要在道德上成熟起来，需要两者的结合。公正的伦理学是基于平等的观念，每个人应该得到相同的对待。这种发展道路通常是男性的足迹。相反，关怀伦理学则基于非暴力的前提：每个人都不要受伤害，这是典型的女性的道德发展的足迹，而这也是历史上很少引起关注之处。就像不平等对不平等的关系的负面影响，严重的暴力对其中涉及的人的打击也是致命的，因此，这两种观点的融合，将会为人类的发展和更好地理解人与人之间的关系提供一个很好的视角。

不只是女性主义，就是一般的哲学也会有这样的认识。我们经常会看到这样的表述：你想要别人怎样待你，你就怎样待别人；冤冤相报，何时了？等等，这些句子都是表达这样的含义，即只要在社会中生存，就有人与人之间的交往，就会有各种可能的利益冲突，每个人的行为与他人的行为是交织在一起的，利益范围也交叉在一起。现代社会强调权利，这是社会进步的表现，它是社会从奴隶、封建社会发展到资本主义和社会主义人与人平等的社会标志之一。病人权利日益受到重视，有的国家已经出台了"病人权利法案"，这些都是平等的医患关系和护患关系的前提。社会在发展，观念在变革，如果每个人都过分主张自己的权利的结果就是冲突，甚至战争。斯宾诺莎曾说："仇恨被仇恨所提高，相反，却为爱所消除"[10]，即邪恶被善征服了。非暴力、关怀是所有社会、也是所有的伦理学所崇尚的。尤其是在医疗护理领域，女性是绝对的主要的群体，有着更完美的关怀他人的人性本质，若要把自己的注意力集中在小的利益冲突上，会使我们自己和病人的生活都处于难以忍受的地步。病人的利益是我们一切行动的出发点，遇到挑剔的病人，不只是个人的宽容和忍让，更是职业的关怀，是解决这类道德问题的灵丹妙药。而妇女无论是在对家庭中的老人还是孩子等关怀方面都正在承担着比男子多的责任。

对待老人、孩子、精神病人等弱势人群，护士用关爱的胸怀照顾这些患者，以关怀理论为指导，将使自己的行为变得更加有道德意识。

第四节　几种特殊病人的护理道德

案例22　一经性传播的HIV感染者，男，38岁，医生一直与他实行单线联系的家庭管理，患者请医生向他的妻子和家人保密，于是医生谎告其妻子，说她丈夫得了乙型肝炎，抽她的血是为了检查她是否感染上乙肝，其实是做HIV检查，结果为阴性。随后医生对患者进行了保健指导，他妻子每半年检查一次，均为阴性。但仍处于被感染的危险中[11]。

一、精神科病人护理道德

长期以来，由于人们对精神病病人的偏见，精神病病人社会地位低下，其合法权益经常受到侵害，而精神科护士对此尚未给予足够的重视，以致在精神科护理中潜伏了较多的道德和法律问题。精神病病人是弱势人群，但也是人，与正常的神智清楚的患者享有同样的权利，只不过由于其缺乏行为能力，因而没有能力真正地享有这些权利。也就是说，权利人人都有，但不是人人都有能力。精神病人因为其疾病的特殊性，更加需要人们尊重其隐私权，相应地医护人员负有替精神病患者保密的义务。容易引起误解的是医护人员经常认为精神病人完全没有能力行使知情同意权，这是错误的，因为对有的内容患者还是能理解的，即在有些情况下，精神病患者享有部分的有效的自主权。对特殊的医护措施及实验性临床治疗如果患者不能真正理解并做决定，必须征得他的监护人的知情同意。

医护人员在某些特殊情况下享有特殊干涉权，甚至实行强迫治疗或保护性约束。干涉的原则一是有利于病人，二是不伤害病人，三是有利于治疗或康复。

（一）精神病人护理道德要求

1. 严格操作规范，最大限度地保护病人的安全

精神科病房常有意外情况发生，要么精神病人打人了，要么被打了，值班护士应按时巡视病房，严守岗位职责。若没能及时发现自缢病人致其死亡，或因失职造成病人走失并在外

发生严重事故等，将被追究法律责任。由于查对不严或查对错误、交接班不清，以致打错针、发错药等失职行为，不仅护士自己要受到谴责，关键是病人的健康受到威胁。

2. 恪守慎独

对精神科病人的护理相当于无人监督，因为病人不被看做有能力保护自己和监督护士的人，他们自我保护意识差、反应迟钝、主诉不准确，所以，要求护士更高地要求自己，慎独是用在这个领域比较贴切的词。否则护士自己就认为为病人多护理一点，少护理一点都一样，反正病人又不知道，即便病人真的知道，也没有人相信他。从这点上看，精神病人非常值得同情。若没有职业责任感约束自己，会发生不认真执行消毒隔离制度和无菌技术操作规程的情况，而使病人发生严重感染，也极易造成交叉感染，严重者可发展为毒血症、脓毒血症、败血症致病人死亡。

3. 严禁泄露病人病情等隐私

对精神病病人症状的知情应限制在一定范围，因为病态表现的暴露可能使一些事后痊愈的病人产生严重的心理伤害。一些患躁狂症的女病人在发病期可有不正常的性行为，如果护士将此暴露出去，当患者清醒后知道此事，将产生难以面对他人的想法，甚至可能导致轻生等严重后果。

4. 约束措施要适当

护士约束病人，必须是出于控制病情的需要或出于保护病人本人的自残、伤人等，如果只是因为病人顶撞了护士或护士的无理要求被病人拒绝，或担心病人打人或伤害自己，便将其约束起来，显然属违反职业道德。如在约束过程中导致病人骨折或其他严重后果，属于技术事故。但若有主观上的故意企图，或在保护时报复殴打病人，则属严重的侵权行为。

5. 尊重病人

精神病人虽然是病人，但他们相当敏感，对不尊重他们的行为，他们还是能有所感觉，这样极不利于疾病的康复。

6. 创造良好的住院环境，使之尽快回归社会

现在许多精神病医院为稳定期的病人开展许多工娱疗法，是病人回归社会的一个过渡。

（二）与精神科有关的伦理学文献

与精神科有关的伦理学文献中，最重要文献是1977年第六届世界精神病学大会通过的《夏威夷宣言》。宣言特别强调，只要有可能，对治疗要取得病人的知情同意，而不是一般的同意；除非对自己或他人构成严重威胁，可以强迫治疗，但只要这个条件不存在，就必须释放病人；道德是医疗技术的绝对必要的组成部分，不只是重要的组成部分，在精神科中尤其是良心和慎独非常重要；由于公共的价值，可以透露病人的秘密，但要告诉病人秘密已泄露[12]。

另外，各国也有自己的规定，如，美国华盛顿州曾为精神病人特别制定"精神病人的权利"，其中规定：病人可以有自己的私人储藏空间、可以方便使用电话、可以购买一些小东西、除非挽救生命，否则不能随便对病人施行休克治疗或手术、除非法院判决病人没有能力处理自己的问题，否则应让病人处理自己的财产及与一些人签订契约等[13]。

二、艾滋病人护理道德

（一）艾滋病在我国的情况

艾滋病被称为20世纪超级瘟疫，在20世纪80年代末至90年代末的10年中夺走了数百

万人的生命。艾滋病在世界的情况,一是在非洲发病率依然高,二是在南亚和东南亚感染病毒的人数在迅速增长,我国正面临很大的挑战。除了静脉注射、性行为和母婴传播外,我国还有个特点是因为不安全的采血、回输血液等造成的,这是非常痛心的。我国的艾滋病病毒感染者人数据中国预防医学科学院初步预测,到 2000 年约为 10 万,艾滋病患者 2 万[14]。专家认为,中国面临艾滋病大面积流行的危险,如果不迅速采取有效措施,中国将成为世界上艾滋病感染人数最多的国家之一,艾滋病的流行将成为国家性灾难。有一句话说得非常好:中国正处在十字路口。

(二)艾滋病人护理道德

1. 加强血液制品等方面管理,减少更多的艾滋病人出现

在我国,非法卖血和因吸毒感染艾滋病是主要感染渠道,对有关方面进行严格管理不仅会减少艾滋病人,也会减少社会伦理问题。

2. 对艾滋病人和普通人群进行咨询与教育,公正对待艾滋病人

现在整个社会对艾滋病的了解还不够深入,一些群众对艾滋病患者抱有偏见甚至歧视的态度,认为只要得了艾滋病,就说明这个人有过不道德的性行为,是老天爷对他的惩罚。所以,要教育社会了解艾滋病的感染渠道,加强预防,更要教育社会,即便是通过性行为感染的疾病,医护人员眼中也应只有病人,不应掺杂其他观念甚至偏见。即护士个人的价值观和专业的价值观要分清。

从感染上艾滋病病毒到出现临床各种表现,这一段时间称为潜伏期。从艾滋病病毒感染到发病一般需要很长时间,因人而异,一般为 1~12 年,平均 6 年,医学界认为潜伏期长短与感染艾滋病病毒的剂量有关,经输血感染的剂量一般较大,所以潜伏期相对较短,而性接触感染艾滋病病毒的剂量较小,所以潜伏期相对较长。如前所述,在潜伏期的艾滋病病毒并未静止,而是在淋巴系统中进行一系列严重的、广泛的破坏,在艾滋病病毒感染尚未发病期间,不要持一种消极的观望态度,应该尽快采取措施,抓紧治疗,以阻断艾滋病病毒通过对 Th 淋巴细胞的侵袭而破坏免疫系统的过程,即开展早期或潜伏期治疗,对人类征服艾滋病魔无疑是十分有效的。

3. 关心艾滋病人,对他们提供心理支持

我国艾滋病的流行比西方国家晚,目前还是一个较新的领域,因此,护理 HIV 感染的病人是一项艰巨的任务。加上高度复杂的心理社会因素,使护理工作面临极大的困难,虽然护理的基本技巧没有大的区别,特殊之处在于消毒隔离与管理问题,由于消毒隔离没有现成的经验可借鉴。从艾滋病临床护理的实际情况来看,开始时医护人员如临大敌,似乎怎么隔离都不过分。消毒更严格,病人用物几乎能焚烧的都焚烧,其他一律高压消毒。这样会让病人感到自己像个瘟疫一样,心理上将更加孤独。随着广大人群对它的传播途径——即日常接触不会传播等知识的了解,目前的消毒隔离更实际和实用了。

"我站在现代化的城市里/却感觉不到阳光/也看不到希望/我站在人前销蚀得只剩下一团悲伤……"这是一位艾滋病患者创作的诗歌,表达了他们内心的孤独、无奈和悲哀。他们大多数本来已经一无所有了,不但要忍受贫穷和随时会失去生命的恐惧,还要在绝望中忍受歧视和冷漠,遭人白眼。对他们来说,孤独,比艾滋病毒更让他们恐惧。关爱艾滋病人,比治疗和护理更重要。

现在,在一些城市中发现的艾滋病患者的存活期都没超过三个月,与医院拒绝为患者治疗有关。这是非常严酷的现实。

4. 提高艾滋病人的生命质量

除了危重病人,艾滋病人可以一律收在普通病房。除对他们采血时谨慎防护外,不需要更多的隔离措施。目前,在艾滋病尚无特异性药物的情况下,减轻病人的身心痛苦,防止恶化,提高生存质量是非常重要的。艾滋病病程长,除对症治疗外,患者在病程中会遇到各种心理问题。大部分病人面对死亡、社会孤立、人们的歧视做出的反应是否认、愤怒、抑郁及自杀倾向等。不同病人有不同的心理问题,对行为偏激的病人要采取宽容、理解、不急不躁的态度,消减其对社会的敌视。家人和社会的支持不仅是社会伦理问题,而且密切关系到患者生命的长短,现实中不乏因缺乏社会和家人的理解和支持而在生存质量和数量上受到影响的例子。

5. 尊重艾滋病人作为病人的权利,保护他们的隐私

在临床护理中存在多重障碍。如,护士由于怕触动患者的隐私,在与病人交流沟通时顾虑重重,浮于表面化;我国对性的问题比较敏感,甚至是禁区,且护士多为年轻护士,对病人安全性行为指导多难于启齿。对于这种情况,需要护士自身改变自己的观念,以职业为重,克服自身的局限,因为艾滋病人作为病人享有与他人同样的权利,有权得到全方位的护理,这就要求护士从容面对患者,即便是涉及隐私或在教育过程中涉及生活的隐私方面时,都首先要做到自己对待这类问题平常化、客观化,才能达到护理效果。但因为职业的原因而了解到了患者的隐私,无论是从法律角度还是从职业道德角度都要严格保守秘密。

6. 注意职业保护

除了劳动法中对劳动者的保护权利外,护士在护理病人的过程中也要根据职业特点,加强自身的保护,因为护士的生命和患者的生命是同样重要的。只是因为职业的原因,从业人员有时需要冒职业风险,但其中要注意自我保护,这也是一项义务。护士实施护理时需穿隔离衣,戴一次性手套。当处理血液、体液及污染物品时必须戴手套,结束后和护理另一个病人之前必须洗手。操作前向病人做好解释,以取得合作,对不合作的病人或污染危险性较大的操作应由技术熟练的2人配合,操作尽量集中,严格规范,避免误伤自己。当进行侵入性治疗及护理时,如手术、穿刺、注射等,要注意对利器的处理,用过的利器必须放到特殊的容器中,在护理过程中要做到既保护病人又保护自己。送检的标本特殊标记,用过后经消毒处理后再弃掉[15]。

三、肿瘤病人护理道德

(一) 我国肿瘤病人的现状

有报道,每年我国有152万个新发癌病历,即每年有152万个家庭要面对这个问题[16],如何面对坏消息确实是很多家庭的问题。现在,临床上对恶性肿瘤的误诊率较高,客观上造成了不人道的结果,另外,肿瘤的治疗费用问题和止痛等问题,都是肿瘤病人和他的家庭面临的难题。

(二) 肿瘤病人护理道德

1. 解除和减轻肿瘤病人的疼痛问题是医护人员的首要义务

现实中仍然存在医生对病人的主诉不太相信,加上患者也认为:病了,疼痛是很正常的,所以一部分病人也认为应忍着,怨不得别人。即便现在在对肿瘤病人的止痛药物的使用上已不进行严格的控制,但病人和家属方面也不愿使用,担心成瘾的问题。我国临床上止痛药物的使用量远远低于世界平均水平,所以,医护人员和病人及家属需改变观念,对患者和家属进行相应的教育,这样才能提高病人的生命质量,切实减轻病人的生理上的痛苦。

2. 充分重视患者的精神和心理问题,多在精神上对患者予以鼓励

良好的护患关系和医患关系与病人的生命质量休戚相关,表现为医护人员将对病人的精神和心理产生坚强的支持。有的患者病愈后回来看医护人员时,会谈起当年的思想过程、心理变化,经常会特别提到医生护士的一两句鼓励的话,感慨对他们战胜疾病起到的重要作用。就像一位癌症患者所说的:必胜的信心、坚强的精神支柱和强烈的求生欲望是癌症的克星。但这需要良好的护患关系和医患关系这一前提。

3. 使病人对诊断、治疗、手术等知情,同时要注意保护

50年前,无论是东方还是西方,癌症的治疗效果都很差,因此许多医生都主张对病人的病情保密,直到病人临终前,才告知患的是癌症。现在观念渐渐转变了,主要得力于手术、放射和内科治疗的发展。现状多数医护人员主张除了特殊情况,一般可以将病情告诉病人,只是在程度上可以说得轻一些,这样更能得到患者的密切配合,克服治疗带来的痛苦,取得最好的疗效。但病人家属出于对病人的保护的心理一般都不让医生护士告诉病人病情的程度,因此,需要家属和医生护士密切配合。

4. 协助患者自主地选择治疗方案

如案例18所示,只要有可能,让患者选择治疗方案,是对患者自主性的尊重,也是患者对自己生活的重要决定。这样做的前提是患者对自己的疾病已经完全知情。虽然在疾病的诊断治疗中帮助患者行使知情同意权的经常以医师为中心,但护士因为和患者接触密切,对患者心理变化可能比医师发现得早,对患者的需求变化也能及早发现,如患者在入院之前和之后或在入院后的治疗中,需求都可能发生变化,既可能因为对自身疾病认识的增强,了解真正的预后,也可能对有些事情重新开始认识,如对生活质量的追求,或对与亲人相聚的珍惜或其他方面的认识重新开始,因此,护士在日常护理过程中也常成为患者行使知情同意权的中心,二者需要互补。准确的信息是选择的前提,护士不仅要在护理方面了解清楚患者的情况,对于医疗上的情况也要及时准确地了解,尤其是在病重、病情变化快的情况下,医生和护士要及时沟通,否则在对患者信息的提供上必然要出现差错,形成患者选择的障碍。

四、相关的伦理学范畴

(一) 隐私和保密

1. 概念

隐私和保密密切相关,病人有隐私权,相应地医护人员对病人负有保护隐私的义务,即保密。医学隐私可简单地理解为病人在就医过程中不愿让医疗领域之外的人知道的关于自身的一些信息。从大的范围看,隐私属于民法领域中的民事权利。对隐私权最常见的解释是不受他人干扰的权利、人的私生活不受侵犯或不得将人的私生活非法公开的权利。美国在这方面走得很远,早在1886年最高法院就提议应在宪法中加入此项权利。在很多法律制度中,隐私权都是未被完全承认的合法权益,如中国。

无论是对精神病人还是对艾滋病人,包括任何病人,隐私都是非常重要的内容。我国目前尚有保护性医疗传统,即医护人员认为不宜透露给患者的不良诊断、预后等医疗信息对病人保密,当然,门诊或病房医护人员的隐私和秘密也不应向患者透露。保密更重要的内容是为病人保密,包括病人的疾病史、各种特殊检查和化验报告、疾病的诊断名称、治疗方法等和病人不愿向外泄露的其他问题。作为医护人员首先要明确,病人的隐私并不是病人愿意告

诉你，而是因为治疗和护理的原因，为了生命健康这一病人更大的利益，而不得已放弃的，而且其中还有个默认的前提，即医护人员是我信任的人，他们不会把我的秘密泄露出去，这也是他们的一个法律义务。早在两千多年前的古希腊的《希波克拉底誓言》中，就有这样的话："凡我所闻，无论与业务有无关系，我将坚决保守秘密"。我国的陈实功甚至强调不能把病人的秘密告诉自己的配偶。"ICN等文件中对此更是强调："护士要保守病人个人秘密，在透露这些秘密时必须作出判断"，"护士应对信托给他们的病人个人情况保守秘密"。

2. 隐私的分类

隐私在卫生保健领域可包含三个方面的含义：身体方面的隐私（physical privacy）、信息方面的隐私（informational privacy）和决定方面的隐私（decisional privacy）。

在身体方面，完全的隐私与现代的医疗上要求是矛盾的，因为医疗上要求某个部位暴露、触摸、检查、手术等是不可避免的，患者为了得到健康需要牺牲一部分这方面的要求。但患者有权要求医务人员避免身体不必要的暴露或接触，尤其是对异性。

信息方面的隐私与秘密等相关，主要集中在医患关系中和医疗记录方面。它同样不可能是完全的，主要除外雇主、教育机构、社会安全人员、形式拘捕、公共利益等情况。

决定方面的隐私主要用于对与自己生命等有关的决定方面的自主性，如治疗方案的选择、终止治疗的决定等。

3. 保密的范围

关于医疗保密的范围，有时一对一的承诺比较困难。一般情况下，病人的诊疗信息不可能只是责任护士所独有，有的需要扩大到主管医生或医护小组成员，有的需要扩大到上级医生、护理主管、会诊医生或相关科室等。责任护士还要承担保护病人的责任，他不仅是病人诊护技术的直接实施者，更是病人利益的忠实代言人和保护者，对有关私生活的与诊治无关的内容对病人家属和医生都要保密，还要与有关医疗小组的成员沟通达成对病人守密的一致性，并对其他人进行监督[17]。

保密不是绝对的。20多年前，美国发生这样一个案例：一个有精神障碍的男性病人对他的心理医生说：他想杀死他原来的女朋友。而为患者保密是医生尤其是心理医生重要的职业道德的一个方面，所以，这个心理医生也在犹豫是否把这个秘密告诉他原来的女朋友。结果这个病人果真杀死了他原来的女朋友。这说明了保密的范围和内容并不是绝对的。

一般来说，在以下几种情况下，可以不保密：在获得病人的知情同意之后；医学上认为没有向病人征求同意的必要，即解密是为了病人疾病的进一步诊治护理（但还是要告知病人）或为了病人的生命（如病人有自杀倾向）；当法律程序需要病人的资料，或医生和护士有高于替病人保密的社会责任，如医生必须根据《传染病防治法》向相关部门报告，并对与病人密切接触的其他人也有让之检查的义务。

案例22的情况比较棘手，医生为患者保密了，但对患者的配偶却有失公平。案例中医生的做法代表了现实中大部分医护人员的做法。卫生部1999年4月下发了《关于对艾滋病病毒感染者和艾滋病病人的管理意见》，其中规定："经确认的阳性结果原则上通知受检者本人及其配偶或家属。通知的时机和方式，由当地卫生行政部门决定"[18]。

4. 保密的作用

保密的主要作用在于给每个人以尽量大的自由的空间。在医疗领域，能否为你的病人保密，在很大程度上决定了护患关系是否能建立长久和深厚的信任关系。只有为病人保密，病人才能把与疾病有关的隐私告诉医护人员，医护人员才能更好地履行职业义务。客观上，也能减少不必要的护患纠纷。

（二）慎独

《中庸》首章标示：天命之谓性，率性之谓道，修道之谓教。道也者，不可须臾离者也；可离、非道也。是故君子戒慎乎其所不睹，恐惧乎其所不闻。莫见乎隐，莫显乎微，故君子慎其独也。

"慎独"是指护士在个人独处的时候，仍自觉地坚持护理道德信念，恪守护理道德规范。慎独其实在整个护理过程都是非常重要的伦理学概念，这是由护理工作的特点决定的。因为护理工作绝大多数是个体的单独工作，操作中少洗1次手、少消1遍毒、剂量不准等，在药物治疗和护理中，用药是否恰当，操作是否规范，观察宣教是否精心等，别人是很难监督的，我们国家没有"督导"这个职位，即便有，一个督导也不可能同时督导多个护士，况且每个人的工作都是一样的烦琐，根本没有时间去看别人做得如何。

慎独是护理伦理学中的"他律"向"自律"转化的最典型的例证。到了自律阶段，护士的行为就是自觉的，对本职工作的责任有了更深的理解。如对严重的精神科病人来说，给药护士少给一次药或少打一针等是根本无人知道的，只有护士用自己的良知来指导自己[19]。

精神科更应严格执行查对制度，因为精神药物毒性剧烈，错服后果严重，尤其年老体弱者，一、两片氯氮平便可能致死。在对精神病人的护理中，护士更要在头脑中时刻加强这个概念的含义。

慎独也代表道德修养的境界，关键是打消一切侥幸、省事的念头，特别是当工作平淡而产生厌烦时，或工作繁忙劳累时，通过磨炼意志，养成习惯，最后就能真正做到慎独。

（三）公正

公正具体的含义可见第七章护理伦理学原则部分。

对艾滋病人的歧视，不公正，主要源于对它的不认识。对于艾滋病这一威胁人类健康的恶性的传染病，我们既不能低估其危害，也不应谈虎色变，人人自危。只要我们掌握了艾滋病的有关知识，我们就可以预防它。对于一旦感染了艾滋病病毒的人，我们应关心他，因为他们是艾滋病的受害者，不应歧视，惧而远之，社会有义务为其治疗提供服务，帮助、鼓励、宽容艾滋病病人，坚定信心，向病魔做斗争。

公正也应是相互的，作为艾滋病人，当经医院检查或艾滋病监测机构检验确系艾滋病抗体阳性时，首先，不要悲观与恐慌，背上沉重的包袱，否则延误治疗；更不要自暴自弃，抓紧时间尽情享乐，甚至进行一些犯罪活动。近来发生的艾滋病人对他人的蓄意伤害，主要由于其怨恨心理，而采取报复行为，或采取滥交性伙伴，主动把病毒传染给别人。这样不但延误了自己的诊治，而且更严重的是，这也是犯罪行为。

---

[1] 庄英瑜，方秋萍 编译．护理伦理．台湾：南山堂出版社发行，1983．55
[2] 吴兰华等．儿科病房护士心身健康状态的调查分析．实用护理杂志．2002，18（2）：64-65
[3] ［德］弗里德里希·包尔生 著，何怀宏，廖申白 译．伦理学体系．北京：中国社会科学出版社，1997．315
[4] ［德］弗里德里希·包尔生 著，何怀宏，廖申白 译．伦理学体系．北京：中国社会科学出版社，1997．311
[5] 王海明．新伦理学．北京：商务印书馆，2001．561
[6] 萧宏恩 编著．护理伦理新论．台湾：五南图书出版有限公司，1999.27

［7］孙玉梅等．老年住院病人的需求：护士与病人的观点比较．中华护理杂志．1998, 33（4）：195－197
［8］唐凯麟 编著．伦理学．北京：高等教育出版社, 2001.251－252
［9］［美］大卫·雷·格里芬 编, 王成兵 译．后现代精神．北京：中央编译出版社, 1998.10
［10］［德］弗里德里希·包尔生著, 何怀宏, 廖申白 译．伦理学体系．北京：中国社会科学出版社, 1997. 534－535
［11］王世一．艾滋病防治工作中的几个伦理难题及其对策．见：第十一届医学伦理学年会论文集, 2001. 336
［12］张鸿铸, 何兆雄, 迟连庄 主编．中外医德规范通览．天津：天津古籍出版社, 2000.1086－1088
［13］卢美秀 编著．护理伦理学．台湾：汇华图书出版有限公司, 1993.192
［14］邱仁宗 著．艾滋病、性和伦理学．北京：首都师范大学出版社, 1999.18
［15］陈征．艾滋病的护理对策．实用护理杂志．2000, 16（9）：54－55
［16］顾晋．如何告诉病人坏消息．健康报, 2000.10.25
［17］施卫星等．护士应如何看待病人的隐私权．中华护理杂志．2001, 36（4）：312－314
［18］卫生部文件附件．关于对艾滋病病毒感染者和艾滋病病人的管理意见．中国性病艾滋病防治．1999, 5：135－136
［19］吕利明．浅谈护士在药物治疗与护理中的慎独精神．实用护理杂志．2000, 16（4）：49

其他参考文献

1. 卢启华主编．医学伦理学．武汉：华中理工大学出版社, 1999
2. 计划生育技术服务管理条例, 北京：中国人口出版社, 2001
3. 健康报 2001 年 3 月 6 日第 3 版
4. 卫生部文件 卫科教发（2001）143 号
5. 朱延力主编．儿科护理学．北京：人民卫生出版社, 2001
6. 李本富主编．护理伦理学．北京：科学出版社, 2000

第六章 护理行为实施过程中的伦理问题及分析（二）

第一节 手术病人的护理道德

案例 23 "字字重如泰山"

某医院病房内，李先生瞅着父亲瘦削苍白的面庞，忧心忡忡。而面前的两张纸，更让一家兄弟姐妹五六个人表情发呆。一张是手术同意卡，另一张是麻醉同意书。两张纸上罗列的是手术可能出现意外的文字，就像一座座大山，堵在他们的胸口：

手术危险性：1.麻醉意外；2.DIC（大出血）；3.休克；4.病情特殊手术中断；5.重大脏器衰竭；6.术野变异粘连剥离损伤周围组织；7.昏迷；8.死亡。

术后并发症、后遗症：1.全身感染中毒；2.局部感染；3.瘘症；4.组织粘连引起的合并症；5.水电解质平衡失调；6.昏迷（植物人）；7.DIC（大出血）；8.休克，衰竭；9.功能丧失（障碍）；10.死亡。

麻醉可能发生的情况：1.麻醉意外（喉痉挛、误吸、对麻醉的特异反应、呼吸抑制心跳骤停、全脊椎麻醉、截瘫等）；2.麻醉中合并症（呛咳、误吸、喉及支气管痉挛、脊髓及神经根损伤、低血压、脑水肿、肺水肿等）；3.麻醉后合并症（声门、喉水肿、声音嘶哑、感觉异常、硬膜外血肿、脓肿等）；4.体外循环（灌注肺、心脑肾微栓DIC、AV穿刺后并发症）；5.其他。

虽然这20多种意外要选项填写，甚至连一种也不会发生，可还没有看完，两位姐姐已经哭出了声，因为大家的心情都一样，出现任何一种意外都令他们难以承受。其实父亲仅仅是患有阑尾炎。医生在忙活了一阵之后，告诉他如果愿意在此继续治疗，就需要在手术同意卡和麻醉同意书上签字。"那个时候我的心里复杂极了。平时在单位经常签字拍板定案，可那时候只觉得自己太无能了……"就在李先生左右徘徊之际，责任护士走过来告诉他医生又催促了，问他到底怎么办。商量了十几分钟后，大家终于同意在这家医院继续就诊。问及谁签字时，大家一个个左顾右盼，谁也不敢轻易回答。"我想，大家的心情都一样，这个任务的确是太重了。因为我在外面工作，最后哥哥姐姐们还是推举我签字。可是我知道这是决定父亲生命的协议书，签上了就要对治疗过程中出现的意外负责任，可不签又不行。当时真是字字重如泰山！"[1]

病人在决定是否做手术以及决定手术后对手术过程和风险等信息的了解方面，都主要涉及知情同意问题，但恰恰在知情同意问题方面，护士没有多少工作被要求做，而且关键是多数护士在心理上也觉得没有什么可做的，认为这完全是医生的权利范围，医生说怎么治疗，我们护士就在相应的治疗方面进行配合，具体实施治疗措施和护理措施。就像医生管不到怎么对病人进行护理一样，在决定如何治疗方面护士是没有发言权的。所以，主要是护士自己认为在医学知识上不足以怀疑医生的处置方案，她们会问：我们凭什么说医生决定的治疗方案是不对的？或，我们怎么知道医生对病人的解释不充分？但是，护士要想做好护理，不了解相应的医学知识是不可能完成高质量的护理的。即便不从这个角度说护士应该增加医学知识（不是说护士也能当医生，能做诊断、鉴别诊断，而是说，护士对医生的结论要能比较彻底地理解），仅从护士应对病人和家属负责，护士凭借自身在医疗和护理方面比患者和家属知识丰富，应该在是否手术和手术风险等方面信息的知情同意中协助医生，使病人和家属做到真正的知情同意，即信息的真正的充分的告知和患方的真正的理解和同意。如果护士有把握证明患方在其中的任何一个环节没有享有充分的知情同意，那么护士有责任首先采取与医生沟通的方式，改进工作。案例 14 中护士的做法不是最完美的，但仍是符合伦理的，虽然没有先与医生沟通，但以医生未尽到对患者知情同意的责任为前提，即常规上护士会认为医生已经解释过了有关信息。但比较棘手的问题是在与医生沟通后，医生不能充分证明他的做法是符合伦理的，这时护士该如何做？这确实是比较难以回答的，需要在具体案例中讨论，并得出当时的具体的结论。

下面针对手术过程的不同时期来看护士在对手术病人的照护中的道德要求。

一、普通手术的护理道德要求

（一）手术前的护理道德要求

1. 对选择手术方案要真正理解，并认同

相对于药物等治疗方式，手术治疗具有必然的损伤性的特点，给患者诸如疤痕、疼痛、功能减退、器官缺损、形体变异等变化，加上一些意外或失误等风险，使医护人员在做是否手术的决定时要慎重、客观、科学。要求医方全面权衡，充分比较手术治疗与保守治疗之间、创伤代价与治疗效果之间的利弊，以及病人对手术的耐受程度、病人的期望等，在此基础上，确定手术治疗在当时条件下是相对"最佳"方案。这不只是医生要做的事，护士对此也要予以充分的认同，目的是协助医生做好病人知情同意的工作。试想，护士若不能认同手术对病人是最佳的选择，护士如何协助医生做病人知情同意的工作？否则护士自己在心理上会觉得我们医护人员在欺骗病人。

2. 确保病人对手术本身的利弊做到知情同意

案例 23 在知情同意方面有很大的代表性，严格地说，案例中的医生和护士的做法没有什么明显的不妥之处，但患者家属确犹如经历了一场严峻的考验，吓得差点精神崩溃，这之间总有一些含混的障碍，其实就是知情同意在具体做时没有做到最好。

《中华人民共和国执业医师法》第二十六条规定："医师应当如实向患者或家属介绍病情，但应注意避免对患者产生不利后果。"《医疗机构管理条例》第三十三条规定"医疗机构施行手术、特殊检查或者特殊治疗时，必须征得患者同意，并应当取得其家属或者关系人同意并签字；无法取得患者意见时，应当取得家属或者关系人同意并签字；无法取得患者意见又无家属或者关系人在场，或者遇到其他特殊情况时，经治医师应当提出医疗处置方案，在取得医疗机构负责人或者被授权负责人员的批准后实施。"《医院工作制度》中也有明确要求"实行手术前必须由病员家属、或单位签字同意（体表手术可以不签字），紧急手术来不及征求家属或机关同意时，可由主治医师签字，经科主任或院长、业务副院长批准执行。"这些都说明无论是从制度上还是伦理上，知情同意的必要性。

案例 23 中的手术同意书，是知情同意的客观形式，表现为一种文件式的东西。医生（这里护士不是主要角色）要客观全面地向患方介绍手术的方式、手术创伤、风险大小、可能发生的不良情况或意外等，并让患方充分理解，从案例中没有看出医生所做的客观的解释，只是出示了可能的意外，由于项目繁多，家属缺乏医学知识，对此难以平静地面对和理解，就像患者的两个女儿，还没等读完同意书就已经哭出声来。手术和麻醉确实存在意外的可能，这点是需要告知家属，但不能否定的是现实中普遍存在的医院夸大手术的"风险性"、"并发症和后遗症"、"麻醉意外的可能"等情况，目的无非是想万一发生了因为院方的原因而导致的手术的失误时，可以推脱部分或全部责任。医生如果能站在患方角度考虑，试想，病人及其家属对医务人员的信任以及对手术风险、意外、创伤的认可和承担本身就是对医院的最大信任，只要医护人员在手术中完全按照操作规程去做，即便病人因为意外事故或并发症或疾病本身不能耐受等原因而导致手术未能成功，家属也能理解。即便家属不理解，把院方告上法庭，在有充分的事实依据的情况下，院方也不能败诉，所以，没有过分夸大风险的必要。否则患者家属作为弱势者一方，有不得已给手术签字的成分，而这本身不能说明手术签字的真正的同意，前提是对手术的知情也不是真正的知情。

虽然知情同意主要是医生的工作，但护士的责任也不应只停留在对患者家属的催促上，还是应把工作重点放在做些力所能及的解释工作上。要认识到知情同意不仅是签署同意书，更是一个过程，需要详细的解释说明。

3. 帮助病人做好术前的心理和生理准备

病人在决定做手术后到进手术室之前，病房护士（主要是责任护士）在协助医生做好病人对手术的心理准备方面还是有大量工作可做的。这一点与第二章手术室护士对病人的术前访视是一致的，而且由于病房责任护士与病人的关系更加密切，在帮助病人做好术前心理准备方面更应该做好。客观地说，此工作的分工主要应由责任护士完成。

4. 协调多方关系，确保手术前期的顺利

因为手术需要手术医生（一般是本外系科室对病人直接负责的医生）、麻醉医生和手术室护士多方共同协作完成的，病人的责任护士不仅要协调手术本身的管理方面的医疗各系统之间的业务关系，更需要协调手术医生、麻醉医生、手术室护士等医护人员与病人及其家属之间的人际关系。

（二）手术中的护理道德要求

如果说手术前的护理道德要求主要由病人的病房责任护士来实行的话，手术中的护理道德要求主要由手术室的护士来承担。只是中间有个交接过程，表现为术前手术室护士来接病人并取走病人的病历，手术结束把病人送到病房，与病人的责任护士交代必要的情况等方面。

具体的道德要求可见第二章手术室护士部分。

（三）术后护理道德要求

手术做完了，但对病人来说，远不是治疗护理的结束，术后的护理占有非常重要的地位。俗话说：行百里者半九十，意思是说，越到后面越关键。试想，手术结束了，患者因为术后护理未跟上，发生了感染等情况，丧失的不只是术前和术中大量的努力，更是病人自身的生命健康。

1. 注意对病人进行心理护理

希望了解"手术是否成功"是患者术后心理的最大需求，这是40.1％患者在术毕回到病房后的普遍心理[2]。术后病人平静下来之后，大都出现抑郁反应，主要表现是不愿说话、不愿活动、易激惹、食欲不振及睡眠不佳等。要帮助病人克服抑郁反应，需要准确地分析病人的性格、气质和心理特点，注意他们不多的言语涵义，主动关心和体贴他们。

2．严格监护，减轻痛苦

对于术后病人、尤其是大手术和全麻尚未苏醒的病人，必须严格监护，护士要主动进行术后的病情观察，如严格检测体温、呼吸、脉搏、血压等生命指征，认真监护引流管、呼吸器、起搏器等特殊装置，这样既可保证医护前期所有的努力成果，也是病人术后康复的必要前提。

术后3日病人最需要的是解除疼痛，31.6%患者在术后1~3天把"及时解除疼痛与不适"放在需求的首位[3]。因此，医生护士都应体察和理解病人的心情，勤于护理，从每个具体环节来减轻病人的疼痛。

3．帮助病人自我康复

促进功能恢复是手术3日后的另一主要需求。一个称职的护士并不是为病人做所有的护理，而是帮助病人能做到自我护理。

4．做好出院的心理和知识准备

出院时患者想知道有关康复的知识、日常的注意事项，包括药物服用中的注意事项、身体锻炼中的注意事项等。这是良好的护患关系的结束方式，也是护患关系结束后友谊的开始。

二、整形外科的特殊护理道德要求

上面所说的主要是针对普通外科的情况。现在，随着人们生活水平和注重生活质量的意识的提高，整形外科和相应的护理也越来越多地步入人们的生活中，因此有必要简要提及这种特殊的护理道德要求。

整形外科是外科的一个分支，包括再造整形外科和美容整形外科。前者是应用组织移植改变先天缺陷或后天畸形，以达到恢复正常外形和功能的一门外科科学；后者是对没有功能障碍，使外貌体形更加美好的外科科学。美容整形外科的服务范围集中在面部和形体，例如，重睑、薄唇、植眉、修眉、纹眉、除斑、除皱、酒窝再造、隆鼻、腹部去脂、头发移植、扇风耳矫正等。

整形外科不同于一般外科，整形外科护理除了遵循一般护理道德要求外，还应注意整形外科护理的特殊要求。在功能的重建与外形的恢复有时不能同时兼顾时，应该首先考虑功能的恢复。由于先天性畸形的最佳手术年龄的选择，以及年轻人对人体美的追求，整形外科的服务对象多是青少年，这些病人均不同程度地存在心理问题，往往自卑、孤独、苦恼、敏感、多疑等，他们热切通过手术达到或接近正常人，因此，对于整形外科的手术护理，要求护士一定加强进行心理护理，减轻病人的心理障碍，满足病人的心理需要。由于整形外科的目的不是治疗疾病、恢复健康、挽救生命，而是维护功能、外形恢复，尤其美容外科是为了增强美感，是现代外科医学超出人类医学的基本目的的"额外"服务，这就决定整形外科、尤其是美容整形外科更多的是人们对医学界的"额外"要求，再加上目前整形外科的技术有待提高，就要求整形外科及其护理更应该注重对服务对象进行知情同意。要客观、详细地告知服务对象手术的风险、效果、费用、成功率等情况，让他们自主地同意，并签署手术协议，坚决避免为了招揽病人，而夸大手术效果、漫天要价等对病人不负责的现象。

第二节 护理科研道德

案例24 患者ＸＸ，女，9岁，因急性化脓性扁桃体炎收入某医院儿科，当时高烧39.5度，经静脉点滴青霉素后，次日体温下降，第四日体温已正常。该科某研究生为完成科研课题，需做正常儿童的神经系统电生理检查（无创性），故选此儿童为受试者。受试后次日，家属探视时发现孩子头顶部皮肤有3个直径约2mm的圆形丘疹样红斑，了解事情经过后对医院提出异议[4]。

案例25 20世纪50至70年代，纽约大学的一个科研小组在Willowbrook州立学校，——专门收留严重智力障碍的机构，进行肝炎病毒的研究。研究对象是刚收进来的被感染病毒的儿童。由于州立学校过分拥挤和长期缺乏资金，孩子们被感染流行疾病的比例很高。S·K作为此校传染病的顾问，希望通过研制一种疫苗对肝炎的流行予以控制。他相信大部分新收入的孩子都将发展成肝炎，于是他的研究小组决定研究肝炎的传播方式、结果和肝炎发展的自然的病史。此小组提供了一个特殊的环境，这里参加实验的孩子将被保护免受学校中其他传染病的感染。Willowbrook是当地唯一适合这些儿童居住的机构，孩子们的父母被告知得等两年才能被收进去，除非他们同意把孩子送进研究所接受实验。尽管如此，还有不少的父母接受条件[5]。开始时，研究人员向痴呆儿喂食人类粪便的粗提炼物，试验后期，由于更了解病原体，受试者被改喂纯病毒。

一、一般护理科研道德

（一）护理科研现状

任何一门学科的发展与进步都离不开科研活动，护理科研是推动护理学科发展，提高临床护理质量的重要手段。近十几年来，护理界同行对护理科研的认识更加深刻，护理科研活动在很多医院普遍展开，特别是有了高等护理教育与护理研究生教育后，护理科研水平上了一个台阶。现在国内类似监护病房等拥有众多先进复杂的仪器的科室，护士需学习如何使用、判断和分析数据；"整体护理"对护士的心理学、伦理学等人文知识也提出了更高的要求，这些都需要护士们去探索、去总结、去研究；与医学科研相比，护理科研的起步较晚，起点较低；前瞻性研究较少，高水平的创新少，且实验手段比较落后；护理科研管理缺少系统性、权威性。20世纪60年代以前，国内外的护理教科书中很少提到护理科研的伦理问题。60年代之后，美国、加拿大等国家的学者才陆续提出一些护理科研的道德原则。

1968年，美国护士协会研究委员会制定了一系列的护理科研道德原则，其中要求护理教育界应指导学生保护科研对象的人权。1985年又发表了一份《护士临床及其他研究人员的人权指引》，其内容主要为：研究要征得受试者的书面同意；保护受试者的隐私；在协作发展护理研究、促进服务质量的同时，也负起保障人权的责任；护士应主动监督科研对象的人权保障情况。

1983年，加拿大护士协会也发表一份《护理研究运用于人类的伦理指引》，其内容简要如下：必须具体说明研究的益处，把不成熟的研究运用于人是不合伦理的；必须向研究对象保障其参与研究属于自愿，其隐私权会受到保护；对无行为能力的人应予适当的保护；必须保护研究对象使其不受精神、情绪、道德或身体的伤害；从研究获得的益处应远超过潜在的危险性。

美国的波利特（Polit）和亨格勒（Hungler）1987年在她们所著的《护理研究：原则与方法》一书中提出：护理在进行科研时应考虑下面几个道德原则，即尊重研究对象的以下权利：知情同意权、免于伤害权、隐私权和匿名权[6]。

综上所述，国外在论及护理科研道德原则时多侧重在研究对象的权利方面，较少论及其他方面。事实上，护士在进行科研时不仅应尊重研究对象的人权，还应考虑到研究对象的心理感受、休养环境的物资条件等方面，这样利于满足研究对象的各种合理要求，对其康复进程有益。

（二）一般护理科研道德

1．走出现实中的困境，问鼎护理科研

护理界的鼻祖——南丁格尔之所以能对护理学产生重大影响，不仅在于她的勇气，也在于她的科研精神。她在实践中注意积累数据和统计资料，由于她为军队医院在统计方面的贡献，1860年南丁格尔成为第一位被选为统计学会的女性。可见，护理领域的科研并不是什么新鲜的事情，只是长期以来，护理工作中存在着护士数量少、工作量大而质量要求高的矛盾，因此，现有的护士只忙于应付日常繁重的护理任务，而对护理科研根本无暇问津，或者对自身进行护理科研缺乏信心，其实，护理科研是开始得非常早，而且是护理工作必要的组成部分。

因为护理科研的对象是人，而人是自然属性和社会属性的统一体，所以，护理科研工作的开展除了需要医学、护理学的知识外，还必须运用心理学、社会学、伦理学等人文科学的知识进行综合分析，否则难以得出正确的结论。另外，由于不同的病人即便病种、病情大致相同，但人文背景等可能千差万别，这使护理科研工作无形中变得很复杂，这也确是护理科研的难度所在。

2．进行护理科研是护士责任感的高度体现

医学高技术的发展和在临床中的应用，为伦理选择带来困惑，例如，产前诊断技术、人工生殖技术虽然可以有效地预防遗传疾病、达到优生和解决不育的目的，但是，由于这些技术涉及生命的权利以及操作基因、精子、卵子、受精卵等，稍有不慎便有可能对社会（如人类基因库等）带来不良影响，对社会发展极为不利。这些伦理学难题的出现必然要波及到护理领域，而且迫切需要解决，但目前护理界对此类问题还没有深入研究，因此，护理科研的任务非常紧迫。

3．从患者的利益出发，选择能为患者谋福利的科研选题

为患者谋福利是医护工作的根本目的，也是护理科研选题的出发点。急患者所急，想患者所想，在很多情况下可成为护理科研的动力。有些科研课题需要收集与课题有关病人的病例，如果科研工作和病人的需要产生矛盾，我们首先应考虑到病人的利益，不应对适合自己课题的病人加强看护，而对与自己课题关系不大的病人减少看护。

4．工作严谨，实事求是是护理科研的精神

护理科研必须对人类的健康负责，不可弄虚作假，而应严谨、求实。在护理科研工作中护士应有严谨的态度和严格的方法，并且要尊重事实、服从真理。具体地说，在进行科研选题时，不仅要设身处地为患者着想，还要客观地估计本单位的条件和学术水平，选出适宜的课题，然后制定可行性计划。在课题的实验和调查中，应严格按设计步骤和要求执行，一丝不苟地完成任务，达到规定的数量和质量标准。在课题结束进行分析和总结时，必须以实验结果和调查数据为依据，不可主观臆断，更不可为了某种目的而改动数据。例如，某医院重

症监护病房在总结《昏迷病人并发症护理》的课题时，由于主观地剔除了阴性病例，人为地增加了抢救的成功率。以后，当此成果推广运用时，由于相当多的病例得不到预期的效果，致使许多患者受到伤害，这完全背离了护理科研的初衷[7]。究其原因，正是因为科研工作不严谨、不客观造成的。所以说，严谨、求实是基本的护理科研道德要求。

5. 科研小组成员之间要相互尊重，团结协作

在护理科研中，多学科、多层次的护士需要通力合作，对参加科研的单位或个人，不论其级别或职称高低、能力大小，彼此要相互尊重，平等对待；对协作完成的科研成果，不争名夺利，公正地分享荣誉和物资利益。

二、人体实验道德

人体实验是科研中的一种特殊且非常典型的代表。

人体实验（human experimentation）是以健康人或病人作为受试对象，用人为的实验手段，有控制地对受试者进行观察和研究以判断假说真理性的行为过程。它是在基础理论研究和动物实验之后、临床应用之前的一个中间环节。人体实验是非常重要的医学和护理科研领域。

（一）人体实验的伦理学文献

1946 年，在德国的纽伦堡军事法庭审判了 23 名二战中的医学战犯，谴责了他们强迫用人做试验品的罪行，并起草了人体实验的第一个国际准则——《纽伦堡法典》。1964 年，在芬兰的赫尔辛基召开的第 18 届世界医学大会上正式通过了《赫尔辛基宣言》，用以指导医务人员涉及以人为实验者的生物医学研究方面的建议。此宣言于 1975 年在东京召开的第 29 界世界医学大会上正式通过，后来于 1983 年、1989 年、1996 年和 2000 年做了修订。

1974 年，美国的《国家研究法案》被批准，由此成立了保护生物医学及行为学研究人体受试者全国委员会。《贝尔蒙特报告》是此委员会的一个重要成果，确定了指导涉及人体受试者研究的基本伦理学原则：尊重个人原则、行善原则和公平原则。

（二）2000 年的《赫尔辛基宣言》的主要内容

1. 实验前，实验方案应提交伦理审查委员会审查，其中需仔细评估实验可能给受试者或其他人带来的收益、风险和负担，实验资助者和主办者、研究机构之间的附属关系、是否有利益冲突等情况。

2. 受试者的健康和利益是医师首先考虑的，保护受试者的生命、健康、隐私和尊严。其次才是科学和社会的利益。

3. 对有弱势人群参与的研究，要特别注意保护他们的利益，要特别关注那些不能给出知情同意的、可能被迫同意的、不能从实验中直接受益的人的权益。

4. 受试者维持自身尊严的权利始终得到尊重。应当采取一切防范措施以保证尊重受试者的隐私、保守受试者的秘密，并将对受试者带来的风险减到最小。

5. 受试者必须自愿参加实验，并对实验知情。需充分告知受试者实验的目的、方法、资金来源、可能出现的利益冲突、研究者所在单位情况以及实验可能产生的不适。告知有权不参加或中途退出实验。知情同意最好是书面形式。

6. 取得知情同意时，医师需特别注意是否受试者和自己有依赖关系，或是否被迫参加实验。

7. 因年龄、智力或身体状况不能胜任知情同意时，需从受试者的法定代理人处取得知

情同意。除非此类研究对这类人群的健康是必须的，而且不能在有行为能力的人身上获得，那么这类人群不应作为受试者。

8. 不具有完全行为能力的人，如未成年人，能够对参与研究做出同意的决定时，研究者除获得其法定代理人的同意外，还必须获得他们的认同。

9. 实验结果发表时，研究者有义务保持研究结果的准确性。阳性结果和阴性结果都应该公开。

10. 实验结束后，应确保参加实验的病人都能享受到经实验证明了的预防、诊断和治疗方法所带来的益处。

总之，新版的宣言更加注重对弱势人群的保护。这在逻辑上也是正确的，即如果能做到对弱势人群的权利的保护和尊重，对有完全行为能力的人的尊重和保护就更加没有伦理学障碍了。如果研究过程当中出现危险，研究小组应马上中止实验，不论受试者本身是否意识到危险的存在。受试者虽然自愿签署了人体实验的同意书，但他有权在任何时候中止实验，而不管此实验是否真的存在严重的危险，实验者也都必须中止实验，即便实验者知道继续实验对受试者不会产生危害。病人对某项科研工作拒绝参加时，绝对不能使医生和病人之间的关系受到影响或妨碍。这都表示对受试者的尊重和保护。

关于受试者为弱势人群的案例，要数发生在美国的案例 25 最为典型。试想，严重的智力障碍儿童，再没有比他们更弱势的人群了。在案例 25 中关于是否接收孩子入校的问题上，存在明显的胁迫成分，使孩子父母的选择不是自由的选择，而是被迫的，即便科研表明上得到了孩子父母的知情同意，但这种知情同意不是真正的知情同意，而是对弱势人群的剥削。这是不公平的，也是对人的不尊重。

（三）与人体实验密切相关的伦理学范畴——知情同意

在科研领域如何保护和获得受试者的知情同意时，应考虑下列伦理问题：

1. 是否影响受试者的尊严及自主性。
2. 是否侵犯了受试者的精力。
3. 研究所需的时间与受试者的精力。
4. 研究对受试者造成之精神与身体上的不适或疼痛。
5. 研究对受试者造成身体或心理上的损伤之危险性有多少。

在保护人权方面，美国护理学会制定的伦理规范中，亦强调病人的隐私权、自我决定权、不受任意伤害及内在损伤之权利，以及知情同意的过程。其主要目的是要确保受试者在未获得其同意下，不得强迫其接受实验或研究。目前美国各大医院在审查人体实验方面有一个专门的机构 IRB（Institutional Review Board），以保护受试者免受伤害，并保障其权利。

在施行人体实验或研究前，须先获得受试者同意之主要目的，是在保护受试者及对其自主权的尊重。因此受试者在签署同意书前应有下列认知：

- 了解实验或研究目的与所使用的方法和步骤
- 了解实验前或研究结果对自己与社会大众健康之预期利益
- 了解实验或研究可能产生的危险性或副作用
- 了解当出现不良反应时，实验或研究主持者将如何处理
- 了解自己有拒绝参与实验或研究的权利
- 了解当自己的身体或精神状况无法再继续参与实验或研究时，有拒绝继续接受实验或研究的权利[8]。

关于知情同意，在第七章还会系统阐述。

三、案例分析简要线索

关于案例24，可按案例分析方法中的程序进行分析，这里提供简要分析线索：

- 道德判断层次一：这个研究生做得不对。
- 案例中的事实：医生让研究生在这个孩子身上做实验；医生和研究生可能对孩子解释过实验的详细过程；孩子是否真正懂得实验的意义，研究生未进行探究；孩子同意了，但是否是孩子真正的同意，研究生未通过询问和沟通来确定；医生和研究生未和孩子的父母说明此实验，未告知其孩子参加了这个实验。
- 涉及的关系包括：医患关系、医生和研究生的关系、研究生和孩子的关系、医生和孩子父母之间的关系、研究生与孩子父母的关系。
- 伦理学问题是什么？此案例中存在如下伦理学问题：知情同意的获得途径、是否是真正的知情和同意、此实验是否必须在此患儿身上做（此患儿是住院期间，不能看做是健康的孩子）、受试者和研究者之间是否存在依赖关系等。
- 本案例决定者是谁？孩子的父母，还是孩子本人？
- 道德判断层次二：对孩子父母应诚实、对孩子是否实行了保护、研究生和医生对孩子是否尊重等等。
- 道德判断层次三：是否按照人体实验中的知情同意原则？是否符合尊重自主原则和行善原则。
- 理论论证：一种观点是，只有符合赫尔辛基宣言的，才是道德的，即不仅要和孩子父母商量，孩子本人也要同意才行；另一种观点，是否可以做，要看做了以后的结果如何，由于这是无创检查，对孩子不会产生什么伤害，所以，不管父母同意否，都可以做。
- 其他可选择的行为方案：与孩子父母商量，若父母同意、孩子同意，再做此实验；让另外一个与他们的孩子没有治疗关系的医生与孩子和其父母商量，是否同意参加实验。
- 另外引申的问题：若父母同意，孩子不同意，是否可以做？若父母不同意，孩子同意，是否该做？
- 反馈：本案例中的做法是不好的选择，虽然得到了检查结果，也对孩子没有造成什么生理上的伤害，但与孩子父母之间产生了纠纷，而且从长远看对孩子可能会产生对人缺乏信任的心理。
- 本案例完全可得出如下的结论：必须做到完全的知情同意。即便是无创性检查，此行为也不能得到伦理学辩护。

第三节　危重病人和临终关怀的护理道德

一、危重病人的护理道德

（一）危重病人的特殊情况

危重病人是指病情严重、随时可能发生生命危险的各种病人。

危重病人的特点是：病情紧急、变化快；病情严重、复杂、危险；病人痛苦不堪，甚至神志不清而生活难以自理，病人和家属顾虑较多、心理活动复杂等等。

可见，无论是从护理技术，还是护理道德，对危重病人的护理都不是件容易的事。

（二）危重病人的护理道德

1. 提高专业素质，胜任病情严重、变化快的病人的护理

危重病人病情复杂多变，急险情况常可突然发生。在护理过程中，要求护士必须头脑机警、细心观察、严阵以待，及时发现病人出现的危险征兆和险情。一旦发现新的情况，要敏捷地投入应变行动，以不使病情进一步恶化，对留观的病人也要不失警觉性。

有些危重病人需要进入重症监护病房（ICU），ICU是医院内医疗仪器及高技术应用较为集中的区域，护士不仅需要熟悉仪器的操作，还要懂得其机理，需要学习相关知识，才能在此基础上做相关护理。

2. 了解病人和家属的心理，时刻不忘给病人以希望和信心

不少危重病人缺乏心理准备或心理负担较重，从而心理不平衡。病人家属也多有忧虑、急躁。对待不理智的病人或家属，护士要从病人的心理变化的角度予以理解，耐心地说服，不使矛盾激化。同时，仍要热情、主动和任劳任怨地继续做好护理工作，特别是对悲观绝望的病人要多加安慰和鼓励，给他们希望，增强信心。

3. 以高度责任感对ICU病人进行全方位护理

对于ICU的病人，护士不仅要知道各种治疗仪器能为病人的生命健康立下汗马功劳，还要了解监测治疗仪器给患者带来的诸多不利影响，如果护士能够根据不同的情况采取正确的策略、措施，减少监测治疗仪器的不利影响，这对于清醒病人的幸存及康复是至关重要的。

进入ICU的病人普遍都有一种感觉，即恐惧。首先是ICU各种先进、结构复杂、外观怪异的仪器；其次就是安静，只有仪器声音，对于医护人员严肃、不苟一笑的面孔都让他们感到是一种压迫。焦虑是恐惧以后紧跟着出现的。由于ICU的床位与医护人员的比例基本上是1:4，所以，围着一个病人转的医护人员就相对较多，病人往往会认为是自己的病情更加重了，没有希望了。另外，进入ICU后昂贵的费用也是造成病人焦虑的因素。孤独是一些清醒的重危患者比较强烈的感觉，此时对亲人的需要尤其强烈，但是由于ICU要求不留陪伴，现实中医护人员多关注仪器上的数据，无暇顾及病人，也是病人孤独的一个原因。再有，由于使用人工呼吸或进行气管切开术后，患者自然就会产生强烈的不适应，并且呼吸器的运用也极大地妨碍了患者语言交流能力，为防止病人躁动，护士一般在拔管前常规用约束带束缚患者的双手，但是作为病人却有一种被捆绑的感觉，所以，只要可能，要对患者说明这样做的目的。由于各种监视装置和维持生命装置的实施，导致患者活动受限，不能过多地更换体位，长时间自然感到腰背酸痛，难以保持一种舒适的姿势，或者有伤口的疼痛等，都使病人身体和心理不舒适。因此，护士在保证对病人的护理的同时，把监护仪的声音尽可能调小、尽量避免由于医疗仪器的使用让患者处于同一个体位，在可能的范围内使其变换体位，给肢体以被动活动，如：按摩背部、调整姿势等。在停止使用仪器时，要向患者说明不用仪器不会影响康复，以免给患者带来不安。如果可能，让患者与家属有一定时间的接触，如帮病人洗漱、协助进餐、背部按摩等，都有助于减少焦虑和孤独感，有利于增强病人治病的信心。护士要常与病人交谈，了解病人的一些情况及要求，与病人建立良好的信赖关系，减轻监测治疗仪器对患者的不利影响，从而增强治疗效果。

只有具有强烈的责任感和娴熟的技术，以一颗理解和同情病人的心来关爱患者，才能发现护理过程中出现的伦理问题，了解患者的心理，采取有效的措施对症处理，达到减轻患者痛苦的目的，从而提高治疗及护理效果[9]。

4. 增加风险意识和责任意识，提高解决伦理难题的能力

由于危重病人的疾病特点，使护理工作更加辛苦，护士经常不能正点上下班，需要护士有更强的责任意识。另外，在护理中经常遇到一些伦理难题，如履行人道主义与经济效益的矛盾；讲真话与保护性医疗的矛盾；知情同意与保护病人利益的矛盾；卫生资源分配与病人实际需要的矛盾；病人拒绝治疗与维持病人生命的矛盾；安乐死与现行法律的矛盾等等，需要护士只有在有限的范围内综合考虑，审慎和辩证地进行处理。

护士的责任意识还包括护士要头脑冷静，正确地进行判断，果断地配合医生予以处理，不怕风险，敢于承担责任。但是，果断不等于粗鲁武断、贸然行事，而是要审慎行动，即要做到胆大心细，才能收到良好的效果。即使有些危重病人已度过险关，也不要掉以轻心，仍须细致观察病情动向，主动预防并发症或复发，以免前功尽弃。如抢救休克病人，虽然血压上来了，但也要注意肾功能的情况。

二、临终病人的护理道德

（一）临终病人的护理需要

随着急救医学的进步，愈来愈多的危重病人经过抢救转危为安而达到康复。但是，总有部分危重病人难以回转，终因主要脏器的功能衰竭而进入临终状态。临终意味着面临死亡，由以治愈为主的治疗转变为以对症疗法为主的照料，其目的在于缓解病人躯体上的不适或疼痛，减轻心理上的痛苦，提高其尚存的生命、生活质量，维持其人格及生命尊严。所以，对临终病人而言，治疗和护理的比重需要有所改变，应从护理方面对病人更加关注，尽量让病人在生命的最后阶段感到舒适。

（二）临终病人的护理道德

1. 针对病人的生理需要，做好生活护理，减轻病人的疼痛

针对病人不同的生理方面的需求，可侧重在环境的安静、体位的舒适、个人卫生的保持（护士应做好病人的皮肤、头发、口腔、鼻孔、眼睛及指（趾）甲的护理，保持病人清洁、舒适、预防感染的发生，也可提高病人的自尊、自信和最后的生活质量），保证睡眠，尽量减轻疼痛。尤其是对晚期恶性肿瘤的疼痛病人，减轻痛苦与止痛药物对身体的危害相比，后者已不是主要问题，现在临床上一般都不限制此类药物的使用。

2. 针对病人的心理和行为反应，理解病人，做好心理护理

美国医学博士 E. 库布勒－罗斯（E. Kubler－Ross）在1968年发表的《论死亡和垂死》一书中将临终病人的心理过程分为五个阶段：首先是否认期，不承认自己病情的严重，对可能发生的严重后果缺乏思想准备。总希望有治疗的奇迹出现以挽救死亡。有的病人不但否认自己病情恶化的事实，而且还谈论病愈后的设想和打算。度过了否认期，就到了愤怒期，知道生命岌岌可危了，但又禁不住地想：这种该死的病为什么落在自己身上！怨自己命不好。表现得悲愤、烦躁、拒绝治疗，甚至敌视周围的人，或是拿家属和医护人员出气，借以发泄自己对疾病的反抗情绪，这是病人失助自怜心理的表露。第三阶段是妥协期，心理状态显得平静、安详、友善、沉默不语，能顺从地接受治疗，要求生理上有舒适、周到的护理，希望能延缓死亡的时间。第四阶段是抑郁期，病人已知道自己面临垂危，表现为极度伤感，并急于安排后事，留下自己的遗言。大多数病人在这个时候不愿多说话，但又不愿孤独，希望多

见些亲戚朋友,愿得到更多人的同情和关心。最后是接受期,这是垂危病人的最后阶段。病人心里十分平静,对死亡已充分准备。也有的在临终前因疼痛难忍而希望速死。上述五个阶段不一定互相衔接,有时交错,有时可逆,时间长短也不一样。

具体地,在临床上,病人会表现出下面的心理特点:易发怒:临终病人常表现出无端向自己的亲人或医护人员发泄不满,甚至训斥谩骂、不配合治疗和护理,个别病人还有破坏行为;易恐惧:临终病人常常对家属和医护人员的言语、神情非常敏感,精神紧张,以至不思饮食、不睡觉,甚至夜间不愿熄灯或频频呼叫家属或护士;易焦虑:临终病人常处于失望与期望的矛盾之中。当他们幻想新的治疗方法或奇迹出现时,能主动、积极与医护合作;当想到"死神"可能马上降临,又拒绝合作,心中充满焦虑;易悲伤:临终病人常常沉浸在对事业、家庭、人生的回忆之中,默默地忍受心灵的痛苦。有的病人想在诀别时多看看自己的亲人、朋友、同事,想留下自己的遗言、遗愿。有的病人不愿意让别人看见自己痛苦而憔悴的样子,采取自杀或安乐死以维持自己的尊严。病人有时问护士一些问题,但护士可以通过反问"你为什么问这种问题?"或不回答,可以少说话,鼓励病人多说出他的感觉,就已达到了目的,因为许多问题不需要护士回答。

其实病人的这些心理和由此而发出的行为,都是符合心理学规律的,作为护士,需要在理论上深入认识,并能运用到对病人行为的分析中。这样不仅能对病人的某些行为失常、情绪变化予以理解,而且还能提前分析到下一步的变化,可能的话可以帮助病人顺利地度过心理危机。

3. 尊重和关爱临终病人,尽量满足其要求

虽然护士的辛勤劳动改变不了临终病人死亡的命运,但无论其最后的日子还有多长,护士都要同样地甚至更积极地履行护士的道德义务,以最真挚、亲切、慈爱的态度对待他们、帮助他们。同时,还要满足其合理要求。尊重临终病人,意味着即便在生命的最后一刻,医护人员也要注意尊重病人的权利。临终是生命过程的一部分,只不过是一种特殊的生活状态,尊重临终病人最后生活需求的实质是对病人人格的尊重,不能认为临终病人只是等待死亡而生活毫无价值。有些临终病人未进入昏迷状态,仍具有情感、思维和想像等,仍有自己个人的利益和权利。因此,护士应格外注重尊重与维护他们的利益和权利,如允许保留自己的生活方式,参与治疗、护理方案的决定,选择死亡的方式,保守他们的隐私等。在护士和医生的观点不一致的时候,护士要尽量从病人的角度分析病人的根本利益所在。

护士要尊重临终病人的日常生活习惯,给他们更多的选择自由,尽量满足合理的要求:增加或安排病人与家属会面的机会和时间,让他们说完自己心里的话;让他们参加力所能及的活动,尽量帮助实现一些自我护理,以增加生活的乐趣,至死保持人的尊严等。

关爱临终病人,还要知道临终病人的生理特点。要知道,病人听觉是人体最后的丧失知觉的器官。即便病人看起来已不省人事,但还留有感觉,尤其是听觉,即使在其他感觉消失后仍很敏锐。故不可说些伤害病人自尊的话,流露出病人马上可能死亡的意思,议论病人家属的不尽如人意之处,也不要特意低声说话或压低声调,因病人会被模糊的话所困扰。

4. 处理好病人临终的法律事宜

有的病人来不及等到亲属到来就离开人世,就由护士代替其亲人接受并保存遗物,或记录遗言。护士要了解这样做的法律意义。

5. 病人家属也是护士的关注对象,做好安慰、劝导和配合工作

由于临终病人引发的家庭平静生活的失衡、经济条件的改变、精神支柱的倒塌等一系列

困扰和问题，使其家属的心理处于应激状态。他们在感情上难以接受即将失去亲人的现实，在行动上四处求医以期奇迹出现和延长亲人的生命，当感到亲人死亡不可避免时又心情沉重、苦恼，甚至会烦躁发火或纠缠不休地找医护人员等。因此，临终病人家属的精神痛苦不亚于病人的躯体痛苦，因此安慰、劝导家属是护士的另一个重要职责，与家属相互配合共同做好临终病人的护理工作。在临终护理中，护士对家属的应激情绪和行为，要能够设身处地地予以理解和同情，使他们伤感的情绪得以缓解。同时，护士还要关心和体贴家属，真心实意地帮助他们解决一些实际问题，如针对他们悲伤的原因，采取相应的措施冲淡忧郁的气氛；帮助他们安排好陪伴病人期间的饮食、休息，以减少精神和体力上的疲劳；经常与他们交谈，增加相互间的信任和合作等。另外，针对家属希望自己的亲人在临终阶段得到最好的照顾和尽到"孝心"、"爱心"的愿望，护士要做好病人身心两方面的护理，让家属放心，并对家属提出的愿望尽力满足，如支持并指导家属为病人做些力所能及的护理工作，让其心灵得到慰藉，病人也享受到天伦之乐；安排适当的时间和地点，让病人和家属谈谈心里话，交代遗言等充分表达相互的感情，使其感到满足而心中无憾。

一个具有深切同情心并了解她的病人的护士，在病人临终和在悲痛的家属面前仍能不为所动，这并不容易。但护士最重要的职责是护理病人，帮助支持家属，所以，必须保持镇静。如果病人刚死，亲属来看病人，可以允许去看病人多次，留在病人身边，而不要让他们觉得与病人最后的相聚太短暂。最后提醒一个最镇静的家属，劝大家慢慢离去。

三、临终关怀及其伦理意义

在一家临终关怀医院里，一位近七十岁的女士，患乳腺癌已经到了生命终点。她的女儿每天都会来探望她，两人的关系似乎很好。但当她的女儿离开之后，她几乎都是一个人孤零零坐着哭。因为她的女儿完全不肯接受她的死是不可避免的，总是鼓励母亲往积极方面想，希望能藉此治好癌症。结果，她的母亲不得不把她的想法、深度恐惧、痛苦和忧伤闷在心里，没有人可以分担，更没有人可以帮助她了解生命，帮助她发现死亡的治疗意义。其实，生命中最重要的事情，就是与别人建立无忧无虑而真心的沟通，其中又以与临终者的沟通最为重要。人们常说：救人一命，胜造七级浮屠。其实，帮人善终，也显示"德逾于此"的境界。

（一）临终关怀的含义和特点

临终关怀开始于20世纪60年代，英国的桑德斯（D.C. Saunders）博士1967年在英国伦敦创办了世界上第一家临终关怀机构——圣克里斯多福关怀院。她原是一名护士，在工作中发现许多老年病人在自知生命无望而被拒之医院之外后，更增添了悲伤心理。于是决定为临终病人创造一种舒适、安宁的环境与气氛，提供善前善后的良好服务，让老年病人安心地回归到大自然。英美国家在这方面不论是观念上、经济上还是实践上，都比我国走得前。台湾和香港的临终关怀服务行业也发展较快。1988年天津医学院成立了临终关怀研究中心，同年上海诞生了临终关怀医院——南汇护理院。相继北京也开设了类似的病房和专门的医院，如松堂医院。近年，李嘉诚在大陆捐资开办了多家慈善性质的宁养院，对临终病人予以临终关怀。台湾用宁养代替临终，这种用词的变化可以部分减少临终一词对病人或家属的心理不适，值得借鉴。

1. 临终关怀

临终关怀（hospice）原意是指朝圣者或旅客中途休息，重新补足体力的一个中途驿站，现指对临终病人的照护，是最典型的护理重于治疗的领域，即重点不在于治疗，而是心理和社会等多方面的护理。狭义的临终关怀主要是针对癌症病人的止痛和其他护理，现在临床实践已突破到对各种病人的照护。临终关怀的目的是减轻临终病人的心理负担，尤其是解除病人对疼痛及死亡的恐惧和不安，满足病人的生理、心理和社会的需要，使病人能在有限的日子里，在人生的最后岁月中，在充满人性温情的氛围中，安详、宁静、无痛苦、舒适且有尊严地离开人世，达到更理性，更平静地接受死亡。许多人容易忽视的一个方面是临终关怀不仅是对临终病人的护理，还为临终者的家属提供社会和心理乃至精神上的支持，以使他们的健康处于适应状态，送走亲人，做好善后，达到逝者死而无憾，生者问心无愧的目标。

与普通的医院或病房相比，临终关怀医院或病房有以下特点：一是收治的主要对象是临终病人；二是不以治疗疾病为主，而是以减轻症状、姑息治疗和全面照护为主；三是不以延长病人的生命为目的，而是以提高生存质量、维护病人的生命尊严与价值为主；四是不仅注意病人的躯体痛苦，而且更注意心理关怀和社会支持；五是不但关怀临终病人，而且对其家属也予以慰藉和居丧照护。

2. 临终关怀与临终护理是什么关系？

临终关怀和临终护理不是完全一样的，临终护理可能因为家属的坚持而仍然采取对症治疗、积极抢救等措施，但临终关怀则是纯粹以护理为主角的领域，若有治疗，也是姑息性的。

精确地说，临终关怀是临终护理的一个新领域，更体现了临终护理道德的本质——尊重病人，关爱病人，增进舒适，减轻痛苦。

（二）我国临终关怀的现状

1. 我国临终关怀的临床实践情况

目前世界上临终关怀机构的组织类型有3种：独立的临终关怀医院、综合医院为病人设立专门病房或病区、临终关怀医院在病人家中提供照顾。在我国虽然建立了一些临终关怀医院和临终关怀病房，但为数甚少，大部分病人都还是在综合性医院的病房中走向生命的终点。这些病人有的由于受到病房条件的限制或经济条件的限制，常常只有在死亡的前几天才有可能移至单人病房或床位略少的急救室，病房内家庭化气氛不浓，病人之间病情的相互影响，家属之间的情绪感染，都很容易加重病人的死亡心理。这是由于医院的环境条件限制临终关怀质量的一个因素。现在的病人在需要一个安静舒适的病房环境方面有突出的要求，所以，病房安排应以满足病人的基本生活需要、基本心理需要为原则，尽可能早地将病人移至单间病房，如能满足清洁、安静、光线充足、温湿度适中、空气新鲜、避免噪音等条件将是最好的。若没有条件或病人愿意住在大病房，也应尽量为病人提供一个方便、安静、轻松、家庭气氛比较浓的空间，减轻不良心理对病人情绪的影响。同时还应加强对病人临床症状的护理，如疼痛的控制、大小便的处理、减轻药物带来的恶心呕吐反应、皮肤的清洁等等，使病人获得心理与躯体的舒适，都有助于给病人带来一种满足感、安全感、尊重感，同样可以提高综合性医院中临终病人的生活质量，为病人铺设一条平静的走向死亡的道路。

综合性医院的护士由于不是临终关怀机构的专门人员，临终病人仅仅是她们护理对象中的一部分。一些护士对待死亡问题和濒死问题感到不适应，由于害怕、恐惧，认为护理无意义，麻烦辛苦。所以，护士对临终关怀的认识，也限制了临终关怀的发展，同时也影响了对病人的服务。可通过将临终关怀的课程列入到学校教育和继续教育的课目，让护士普遍接受临终关怀知识、技能和心理素质的培训，使护士认识到临终关怀是对生命性质和死亡意义系统深刻理解的基础上的专业服务。

2. 人们对临终关怀的接受障碍

临终关怀的实践和发展与社会中每一个人的生命质量都息息相关，临终关怀在我国是一个新学科，而且对于广大民众来讲，还是一个新概念。我国人口多，现正面临老龄化，加之小家庭的普遍化，对老人的照顾将是一个很大的社会问题。但我国临终关怀的现状可用"叫好不叫座"来形容，临终关怀医院和病房的入住率不高，其实费用不是最主要障碍，而是心理和社会的传统阻碍了我国临终关怀的发展。

（1）传统死亡观的影响

中国的传统文化是儒家、道家、佛家思想的长期历史沉淀，人们对死亡的看法也受这些思想的影响，对死亡始终采取否定、蒙蔽的负面态度，甚至不可在言语中对死亡有所提及，它是不幸和恐惧的象征。中国人对死亡的讳莫如深，使人们无法在日常生活中接受死亡、"善待"死亡，面对死亡较多表现出的是恐惧，而非面对现实地接受。而临终关怀无疑是一个帮助病人走向死亡的过程，它使死亡在病人、家属、医务人员之间公开化，对情感的强烈冲击使人们难以适应。现实中，老年人对生命的终结相对更恐惧些，虽然不能肯定产生这种差别的原因是老年人更接近于死亡，更能表现出对死亡的恐惧呢？还是因为社会文明程度的不断进步使青年人受传统死亡观念的影响较少呢？无论答案如何，都说明临近死亡的人对死亡的畏惧心较大，对他们进行死亡教育具有更重要的意义。那么如何在中国这个有着独特文化背景的国家因地制宜地开展有中国特色的死亡教育应是我们医务人员的当务之急。而且医护人员亦同样受到中国传统文化的深刻影响，他们对死亡也同样避讳。

（2）传统伦理"孝道"的影响

"让亲人在最后的时刻由别人照看，怎么说我们都于心不忍，只有守着亲人才能够表达孝心"。另外一名躺在"临终关怀"病床上的病人尽管对这种服务赞赏有加，但还是希望能够在最后的时刻见到自己的亲人："如果去世时见不到亲人，我会觉得遗憾"。"孝道"是几千年积淀成的一种文化，已经深深融入到人们的价值观里，而且目前人们评价子女时最常用的也是仍然是"孝"这一标准，评价一个子女是否孝敬父母的标准在很大程度上就是父母临终时子女是否守在身边。对于晚期癌症病人，患者本人与亲属的求医动机显然不同，亲属的求医动机在很大程度上是出于伦理上的考虑，他们心存疑惧，如不把患者治疗、服侍到最后一息，不为病人多花一些钱，且不说社会舆论如何，更主要还是担心自己将来问心有愧，那可是没法弥补的。现在的症结是：在很多人的观念中，只有治疗才是负责任的表现，所以，临终关怀中的转向护理而非治疗的本质是使人们心理产生障碍的关键。所以，若把病人送进临终关怀医院，无异于宣判病人死刑，这一关在病人家属这边首先就过不去。而医护人员往往顺应这种"孝道"的"善意"，只把病情告诉家属，对病人则避重就轻，以避免更多的心理打击，这就造成了病人的求医动机较为主动迫切，使家属更加难以决定放弃治疗而改为临终关怀。

"临终关怀"是一个舶来品，是西方文化的产物，到中国需要一个磨合期，这个磨合期的长短取决于个人、家庭和社会对"孝道"的界定的变迁过程。现在越来越多的人在转变观念，即孝道应在生前尽，尽量提高生活质量，在病危时没有必要增加病人的痛苦，延长其死亡时间。

（3）经济条件的限制

随着我国人口结构老龄化的发展趋势，我国将成为最大的老龄化国家。研究表明老龄医疗保健需求最大，这无疑会对医疗卫生工作形成巨大的压力，带来许多难以克服的困难。众所周知，老年人群的发病率是很高的，慢性病人是最多的，并且最终多演变成危重病和不治之症，那么我们应该把有限的资源用在老年病的预防和研制治疗方法上呢？还是用来搞好临终关怀，使老年人有尊严，带着人类社会的温暖离开人世呢？它们之间的比例如何分配呢？在护士短缺的情况下，是否要把有限的护理资源投入到临终关怀这个事业中去呢？这些问题理论尚未完全明了，实际工作中更有难以跨越的巨大鸿沟，这对发展临终关怀事业无疑是相当不利的。

由于我国经济条件的限制，建立英国那样的独立的临终关怀暂时是不现实的，难以大范围推广。应该建立具有中国特色的临终关怀机构体系，大力发展居家护理，家庭护理形式和医院附属的临终关怀病房。由于原来的公费医疗、大病统筹等未能把临终关怀涵盖进去，所以，现阶段的临终关怀医院的性质多是股份制或私立医院，因此，医疗保险等制度要做相应的变动，才有可能把临终关怀变成多数人能享受到的服务。

（三）临终关怀的护理道德

1. 尊重生命，尊重权利，维持病人的舒适性

河北曾做过 3 个城市的 264 例晚期病人和 277 名病人家属的关于"晚期病人心理需求"的问卷调查，身患绝症的病人，81.06％的人认为自己应当知道疾病诊断，以便有充分的心理和思想准备面对现实，同时，根据自己的实际情况对生活和工作做出合理的安排，积极配合治疗，延续有限的生命。但病人家属对此问题所持的态度与病人有显著的不同，67.87％的家属不同意告知病人疾病诊断，担心病人遭受打击，心理上难以承受。对不惜代价挽救病人生命和增加机体舒适这一问题，病人和家属所持的态度有显著的一致倾向，即都愿在保持舒适的状态下，延续有限的生命[10]。

从这个结果来看，对于具体的病人，只要护士和家属商量，病人知道病情对病人是利大于弊的，就应该尊重病人的知情权，护士应在这方面做些劝说家属的工作，尽量保障临终病人的权利，让病人维持生命最后的尊严。由于我国民众的心理和其他国家不同，所以，要根据我国的情况来实施护理，实践我国的护理道德规范，即在对临终病人的护理和治疗的比例上，可稍倾向于治疗，以满足病人和家属共同的心理要求。这也是对病人和家属的尊重。

2. 转变观念，补充多学科知识，提供高质量的护理

接受科学的死亡教育，而且也对病人和家属进行死亡教育，尊重死亡是一个自然的过程。护士作为医务人员的一分子，长期以来一直在为救死扶伤辛勤奉献着，一直习惯于和医生合作与死亡做斗争，把病人从疾病中拯救出来。而突然间出现"关注护理而非治疗"的临终关怀，把护理的地位提高到主导地位，护士往往会感到无所适从。护理的重点也从生理上转移到心理、社会、精神等方面，这给护士的理论知识也带来巨大的挑战。这就要求护士扩大知识面，加强伦理学、心理学、社会学等方面的理论学习，才能为提供高质量的护理打下知识基础。

3. 注重生命质量

注重生命质量，应该说是一种观念，它与现实中仍然存在的生命的绝对的延长的观念是相对的。生命质量的观念在西方很普遍，但在我国临床实践的应用中还要考虑到我国的实践情况和人们的心理。由于以前临终关怀主要集中在对晚期癌症的疼痛病人，关注生命质量主要是指止痛和支持治疗，与不惜一切代价使用高新技术是相对的。另外，对生命质量的评价也不是件容易的事。科雷派尔（Kleinpell）对生命质量的概念进行了分析，找出了主要特征，

但因其涉及个人的生理、个性、人际关系、社会、心灵等诸多方面因素,因此要全面地评判病人的生命质量,护士必须收集除疾病本身以外的大量资料,这将使护士的工作范围扩大到一个不可能的境地。所以,要使生命质量由理论走向实践,则需要合理地缩小评价范围,使它既有科学性,又有实用性。同时,另一个难点则是:当生命质量的概念作为规范在临床上运用时,必须有一种合理而有效的工具来测量病人的生命质量,要有一个量化的标准。这一系列的问题,对生命质量的可操作性提出了质疑,有待于以后通过科学研究加以解决[11]。

4. 掌握"抚慰"的知识和技能的培养,为病人家属提供良好的服务

当你面对悲痛欲绝的家属时,仅仅有同情心是无能为力的。像掌握与病人的沟通技巧一样,对死者家属的抚慰技巧也是同样重要的,这样才能在临终关怀的实践中画个完满的句号,而不是以临终病人的死亡、家属的断肠而结束,也体现了护理的社会职能,为临终关怀以后的良性发展打下基础。

总之,临终关怀在某种程度上,更体现了对人的尊重,是人道主义的具体体现,表明了人类文明的进步,即不仅对生命的过程予以关注,也对死亡的过程予以关注。

四、相关的伦理学范畴

(一)审慎

审慎是指行为前的周密思考和行为过程中的小心谨慎。就像"战战兢兢,如临深渊,如履薄冰"的感觉,这是与儿科病人、老年病人和危重病人关系更加密切的伦理学概念。

审慎可包括思想上的审慎、言语上的审慎和行为上的审慎。医护人员的语言对病人的影响有时是自己意想不到的。只有思想上想到审慎才能在语言和行动上体现出来。以对待危重病人为例,只有在思想中时刻想到危重病人病情变化快,从自己的知识上预先估计可能发生的症状、可能产生的并发症等,才能在发生情况时快速反应,而且行为上也不能大意,这样可保证护理的高质量,也是对病人的真正负责,是责任心的体现。

由于护理的职业特点,护理行为非常琐碎,需要在护理的各个过程都需要做到审慎,如三查七对。其实不用讲任何大道理,单从医生对病人的任何治疗都是经护士的手才作用到病人的身上,我们护士怎能不小心谨慎!这种主观上的责任意识,可在客观上帮助护士可防止差错事故的发生,这是与每个护士的切身利益密切相关的。

(二)希望和信心

给病人以希望和信心,无论他是临终病人还是处于康复期的病人,让病人心中充满希望,才有战胜疾病的信心,这方面的例子在临床上有很多,其中的伦理学意义便在于此。

(三)生命质量

生命质量是个较新的词,是在生命的数量、生命的延长已不是人类生存所面临的问题时,随着人们观念的变化,自然出现的一种思想。在以往的教材中,都会看到这样的词:生命神圣论、生命质量论和生命价值论,其实这不是伦理学理论,而是人们对生命的看法的历史总结。

生命神圣论的思想最开始是在医学不发达、对生命现象不了解以及宿命论的背景下产生的,是指人的生命具有至高无上、神圣不可侵犯的道德价值的观念。当时人类的生存面临威胁,种族的繁衍是最大的问题,增加人口数量、延长寿命是人们头脑中的首要观念。随着人口数量的增加,加上医学技术的发展使人工维持生命成为可能,但又极低的质量水平,于是产生了另外的观念,即生命质量论。但在临床伦理学上,容易产生以下几个方面的问题:如

果我们能无限制地使用医学技术，医学的目的和限制是什么？对生命质量的判断是否是主观的，是否存在客观的标准？如果一个生命的能力缺乏并非常疼痛，能否判断它已不值得活下去？谁应该来做出终止治疗的决定？生命价值论是指以人具有的内在价值和外在价值的统一来衡量生命意义的一种观点。虽然人口的质量与人的自然素质呈正相关，但生命价值与生命质量并不一定呈正相关，尤其是在重视社会效益的今天，可能会出现高质量的生命与低的社会价值之间的矛盾。因此，生命质量论中以人的自然素质高低判断生命价值的观点有其局限性，于是发展出用人具有的内在价值和外在价值的统一来衡量生命价值的观点，这为对那些患"不治之症"的晚期病人提出终止治疗或撤消治疗做出价值判断提供了依据，客观上对家庭和社会都有积极的意义。

第四节　安乐死的护理道德

案例26　中国汉中安乐死案件

1984年10月，患者夏某，59岁，被诊断为"肝硬化腹水"。1986年6月，病情加重，被送入汉中市传染病院肝炎科。6月23日，病人疼痛难忍，多次说不想这样活着，要求安乐死。其小儿子和小女儿请求蒲医生："行行好，让我妈咽气吧！"要求为其母亲打一针。主治医生蒲大夫开始时回绝，但家属多次请求，并表示愿意承担责任，后来蒲给护士开了医嘱，注射冬眠灵100毫克，注明家属要求安乐死，小儿子在处方上签了字。护士长将处方退回医生办公室，拒绝执行。蒲医生命令实习生为夏某执行处方，不从，遭训斥后，执行，实际只注射进75毫克。蒲医生交代接班医生：若夏某在12点尚未咽气，你再打一针。后值班医生又开了100毫克冬眠灵的处方，让护士注射。29日凌晨，夏某死亡。后大女儿和二女儿向检察院控告，检察院对蒲提起公诉。其间经过多次取保候审，1991年一审：医生的做法损害后果极为轻微，有条件无罪释放。1992年终审，维持原判。

案例27　美国的安·昆兰安乐死案件

从1966年起，昆兰就是个昏迷病人，靠呼吸机和静脉点滴维持生活。1975年，她的父亲作为监护人，提出撤除一切治疗，包括呼吸机。新泽西的高等法院法官驳回了他的要求，认为这样破坏了生命的权利，本州的最高法院后来推翻了高院的否决，同意昆兰的父亲和医生撤除呼吸机和一切治疗。撤除呼吸机后，昆兰反倒恢复了自主呼吸，但仍昏迷，直至1985年死亡。后来美国类似的案例都援引新泽西州最高法院的裁决。

一、安乐死及其相关概念

（一）安乐死与临终关怀

安乐死和临终关怀经常放在一起说，是因为二者关系较大。临终关怀是针对部分临终病人，是那些有提高生命质量愿望，几乎完全从治疗转向护理的那部分临终病人。另外，还有少数的临终病人要求实施安乐死，已不存在护理重于治疗，还是治疗重于护理的情况，而且治疗和护理都不需要，结束这种难熬的临终时期。要求安乐死的临终病人多数因为疼痛难忍，少数是因为无法承担高额医疗费用或其他原因。

临终关怀的主要任务是缓解生理痛苦，消除恐惧心理，既不加速死亡，也不延缓死亡；而安乐死，尤其是主动安乐死彻底解除痛苦，加速死亡时间。从理论上说，人们对临终关怀的接受程度要比安乐死大。临终关怀在我国尚且有很大的障碍，可见，安乐死的实行将会有更大的障碍。

（二）死亡标准

一般来说，医学问题和伦理学问题在临床上还是能分开的，前者是一种事实状态，后者是关于行为的应该不应该。如某人被诊断为癌症，这是医学事实，而医生是否应把真实的诊断和预后告诉患者这一行为是伦理学问题。但在死亡问题上，确实有其特殊性，因为死亡既是生物学概念，又是哲学概念，更是社会学概念，死亡意味着生命现象的消失，更意味着他原来的社会关系也不复存在了，所以，死亡标准问题便既有医学成分，也有伦理学成分了。

医学界一直以心脏停止跳动和停止呼吸为死亡判别标准。1967年心脏移植成功，现在肺也可以更换，使心脏功能和呼吸功能完全丧失的人起死回生，恢复心跳和呼吸。因此人们不禁要问：传统的死亡概念还适用不适用？1968年哈佛医学院脑死亡特别委员会提出了哈佛脑死亡标准，将脑功能的"不可逆丧失"作为脑死亡标准。具体的判断指标为：

- 对外部刺激和内部需要没有感受性和反应性；
- 自主呼吸、自主运动消失：在撤掉人工呼吸器后三分钟，自主呼吸不能出现；
- 反射消失：往耳朵眼里灌冰水也不能诱发眼球活动，还可通过其他多种反射功能的测定；
- 脑电波平坦；
- 低体温、药物中毒患者除外；
- 为防止判断错误，理论上需24小时反复测定，结果无变化才可判定。一般在临床上大部分专家建议对成人的脑死亡做临床确定时，初始和重复观察之间的任意间隔时间为6小时。

精确地说，脑死亡可分成全脑死、脑干死和皮质死（即植物状态）。哈佛标准是指脑干死亡标准。单纯说脑死亡标准还是个医学问题，但若把"脑死亡"标准作为"人"的死亡标准，就有伦理学问题了。最大的障碍是人们头脑中的死亡是指人体温变凉了，身体变僵硬了，没有心跳呼吸了，试想当一个高中生遇到车祸后，经过几天的抢救治疗，医生和护士告诉家长说：你的孩子已经脑死亡了，而家长看到孩子在呼吸机下还能呼吸，体温脉搏和心脏都正常，在心理上怎么能接受这样的现实呢？医生下一步该怎么办呢？是撤下呼吸机，还是像开始时那样全力抢救，明知这样做没有丝毫的作用？即使脑死亡概念成立，如果将来某一天全脑移植成功的话，死亡定义又该如何更改？

（三）安乐死的含义和分类

安乐死是指对那些患有不治之症，死亡已经逼近而且非常痛苦的病人，使用药物或其他方式以实现尽可能在无痛苦状态下结束生命的一种临终处置。根据医护人员在安乐死实施中的"作为"与"不作为"可将安乐死分为主动（积极）安乐死和被动（消极）安乐死。根据患者是否"同意"又将安乐死分为自愿安乐死和非自愿安乐死。

主动安乐死是指医生采取措施（药物或针剂）主动结束病人痛苦的生命，让其舒适地死去。被动安乐死是指终止治疗，一般指撤除支持器和生命维持措施，不采取主动的方式加速其死亡。自愿安乐死是指有行为能力或意识清楚的病人，或在他们意识清醒的时候表达过此意愿并签署过有关文件。非自愿安乐死是指本人没有行为能力，由监护人或代理人代替病人本人做出安乐死的决定。还有一个名词叫医助自杀，即医生协助的自杀，是指医生提供致死的药物，例如巴比土酸盐，但由患者自行了结生命。

二、安乐死的伦理学争论

(一) 支持和反对安乐死的理由

支持安乐死的理由	反对安乐死的理由
1　尊重病人的自主权和对死亡的决定选择权	1. 医护人员的天职是救死扶伤，不是缩短患者的生命
2　解除痛苦	2. 安乐死尚未立法，这样做可能触犯法律
3　符合尊严的要求	3. 无法保证家属的要求真正代表病人的意愿，可能给谋杀造成机会
4　追求生命质量	4. 人生存的权利只有上帝才能拿走
5　减轻家庭的经济负担	5. 很难确定一个人是否真的想死，可能是不忍痛苦所至的一时不理智的决定，也可能是迫于经济因素不想家属负担太大
6　节约卫生资源，利于公正分配	6. 可能是错误的诊断，使病人丧失了自然转归的机会，同时也不利于医学科研的进步
7　多数问卷调查显示的结果	7. 疼痛可通过采取止痛的方法来缓解

一般地说，安乐死的争论集中在主动安乐死，主要围绕人是否有选择死亡的权利？是患者本人提出，还是家属提出？由谁执行？等问题展开。

(二) 安乐死的条件

国内和国际医学伦理学界普遍认同安乐死有4个条件，若满足，从伦理学上能通过辩护。

1. 患绝症且濒临死亡病人提出
2. 病人被难忍的痛苦所侵袭
3. 病人有寻求安乐解脱的诚挚意愿
4. 程序上有医师（两名医生和一个精神科医生）认定和家属同意
5. 执行者必须有合法的授权

三、安乐死的实践状况

(一) 国外的现状

在美国等国的医院中，有一种常规表格，称为"拒绝心肺复苏证明书"，简称DNR。一般是由护士来替病人保管DNR表格，并在相应情况下向医生出具表格，来帮助病人完成拒绝心肺复苏的意愿。DNR主要是指的被动安乐死的申请，疑义不大，但主动安乐死问题就很棘手。

1999年52岁的有美国"死亡医生"之称的克沃肯（Jack Kevorkian）声称曾经帮助过一百三十多人结束他们痛苦的生命。这位固执的退休病理学医生公开表示，他就是要向法律挑战，并且希望将事件搞大，以使这一问题最终得到一劳永逸的解决，即或者宣布安乐死合法，或者将他投入监狱。现在的结果是他仍在监狱中。与这位"宁折不弯"的美国死亡医生不同的是澳大利亚的"宁弯不折"——尼奇克，这位曾协助过4人安乐死的澳大利亚"死亡医生"计划在国际水域施行安乐死手术，以避开法律制裁。匈牙利的泰默原本是一位默默无闻的护士，一段时间以来，在她供职的医院中发现了一些奇怪的现象，即只要一轮到泰默上夜班，夜间病人的死亡人数就会有所增加。在被警方拘捕了之后，泰默很快就承认了是她故意为病人注射镇定剂的。她说自己是出于"仁慈"才这么做的，警方也承认，至今还没有发现任何证据可以证明，泰默在杀害这些病人时有其他物质上的动机。

（二）我国的情况

我国虽然近年没有发生国外那样激化的案件，但现实中被动安乐死的情况时有发生，并经常与经济问题联系在一起。如一患者因肝癌手术并发症，住 ICU 病房抢救，8 天花掉 10 多万元，最后，家属无力借钱维持，只好向医院提出放弃治疗，两天后，患者去世。这类放弃治疗的现象，在眼下医院并不少见。又如某医院曾为一位瘾君子做胃切除手术，术后病人出现"十二指肠瘘"，这种并发症如果使用大量营养药是能治好的，家人却说，治好他还会继续吸毒，"不如现在就让他死了吧"。结果，断了营养治疗的瘾君子，很快就死了。

医院在处理被动安乐死时，一般都比较谨慎。某医院的做法就是要求病人所有的直系亲属都要在拒绝治疗书上签字；有的医院则要求拒绝治疗的家属尽快为病人办理离院手续，离院前，尽可能维持病人的生命。有伦理学专家认为，不要轻易选择被动安乐死，因为作为病人，他有接受治疗的权利；社会基于人道主义也有抢救的责任；亲属出于亲情更有给予医治的义务。对于那些已尽全力甚至到了山穷水尽的亲属来说，中断治疗行为在道义上是难以谴责的；那些经济上困难不大，病人也并非病入膏肓却中断治疗的亲属，不但在道义上要予以谴责，甚至要追究法律责任。一般情况下，医院认为只要有可能都是倾向于治疗的，但由于病人的巨额费用和其他原因，家属放弃治疗的决定，医院又不能干涉（除非较轻的疾病，不需太多的花费就可治好，而家属不给治，有关部门可以起诉家属犯了遗弃罪）；与此相反，我国还存在另一种矛盾，表现为家属要不惜一切代价抢救，但病人有的是怕家属经济负担太大，或担心家属因照顾自己而在体力上吃不消等原因而坚决要求放弃治疗。

我国对于安乐死在概念上还比较混乱，如上海曾报道的一个 60 多岁的儿子为其 90 岁的老母实施安乐死。其实无论是从安乐死的条件还是从实施安乐死行为的人等角度看，这都不能称为安乐死。

从国内外的情况来看，安乐死的最大的问题不是集中在安乐死是否道德的争论上，而是集中在道德和法律的矛盾，即安乐死因为时机不成熟等原因尚不能立法，使有些真正想安乐死的人生不如死。造成这样现实的原因也正是因为保护大多数人的权利不被侵害，在条件不成熟的情况下，不能轻易立法，否则损害的是更多的人的生命和权利。但确实又存在目前少数人的权益不能得到保护的难题。

四、安乐死的立法情况

（一）各国的立法状况

1. 安乐死立法在中国

案例 26 是中国第一起安乐死案件，其影响力，最起码在人数上不亚于案例 29 的昆兰案件。1986 年卷入陕西汉中安乐死案件的当事医生蒲连升，在 21 世纪终于可以平静地再次谈论安乐死话题。他向记者表示："我至今坚信，'安乐死'迟早会被人们所接受，最终合法化。""1986 年 9 月 20 日，我第一次被抓，关了 3 个月后取保候审。1987 年 8 月 17 日又'进去了'，次年 9 月 23 日再次取保候审。1990 年 3 月 16 日至 19 日一审开庭，法庭座无虚席。一年后的 1991 年 5 月 6 日，判决下来，我被判无罪。检察院抗诉，我也上诉。1992 年 6 月 25 日最终二审维持原判。"[12]

此案的难产实属正常。

此案的判决：冬眠灵不是夏素文死亡的直接原因，考虑到当事人的情节显著轻微，危害不大,不认为是犯罪(《刑事诉讼法》第15条),因此蒲连升被定为有条件的无罪释放。这一结论非常审慎,既未把安乐死在中国一棒子打死,也未轻易让安乐死在中国畅通无阻。虽然本案例医生无罪释放,但同时强调这仍是违法行为,为其他医生提供了警示。

中国传统文化与安乐死既有相悖的一面,也有相通的一面。迄今为止,相悖的一面起的是主要的作用,即"重生恶死",避讳谈论死亡,是受儒家的"入世"观念的影响,相通的一面主要是老庄的"出世"的生死观,但发掘得不够,主要表现为当人们遇到生老病死的困难或难以预测的情况时的一种类似阿Q的被动无奈、顺其自然的选择[13]。

从1992年4月,第七届全国人大代表王群等33人联名提案要求对安乐死立法开始,1994年、1995年以后都陆续有代表提案,但都得到同样的答复:时机不成熟。即便在条件较好的上海和北京等地做先期试点的建议也都被否决了,即所有的要求提案全部流产了。

2. 安乐死立法在英美等国

不只是中国这样的有传统背景的国家不敢开口子,就是早在1936年就首先成立了自愿安乐死协会的英国也是这样。安乐死法案在英国被多次提出,但每次都被否决。英国贝德福德郡的42岁的戴安娜·普雷蒂于1999年被诊断患上了运动神经疾病。这种不治之症能使患者逐渐丧失肌肉和语言能力,最后死亡。普雷蒂神志清晰,但呼吸能力日益衰退,颈部以下已经瘫痪,语言交流能力基本丧失,每日靠食管进食。她在对生活失去信心后,便向法庭提出,希望其丈夫在协助她结束生命后能被免予刑事处罚。法庭2001年8月判决普雷蒂败诉,如果她丈夫帮助她结束生命,他将面临长达14年的监禁。3名英国高等法院的法官2001年10月18日做出一项判决:无论情况如何特殊,至少在当今的英国,谁也没有权力预谋死亡[14]。

安乐死的合法性在全世界范围内都是一个具有争议性的话题。英国法官不得不承认普雷蒂一案涉及了人类拥有的最基本的两种权利,即生的权利和对自己身体的处置权之间的矛盾和冲突。支持普雷蒂的人们认为,结束一个痛苦不堪、生不如死的人的生命是维护了这个人向往美好生活的基本权利,而要求一个时刻笼罩在疾病和死亡阴影之下的生命继续存在恰恰是非人道的,是违背了欧洲人权公约的。他们认为如果普雷蒂不愿再继续忍受病痛折磨,她应该有权力选择她认为的有尊严的死亡办法和时间。如果普雷蒂选择自杀,法庭不会判她有罪,但因为普雷蒂目前已丧失了任何自主行为能力,人们就应该允许她丈夫帮助她实现这一愿望,而对他免予起诉。尽管涉及此案的检察人员和法官们一再表示理解和同情普雷蒂的处境,并对判决结果由衷地表示遗憾,但他们还是认为同意普雷蒂的请求就意味着向安乐死开了绿灯,向那些想结束自己生命的人签发了死亡通行证。他们认为,这不是简单的个体行为,而是涉及公众怎样衡量生命价值这样一个复杂的议题。

美国的Oregon州承认有条件的主动安乐死。另外,澳大利亚北部1996年7月1日曾宣布允许有条件的主动安乐死,北部地方法案规定:自愿接受安乐死的病人必须经由4位医生检查,包括心理医生以及姑息治疗专家,以确定病人确实病入膏肓而且没有精神问题。之后还有9天的"冷静期",让病人考虑是否决定接受安乐死,若反悔,随时可撤回死亡申请。但9个月后,联邦法律把这个地区的法律否决了。如果想合法地安乐死,那只有到北欧荷兰了。

3. 安乐死在荷兰

2001年4月10日下午,荷兰议会一院(上议院)以46票赞成、28票反对、1票弃权通过了安乐死法案。当议会一院就这项法案进行辩论时,在议会大厅外面的广场上,约8000

名示威者手举各式标语牌，表示反对安乐死合法化。早在 2000 年 11 月 28 日，荷兰议会二院（下议院）已经通过了安乐死法案。至此，荷兰是世界上唯一通过（主动）安乐死法案的国家。

法案为医生实施安乐死规定了严格而详细的条件。

首先，病人必须在意识清醒的状态下自愿接受安乐死并多次提出相关请求，医生则必须与病人建立密切的关系，以判断病人的请求是否出于自愿或是否深思熟虑。

其次，根据目前通行的医学经验，病人所患疾病必须是无法治愈的，而且病人所遭受的痛苦和折磨被认为是难以忍受的，医生和病人必须就每一种可能的治疗手段进行讨论，只要存在某种医疗方案可供选择，就说明存在着治愈的可能。

第三，主治医生必须与另一名医生进行磋商以获取独立的意见，而另一名医生则应该就病人的病情、治疗手段以及病人是否出于自愿等情况写出书面意见。

第四，医生必须按照司法部规定的"医学上合适的方式"对病人实施安乐死，在安乐死实施后必须向当地政府报告。全国性的审查委员会审核后，可将有疑问案例上报地区检察官，由他们决定是否对医生提起诉讼。

（二）安乐死立法的意义和窘迫的现实

医学的一个主要目的是使患者减轻病痛、恢复健康。但是医学受其自身发展水平的限制而对某些疾病无能为力。对那些无希望治愈且痛苦的患者，使用高科技延长其生命的同时，也是在延长其痛苦，一方面使患者及患者的亲属承受极大的肉体和精神的痛苦，另一方面又承担经济上的沉重负担并造成社会医疗资源的巨大浪费。所以，在某种程度上，安乐死立法的意义在于保障人权，维护患者临终的尊严并减轻其痛苦，减少社会医疗资源不必要的浪费。

安乐死目前是道德难题，之所以未能在许多国家立法，一是因为法律本身的一些特点决定的，有些问题若不能有效解决，是无法实施安乐死立法的。例如：如何避免发生借安乐死之名，行杀人之实，或掩盖某些医疗事故（病人的亲朋为了某些利益，要求医生杀死病人，也可说成"安乐死"。如果一名外伤病人的器官可以作为器官移植的供体，佯称"无治"而处死病人，也可能用"安乐死"之名。这些弊端是安乐死立法和实施的主要障碍，有时再严密的条款规定也无济于事）。二是安乐死的执行问题，如安乐死由谁执行，怎样执行，如何申报审批，档案如何管理等也是一个棘手的问题。而且安乐死立法还有个麻烦事，就是如何确定患者安乐死的申请的真实性，要否需要公证处或律师参与？怎样处理那些因为经济或其他原因寻求安乐死，但其实不是真正想安乐死的情况，或患者的申请是否有胁迫、诱导或其他外因等因素？

所以，我国安乐死立法提案全部流产不是由法律程序决定的，而是道德和法律两个社会意识形态相互作用的结果，在道德价值观念不能与法律同步时，更要慎重。因为它涉及的不只是死者的问题，更是来自活人的担忧和压力，这才是安乐死最大的障碍。

---

[1] 李斌．字字重如泰山．新华社，2002.3.11
[2] 贾汝梅等．手术患者护理需求规律的调查分析．中华护理杂志．2001，36（10）：790－791
[3] 贾汝梅等．手术患者护理需求规律的调查分析．中华护理杂志．2001，36（10）：790－791
[4] 李本富，李传俊，齐家纯等．临床案例伦理分析．北京：科学出版社，1998.58

［5］Michale A. Grodin, Leonard H. Glantz eds. Children As Research Subjects. New York：Oxford University Press, 1994.17

［6］李本富 主编．护理伦理学．北京：科学出版社，2000.133

［7］李本富 主编．护理伦理学．北京：科学出版社，2000.135

［8］尹裕君，林丽英，卢小珏等著．护理伦理概论．北京：科学技术文献出版社，1999.38

［9］陈萍．ICU监测治疗仪器对患者的不利影响．实用护理杂志．1999，15（9）：21

［10］陈保红等．晚期病人的心理需求与照护．中华护理杂志．1996，31（1）：32

［11］丁焱．临终关怀发展中的伦理问题．中华护理杂志．2000，35（10）

［12］http：//www.huash.com/wenjian/2001－04－12/2001－04－12－03shxw4.htm

［13］沈铭贤．安乐死与中国传统文化．医学与哲学．1998，19（3）：44

［14］http：//news.cn.tom.com，2001－10－20

其他参考文献

1．［日］松本文六 著．医生的艰难选择．北京：北京医科大学中国协和医科大学联合出版社，1998

2．施卫星，何伦，黄纲 著．生物医学伦理学．杭州：浙江教育出版社，1998

3．羊城晚报，11月9日（www.ycwb.com.cn）

4．http：//www.nanfangdaily.com.cn/ds/9903/23/dsgj.htm # top

5．李本富 主编．医学伦理学．北京：北京医科大学出版社，2000

第七章 护理伦理学基本原则

案例28 患者张某，女，29岁。曾因妄想型精神分裂症入院治疗，一年前出院回家。患者现已怀孕7周，其母亲和丈夫皆因担心怀孕和分娩的痛苦对她的精神状态有不良影响，于是都劝她到医院流产，但她坚决要求继续妊娠。作为护士，你会提供他们什么样的咨询？

案例29 一30岁耶和华见证派的信徒，需要输血才能挽救生命，但他在清醒的时候对医护人员说：我是耶和华见证派信徒，千万不要给我输血。此案例被提交到法庭，法庭最终同意不给患者输血。

在已经了解了护士在实施护理行为中遇到的伦理问题之后，可从具体的实践中总结归纳出护理伦理学基本原则，在逻辑上也是这样的，即伦理学原则和理论不是先验地存在于人们头脑中的，而是来自于实践中的反思。表面上看好像是哲学家总结出来的，事实上来自于实践，只不过人们对他们的归纳予以认同罢了。护理伦理学的基本原则是指导护理行为的准则，是护士进行护理行为选择的一个主要辩护依据。

护理伦理学的基本原则分别是不伤害原则（the principle of nonmaleficence）、行善原则（the principle of beneficence）、尊重原则（the principle of respect for autonomy）与公正原则（the principle of justice）。这是比彻姆和查尔瑞斯（Beauchamp & Childress）在他们的20世纪80年代初的《生物医学伦理学原则》一书中提出的，被国际上广为接受，并应用在医学伦理学和护理伦理学领域。

解放后，我国医务界普遍把"救死扶伤，实行人道主义，全心全意为人民服务"作为医护人员的基本道德原则，曾激励无数的医护人员救死扶伤，抢救病人的生命。即便在今天也同样有它重要的意义。但在医学科技发展和人们权利意识等提高的今天，单凭这个原则有时不能解决实际的伦理学问题，不仅因为这个原则是典型的义务论的伦理学原则，而且还因为这个原则有时可操作性不强。这四个基本原则在具体案例中进行权衡比较后，会相对容易地解决问题，故本章主要介绍这四个原则。

第一节 不伤害原则

一、不伤害原则的含义

不伤害（nonmaleficence）系指不使病人的身体、心灵或精神受到伤害，包括不可杀害在内。可简单地说避免对病人造成心理和生理上的伤害。不伤害原则就是要求医护人员不做伤害病人的事，如造成病人疼痛或能力的丧失、剥夺病人自由或机会等事宜。不伤害原则也包括不对他人施加伤害，特别是无能力保护自己的人，如精神病患者、智障者、昏迷的病人、幼童或老年人等。不伤害除指不伤害他人，亦指不将他人置于可能受伤害的危险情况中。希波克拉底誓言和南丁格尔誓言中都强调护士应预防任何有害之事，不用或故意使用有害之药物。

二、不伤害原则不是绝对的原则

不伤害原则不是绝对的，是因为很多检查、治疗和护理措施等，即使符合适应证，大多也会给病人带来生理上或心理上的伤害。如肿瘤的化疗，既能抑制肿瘤，又对造血和免疫系统有不良影响，但其目的是使病人获得较多的益处或预防较大的伤害。不伤害原则经常与行善原则一起进行权衡。

不伤害原则中有一个概念，叫做双重效应（double effect），系指某一个行动的有害效应并不是直接的、有意的效应，而是间接的、可预见。如当妊娠危及胎儿母亲的生命时，可允许人工流产或引产，这种挽救母亲的生命是直接的、有意的效应，而胎儿死亡是间接的、可预见的效应。再如，对一位肺癌晚期、呼吸缓慢、疼痛的病人，减轻病人的痛苦此时是首要的职责。但若想减轻病人疼痛，护士应依医嘱给予注射止痛剂，如吗啡，但吗啡会产生抑制呼吸的作用。在这种情况下，护士给予病人止痛剂是出于善意且希望产生好的结果（减轻病人的疼痛）。因而对此肺癌晚期病人而言，给予注射吗啡达到止痛之目的，按双重效应原则可判断为是合乎道德的行为。

符合下列四种情况时，其所引起的伤害在道德上可接受：

- 行动本身必须是善意的，或至少是应是无所谓道德或不道德
- 行动者必须仅希望好的结果而非坏的结果，坏的结果也许可事先预知且被许可，但不是故意的
- 坏的结果并非是达成好的结果之手段，且好的与坏的结果系出自同一行动所产生的
- 在一行动的好与坏的结果间，应有一适当的平衡点，即好的结果应多于坏的结果[1]

三、临床上可能对病人造成伤害的情况

临床上可能对病人造成伤害的情况很多，如医护人员的知识和技能低下；对病人的呼叫或提问置之不理；歧视、侮辱、谩骂病人或家属；强迫病人接受某项检查或治疗措施；施行不必要的检查或治疗；医护人员的行为疏忽、粗枝大叶；不适当地限制约束病人的自由；威胁或真的击打；拒绝对某些病人提供医疗照护活动，如艾滋病病人等；拖拉或拒绝对急诊病人的抢救等等[2]。

因为医护人员的任一职业行为，都会与患者的利益产生关系，可见，用"战战兢兢，如履薄冰"来形容医疗实践是一点都不过分的。否则，便可能直接或间接地给病人造成伤害。

四、不伤害原则与其他原则的冲突

（一）不伤害原则与行善原则的冲突

如一足部有严重溃疡的糖尿病病人，经治疗病情未减轻，有发生败血症的危险，此时为保住病人的生命而欲对病人截肢，从表面上看，这样做对病人将造成很大的伤害，但是为了保全病人的生命，即更大的善，这样做是符合不伤害原则的，我国的"两害相权取其轻"的说法比较符合这种情况。

（二）不伤害原则与公正原则的冲突

在稀有卫生资源的分配问题上，这种冲突并不少见。如一个病房有四个肾衰病人同时需要肾移植，但因肾源有限，不可能使每个需要的人都得到，只能按公正原则进行病人选择，未得到肾的病人在身心上将受到伤害，这是不伤害原则和行善原则，同时与公正原则相冲突

的情况。

（三）不伤害原则和尊重原则的冲突

这种情况多表现为医务人员为尊重患者的自主性而无法选择使病人不受到伤害的医疗行为。如病人家属或其法定代理人已表明病人在某一情况下的价值观，而医护人员未将病人的愿望或利益列入伦理决策的考虑时，即构成对病人的伤害。如果病人家属或法定代理人未表明其抉择或不确知病人在某一情况下可能的选择，而医护人员选择给予治疗对病人造成之痛苦远大于其可获得之益处时，此治疗行为对病人而言也是一种伤害。

由上述的例子与讨论可知，有时护理人员认为对病人有益的事情，可能会被界定为是种伤害，而且在医护人员的基本职责中，"不伤害"的责任比"要尽力照护或协助病人"的责任受到重视。临床上，"首先不要做对病人有害之事（first do no harm）"是医护人员的首要伦理原则，这就需要医护人员了解病人，站在病人的角度考虑问题，可大大减少因沟通不足而对病人造成的伤害。

医学高科技在为病人提供极大帮助的同时，也可能会对病人造成新的伤害。一般而言，如果病人可由治疗中受益且在知情同意下接受治疗，即不构成伤害的问题。但未经病人或家属同意，即给予末期或濒死病人使用呼吸机，虽然医护人员是本着保护病人生命安全的原则、竭尽所能救治病人、延长病人生命，但也可能是对病人的伤害，因为对末期或濒死病人而言，这样做同样也是延长死亡，增加病人痛苦并导致其人格尊严受到伤害。如果病人已事先表示希望能安详、无痛苦地走完人生旅程的意愿时，医护人员除应评估病人情况与价值，提供可增进其身心舒适的措施，尊重病人意愿，不再施行积极治疗，减少对病人的伤害，发挥生命真正的价值，让濒死病人无痛无惧地面对死亡，应是伦理道德上可允许的。目前国内外安宁病房的成立，将可提供濒死病患较大程度的人性化服务。

案例28中，患者丈夫和母亲担心继续妊娠对病人可能造成生理上的伤害，更担心违背其自主性做人工流产，又可能给患者带来心理和精神上更大的伤害。因此，医护人员需要权衡怎样做将符合不伤害原则，背后需要医学知识和遗传学知识做伦理学判断的科学基础。

第二节　行善原则

一、行善原则的含义

"行善（beneficence）"按字义解释是仁慈或做善事。行善原则是指医护人员对病人实行仁慈、善良和有利的行为。

此原则看似简单，却不易执行，因为利益与伤害经常交织在一起。仔细评估、分析利益与伤害之后的净额，然后慎重地做伦理决策，避免因决策错误造成对病人之伤害。医护人员在运用行善原则时，亦应注意如何使行善远超过对第三者之伤害。

二、行善原则与其他原则的冲突

（一）行善原则与不伤害原则的冲突

这种冲突以"两害相权取其轻"为典型。因为医护人员的行为，往往不单纯给病人带来益处，它常常伴有副作用，此时行善原则要求医护人员权衡利害，使行动能够得到最大可能的益处而带来最小可能的危害。在人体实验中，受试者本人可能并不得益，而且很可能受到伤害,然而这种实验对其他大量的病人、对社会、乃至下一代有好处,即对社会的大多数人行善,这本身就是个矛盾。

(二)行善原则与尊重原则的冲突——见第三节

(三)行善原则与公正原则的冲突

每个人均为社会团体中的一分子,有享用社会资源的权利。当医护人员为某些病人的健康与幸福努力时,亦应考虑是否威胁到其他病人之利益、需求与权利。例如,当卫生资源不足时,谁可优先享用,如何公平分配等均为行善与公平间的伦理冲突。如一ICU病房现只有一张病床,但两个人都需要进去,怎样分配?也许可以这样说,当行善对两个人来说不可能同时得到时,只有采取公正原则解决问题,这不是行善与公正的矛盾,这是社会的现实,政策制定者应考虑的问题。矛盾存在于如何进行公正分配的不同方案之间,即是把ICU病床给张三公正还是给李四公正的问题上存在矛盾,不是想同时给张三和李四与没有足够的ICU床位之间的矛盾,这种说法确实有道理。

三、何时可停止行善

为病人提供医疗照顾是医护人员的责任,但我们试想这样的情况:如果尽可能做所有事情以维持一永久性昏迷病人的生命,将对谁有益处?这个问题使我们联想到何时医护人员可停止行善的问题。当治疗徒劳无益,或负担远多于收益时,医护人员是否可停止治疗?对此,我国尚无具体规定,多数依家属的意见而定。1973年美国医学会认为医师有停止治疗病人的权利,这说明医生在这个问题上有一定的自主性,但需符合下列三个条件:

- 病人的生命需靠非常性的方法(extraordinary means)维持
- 病人已被证实是生物性死亡(biological death)
- 病人以及(或是)家属同意[3]

我国临床实际情况多受经济因素制约,即便医护人员想为病人行善,尤其对那些继续治疗有很大的希望的病人,希望家属能继续治,但可能因为经济的原因,家庭无法支付费用,医护人员只能停止行善,否则科室的经济效益受到影响,继而影响到医护人员自己的利益。现实中也存在患者不想治,但家属本着尽孝或其他原因,不惜一切代价治疗的情况。如果治疗后好转的希望大,倒也未尝不可,但对那些治疗后患者更痛苦,只是延长了生命时间的情况,医护人员往往也无法违背家属的意愿,即便知道这样做对病人不是在行善。其实从社会公正角度说,这是制度问题引起的不公正,需要国家对医疗制度进行改革,不要让医护人员陷于这种非技术和非伦理的矛盾之中。

第三节 尊重原则

一、尊重原则的含义

尊重原则,本意是尊重自主的原则,现在多简化为尊重原则。

(一)什么是自主

自主原意是自我管理,或自律。康德在他的道德理论中,通过责任,把自主紧密地联系起来,成为道德立法的源泉[4]。自主就是自我选择、自由行动或依照个人的意愿自己管理和自我决策。自主可分成思想自主、意愿自主和行动自主。思想自主系指广义上的智力上的活动,有自我感知,包括做决定、有信仰和审美等;意愿自主系指一个人具有决定自己意愿的自由;行动自主系指一个人具有自由行动的能力。全麻病人是个典型的具有思想、意愿自主,而暂时缺乏行动自主的例子[5]。此三种自主都应该以理性为基础,即一个人先有理性的思考,继而依照自己的意愿,做出自认为正确并符合自己最佳利益的选择,做后采取行动。

比彻姆和查尔瑞斯指出:"自主的人会依照其所制定的计划行事"。功利主义学家米勒认为,只要有自主能力者之行动未侵犯他人的自主性行动,即可自由地行动,不受他人限制。对待自主的人的做法就是不干扰有自主能力的人的自主行动。

（二）什么是自主性?

这里有个概念应明确,即什么是自主性?自主性准确地说是自己自由地自我管理的本质和能力。从理论上说,它只能适用于能够做出理性决定的人。现在有个问题就是:是否这三种自主同时具备才叫做具有自主性,还是具备其中的一个或两个就可以说有自主性?比较棘手的是思想自主、行动不自主的人的决定,是否需要尊重?即思想自主的人是否就是自主的人?

理论上,三种自主都具备才能说明这个人是自主的人。一个人的自主性会受到主客观条件的限制,因为智力、身体状况等生理原因而影响其自主的程度。如孩子、智障者等思想自主程度低;药物成瘾者是因为意愿自主的程度低;而瘫痪、肢体残疾、麻醉病人等是因为行动自主程度极低。即便智力和其他方面都正常的人,由于接受教育少,对医疗方面的知识少,也不能做合乎理性的判断和决策。可见,理性是非常重要的基础,故思想自主相对来说更重要,对那些思想自主而行动不自主的病人更应该予以关照和尊重。

（三）尊重原则

需要明确的是,自主的权利是任何人都具有的,只是因为疾病或其他原因,使得不是每个人都有自主的能力,即自主性受到限制,使得有些人没有或缺乏行使自主权的能力。

尊重原则是道德上不能干涉其他人在追求其价值目标中的信仰和行动,除非对他人造成伤害,体现的是对自主的人和他的自主性的尊重。

在西方英美国家,个人自由有着深厚的文化背景,所以尊重原则一般在四个基本原则中排在第一位。

二、病人自主与医主

（一）病人自主

1. 病人是否具有自主性?

任何人都有自主性,只不过有强弱之分。按理说,病人生病了,自主性要受到限制。从自主的角度理解医疗护理的话,可以把医护行为看做是帮助病人恢复自主性的行为。案例28有个特殊的地方,就是张某是否具有自主性。这是整个案例如何决策的关键因素。由于患者已出院回家,从这点看,即便不能肯定她是否具有完全的自主性,考虑到已经出院,起码说明孕妇的情况处于稳定期,可以说她具有很大程度的自主性。这样,案例中的问题就变成:如果某人不具有完全的自主性,是否就不能做决定?这是本案例需要澄清的。关键也在于她做的是什么决定。

2. 医疗护理的目的是提升患者的自主性,同时尊重其自主权

如一个不具有完全自主性的人,如12岁的孩子,他依照自己的爱好,决定参加暑期游泳班,而非他母亲想要他学的画画班,这里孩子的决定应看成是自主决定,即只要做出与他

的自主能力水平相当的决定就是自主的决定，就应当受到尊重。若这个孩子把家里的价值几千元的物品捐献给希望小学，也不应看做自主的决定，不管他做的是善事还是恶事。所以，案例28要判断出张某对继续妊娠这件事是否在她的自主的能力范围。

3. 如何判断病人的决定是自主的决定？

法登（Faden）及比彻姆认为自主行动具有三个特征：具有行动的目的、了解行动的内容和自愿的行为[6]。

尊重自主的人，尊重其自我选择与付诸行动的权利，要求医护人员在提供病人任何医疗照护活动前，先将一切与医疗照护有关的资料提供给病人（如医疗照护之目的、益处、可能发生之结果与危险等），让病人了解行动的内容，最终让病人自己做决定，也可称为知情同意。即，知情同意是尊重自主的人的一个手段、工具。但是自主并不表示一个人可随心所欲，没有限制。

（二）医生做主

1. 医主的概念

医主（medical paternalism）一词由字义来看是"医师做主"的简称，系一种父权主义（paternalism）的形式。在字面上，父权主义的意义是指控制他人做决策的权利，并以父亲或父母管教孩子般的态度来对待受控于他的人。在医疗上系指为了病人的利益重于自主，也就是要正当地限制一个人之自由以防止其伤害自己。所以父权方式之运用主要是以助人为目的。例如，当病人拒绝输血或不愿接受治疗时，医生为救治病人，且经其判断认为只有施予强迫性输血或治疗才能挽回病人生命，因而予以强迫性输血或治疗；医护人员阻止病人自杀行为的发生；对于无治疗希望者，善意的欺骗，不告知病人需要知道的医疗信息，以避免其焦虑与恐惧等，均是基于为病人的利益而采取的行为，是医疗上类似父权或"医主"的行为。这对护士同样适用。

一般而言，护士也不允许有自主能力的病人，做出伤害自己或对其本身健康无益的决定。CNA（1985）中有"在所有的专业活动中，包括教育、科研和管理等，护士持有为当事人的福利负责的义务"。

2. 医主的分类

医主有强弱之分，我国有全医主和半医主之分。

强医主是指正当地限制有自主能力的病人的自由或自主权。如传染病人不遵守医院的管理规定，或意识清醒的病人有自杀倾向，或精神病人有伤害他人的可能时，医生采取强行的方式或采取限制病人自由的方式，在伦理学上都是应当的。但对于意识清醒，能明辨是非，对疾病有充分的了解的病人的决定，即便与医护人员的正确的判断不一致，也要慎重对待，因为患者很可能有自己特殊的原因，他的决定可能是理性的，是需要尊重的。

弱医主是指正当地干预无自主能力病人的自由或自主权。在临床上这种情况容易得到辩护，但在使用时也要谨慎判断。比彻姆和查尔瑞斯认为只有符合下列准则时，弱医主才是正当行为：

- 当预防伤害或给予某人之益处多于使其失去独立性或受侵犯之感觉时（例如，约束躁动不安或有自杀倾向的病人，虽使其有受侵犯或丧失独立性之感觉，但可预防病人受到伤害）
- 当一个人之情况严重到使其自主选择能力受限时（例如，智能障碍、忧郁、害怕死亡的威胁、药物成瘾或因病导致神志不清或昏迷等病人，其病情已严重地影响其自

主选择能力)[7]

我国所说的全医主是指在重大的医疗决策上，事先不征求病人的意见，完全由医护人员全权为病人做出决定。

半医主是指在重大的医疗决策上，在征得病人或家属的同意或授权下，由医护人员做出原则性决定[8]。

3. 医主和病人自主的关系

我国传统上，因为受义务论的影响，加上病人的自主性并不被强调，临床上经常发生的就是医生做主，或病人出于真诚的信任，委托医生做主，医生也是本着救死扶伤的精神全心全意地为患者服务。

随着我国病人自主意识的增强，国外生命伦理学的传入，国外的自主和个人主义思潮对我国的影响，理论上的病人自主已经得到越来越大的认同。由于我国的儒家思想，家庭至上和群体意识等背景因素影响，病人自主和家属的共同参与一直是我国临床上常见的方式，客观上增加了医护人员对病人自主判断的复杂性。医护人员的行为是否恰当，是伦理学要讨论的问题。维护病人自主权利的人认为，医护人员经常介入病人对治疗的选择，甚至基于"为病人好"的原则，有时未完全理解病人，在未与病人沟通和讨论的情况下，便替其做决定，以致严重影响病人权益，破坏尊重原则，引发伦理问题。许多哲学家与法律学者亦认为，病人的自主权是医患关系和护患关系的决定性因素。父权主义的行为，只有在病人无法做自主性选择或执行自主性行为，以及可免除病人某种伤害，带给其某种好处时方属正当。

"医主"与"自主"表面上似乎是互相排斥，其排斥程度依社会上个人权利意识的强弱而定。在大陆，病人虽然对医护人员的信任有下降的成分，但对医护人员的信任还是要强于对自我权利的要求。其实，无论是病人自主还是医主，其背后的宗旨是一样的，即为了病人的利益。当然，仁慈的医生心中始终装着病人的利益，在医疗决策中会把病人利益放在首位。但在个人自主权利日渐受到重视的今天，医主应与病人妥善协调，否则容易发生医患纠纷。有一典型的案例是说医生在为患者做一侧乳房切除时，为了防止癌细胞的扩散，在未与病人商量的情况下把病人的另一侧乳房切除，造成患者起诉医生的法律纠纷。另外，像人体实验中用病人做实验而未得到病人知情同意就是严重违背病人自主性的情况。但在急诊急救时，病人处于昏迷状态，病情紧急，没有时间征求患者（和家属）的意见，必须立即抢救，稍有迟疑都可能对病人有生命危险，这时医主是完全合理的。

三、医护人员如何做能更充分尊重病人的自主权

在临床实践中，最能代表尊重病人自主权的方式即为"知情同意"。"知情同意"能代表医护人员的想法，并可保障病人自主权。因此医护人员应了解知情同意的概念，以确保病人之同意是在被告知的情况下所做的有效同意。

为了能做到充分尊重病人的自主权，使患者进行最佳选择，医护人员提供的信息必须符合下列条件

1. 正确，即提供的信息应以事实和严密的逻辑推理为依据，而不是凭医护人员的想当然；

2. 理解，即提供信息时要考虑到患者的文化背景，要达到通俗、明了，使患者能够理解，这与提供的信息本身同等重要；

3. 适量，即提供关键、适当量的信息，如果提供的信息量过少或过多，使患者难以明

白或抓不住关键，则无法进行选择；

4. 适度，即提供信息时要考虑到患者的心理状态和病情，删除可能引起危害或误解的信息，并择其恰当的时机告知；

5. 开导，即提供信息不仅使患者了解病情及对诊治方案进行选择，而且还能增强诊治的信心，以利于医患之间的配合和提高实施效果。

同时，提供信息时要避免

1. 诱导，即提供的信息隐其害扬其利，诱使患者接受医生设计的诊治方案；
2. 欺骗，即提供的信息掺入假的成分，以骗取患者接受医生设计的诊治方案；
3. 强迫，即提供信息时恐吓患者，以强制患者接受医生设计的诊治方案。

以上三种作法含有医生的非医学目的或出自医生的家长作风，使患者不能达到真正的自主、自愿[9]。

正确的解释与有效的沟通是使病人了解信息的基本要素。正确的解释是指一个人所听到的与他人所说的一致。举例来说，护理人员告知病人"明晨你将抽血检查，今晚午夜十二时起不可进食任何东西，包括水在内。"，如果病人的回答是："我知道今晚十二时以后就不可以吃东西及喝水，因为我明天早晨要抽血。"此即为正确的解释与有效的沟通。反之，误解会影响病人自主行动，也会发生医主的不恰当应用。

四、知情同意

知情同意是与手术、人体实验、弱势人群的保护等密切相关的伦理学概念。

（一）知情同意的含义

知情同意系指某人被告知，而知道事实真相后，自愿同意或应允某事。在健康照顾中，具有法律功效之同意为知情同意，亦即病人或其法定代理人在获得医护人员提供足够的信息及完全了解的情况下，自愿地同意或应允给予某些检查、治疗、手术或实验。

（二）知情同意的功能

知情同意的主要功能是尊重了病人自主权，在病人自我决定过程中，医护人员除与病人沟通、解说、提供有关资料外，亦协助病人做自我决定。但是当无自主能力病人的家属、监护人或法定代理人，做出有害于病人的决定；或病人正处于紧急情况中，医护人员负有保护与救治病人的义务时，确实无法施行知情同意，其余大部分情况，若能切实推行知情同意，则可增进病人的自主权。知情同意的另一功能是保护病人，预防其受伤害。由于知情同意是在病人了解检查、治疗或研究对他的益处和可能造成的潜在性伤害的情况下所做的自主性决定，因此较能注意其自身的利益。对于无法自主决定的病人，经由其法定代理人的知情同意，亦可达到保护病人，使其不受伤害之目的。

此外，知情同意亦可提醒医疗人员或机构，站在病人的立场，小心行事，使病人更有保障，不但可增加病人与医护人员之间的信任，亦使社会大众对医疗更具信心。目前我国许多的医患纠纷都是基于患者对医生、对医院的不信任造成的。

（三）知情同意的方式和知情同意文件签署双方的地位

一般在门诊，病人知情同意的方式是口头的，但在手术麻醉、有创检查、人体实验等越来越多的方面都按书面的知情同意方式。显然，手术签署双方是医方和患方。这里的医方是谁？有人认为是医生，其实不然。手术协议确实体现医生与患方之间的道德关系，更是一种体现着包含医生、护士等医务人员与患者及其家属之间的道德关系和法律关系，是一种特殊的具有医学道德意义的民事法律关系。从民事法律关系分析，这里的"医方"是指医院。也就是说是尽管医务人员与患方签署了协议，实际上是医务人员代表医院与患方签署了协议，医务人员的行为是一种职务行为。这里的"患方"是指病人及其家属。一般情况下，家属可以完全代表病人的利益，即病人和家属的意见是一致的，但当病人意见和其家属意见相矛盾的时候，是应该尊重病人本人的意见，还是尊重病人家属的意见？我们认为，在医护人员对病人知情同意、并提出医护人员认为"最佳"的治疗方案后，医护人员应该具体分析病人与家属意见矛盾的原因，如果病人意识正常，应更多尊重病人本人的意见，因为手术对病人是否有利，病人本人最有发言权，最关心手术的是病人本人；当然如果病人的意志受到疾病、他人的干预等其他原因限制时，应该另当别论。

（四）知情同意权的行使

关于是否告诉病人完全的信息，有的医护人员认为应完全告诉，有的认为要视病人情况及个别差异，由医护人员决定该告知病人的项目与内容。如果病人拒绝某项治疗或检查将产生危险性时，医疗人员可选择性地特别强调此部分的信息，我国临床上，如神经内科关于做腰穿的检查，这是非常重要的鉴别诊断，在确保此检查必须做的基础上，有的医院的医护人员一般不在这方面做知情同意，只是告知某时要做腰穿，需要做哪方面的准备等，而不是事先征求其意见。但当某患者提出不想做此项检查时，医护人员会尊重病人的选择。可见，具体如何尊重病人的知情同意权，也不用一刀切，可视不同情况而定。

一个具有法律上行为能力和责任能力者，依法可完全自主地行使同意权。亦即当病人接受侵入性检查或治疗前，经由医师向其说明施行之目的、原因、过程、成功率、可能发生的危险与并发症，并在病人充分了解后，由其本人亲自签署同意书、行使同意权。若病人不能行使知情同意权，正确对待代理人知情同意权的问题便很重要了。如果代理人受病人委托代行知情同意权，或"弱势人群"（婴幼儿患者、智残患者、精神病患者、休克病人等），因本人不宜、不能行使知情同意权，而由其家属、监护人、病人单位领导或同事以及医院负责人或上级医师代行，都要受到尊重。在我国，知情同意权代理人的先后顺序应为：配偶－子女－家庭其他成员－病人委托的其他人员。为了不延误抢救时机，对某些需要急诊救护又无法实行或代理实行知情同意的病人，可不受知情同意限制。美国医师学会伦理手册规定：急诊急救时可以不经知情同意。

现在国际上对未成年人的知情同意问题考虑得比较细致，要看其精神状态、成熟程度等是否足以了解所给予治疗的性质与作用，或不愿接受治疗将产生的后果等。一般除其监护人或法定代理人的同意外（consent），也应征得其本人的口头同意（assent）。如果未成年人本人不同意，法定代理人就不应强行代其行使同意权，需要协商后再定。

（五）不需行使知情同意的情况

美国法院认为下列四种情况可不需行使知情同意，但仍需获得病人的同意：

紧急情况：紧急情况时，若有时间，即使是有限的告知，亦为有效；若无时间，可不需告知病人；治疗上的特殊状况：某些特殊状况，允许医疗人员在衡量病人情况后，可不告知其认为对病人健康有害的信息，目的是为减低病人的焦虑，而非担心病人拒绝接受治疗或检查。一旦病人情况改善，可接受所有的信息时，医护人员即应将原先隐瞒之信息，完全告知病人；病人已放弃某项（些）检查或曾接受相同检查时：病人入院时即主动表明同意医护人员于其住院期间所执行之各项检查与治疗，并签署弃权书；或病人重复接受某项检查与治疗，于第一次施行时，医护人员即已遵照知情同意的过程告知病人，病人亦已了解有关信息，于再次施行同样检查或治疗时，可免除告知的过程，只需给予病人签署同意书，取得其同意即可。

如果病人有下列情况，可不经其同意，即给予施行必要的处理：对生命和健康有急迫威胁时；病人无同意能力，法律上认定之代理人又无法联络上时；病人自动委托时。

1980年，福斯特和罗伯逊针对急诊室的特殊情况提出了"推迟同意"的概念，即允许急诊病人先接受试验性治疗，然后在合理的时间内再由病人或者其代理人补办知情同意程序。1993年美国NIH与FDA对此提出质疑，但允许在病人面临最小风险（即所预期风险的可能性和广度不超过日常生活中或常规检查中的风险）的"革新性疗法"中使用"推迟同意"。为了更好地保护接受试验性治疗的危重病人，1996年FDA提出了"免除知情同意"的新标准：1. 病人处于危及生命的状态，现有的治疗方法并非最佳；2. 无法获得知情同意；3. 有可能使病人直接受益；4. 不免除知情同意就无法进行研究；5. 研究方案定义了一个治疗视窗，如果在该视窗中不能获得同意则治疗无法进行；6. 研究过程已由伦理委员会同意；7. 对研究已进行了公众说明；8. 与社区代表进行了协商。如符合这些条件，则医生无需经患方知情同意。这是临床医师在极特殊情况下为挽救病人生命而享有的治疗、研究特权，也可视为病人知情同意权的特殊代行现象，或者说是推定同意的一种特殊方式[10]。

（六）护士在知情同意中的职责

传统上，向病人解释有关检查与治疗之信息并取得其同意是医师的职责，但是护士常会参与知情同意的过程，有的医院是由护士负责病人同意书之填写。护士在参与知情同意和病人的治疗计划时，其主要职责是确定病人是否了解所获得的讯息及同意接受的检查或治疗项目是什么。护士应主动询问病人以得知其了解的程度，倘若发现病人未能了解或充分得知有关信息，就通知医师，由医师亲自向病人说明，以澄清疑点并取得病人的同意。如果病人在签署同意书后，想撤回其同意，护士应尊重病人的意愿并将此信息转告医师。因此护士在知情同意中有下列四种角色：

监测者：监测知情同意的过程，并确知病人是在完全知情的情况下所做的决定。

代言人：将病人之问题、疑虑、情况、意愿转告医师知悉，由医师再做说明与判断，以确保病人安全。

协调者：在知情同意的过程中，护士应维持一开放性的沟通和讨论的情境，并且本身应为一友善之协调者。

促进者：参与知情同意的医护人员中如有误解时，护士可协助澄清。如果病人对医师所告知的信息有误解时，护士仅能就医师已告知病人的信息做解释且应与医师的说法一致[11]。

如果护士发现医生在对病人的知情同意问题上有错误，或故意隐瞒相关信息，则是个值得讨论的伦理学问题，另当别论。

五、放弃治疗与尊重自主

当患者充分了解和理解了关于自己病情的信息后，其做出的选择和医护人员的建议往往是一致的。但医护人员在遇到患者放弃治疗或自杀等问题时，患者和医护人员的观点肯定不一致。虽然有些情况可强行采取医主的方式，有些还是要采取尊重患者自主权的方式，但这绝不意味着放弃自己的责任，还根据情况帮助、劝导、甚至限制患者进行选择。

（一）患者理性决定后的放弃治疗

案例29的情况是因为宗教的原因，而宗教是其理性的选择。由于此教派人数并不少，所以这在临床上确实是引起人们重视的一个问题。此教派认为输血就是喝人的血,这是不可饶恕的罪行,死后不能进天堂。所以,本案例中患者的决定是可以得到尊重的。但类似地发生这样的情况:同是这个教派的妇女,怀孕 7 个月,因溃疡穿孔广泛出血,需要马上输血,但孕妇和其丈夫都拒绝输血。医院请求法院下令输血,法官同意了医院的请求[12]。为什么同样的案例,法院的判决会完全不同呢?关键原因在于后一个案例涉及了另外的生命,而且胎儿以后是否信仰此教还是不确定的因素,故应采取对胎儿的不伤害为首要选择,而不是以尊重患者的自主性为主。

有时患者的决定是理性的,但如果影响到他人或社会的利益,典型的如传染病人的拒绝治疗、放弃治疗等,作为医护人员既要履行对他人、社会的责任,也要使对患者的损失降低到最低限度。此时医护人员的干涉权利,即医主要占上风。

(二)对于缺乏或丧失选择能力的患者的放弃治疗

婴幼儿和儿童患者、严重精神病和严重智力低下患者、老年性痴呆患者、昏迷、植物人等缺乏或根本丧失自主能力的患者,其自主选择权在其家属或监护人手上,即家属或监护人的决定被视为自主决定。当继续治疗对患者明显有利,而家属或代理人、监护人的选择放弃治疗时,即此自主选择不符合患者的根本利益,依据我国的《民法通则》的司法解释的条款,其他有资格做监护人的人可以向法院起诉剥夺其监护资格。情节严重的,可能触犯刑法中的遗弃罪。但这经常有"远水解不了近渴"的现实矛盾。医护人员可在尽可能的情况下,与患者其他家属、患者所属单位或社会上的有关机构等共同协商,尽可能保护患者的利益,而不是被动地尊重监护人的自主决定。

六、行善原则和尊重原则的冲突

这种情况比不伤害原则与尊重原则的冲突更普遍,表现为医务人员的合乎科学的选择与病人的自主决定不一致,一般多以病人有其特殊原因(如经济或情感等原因)为主,如某孕妇若继续妊娠将有对健康很不利,但孕妇出于某种原因抱一线希望要把孩子生下来,于是医生出于孕妇的健康原因,基于行善原则劝孕妇终止妊娠的决定与孕妇的自主决定之间产生矛盾。在这种情况下,有的医护人员会一心为了行善而干预甚至违背病人意愿,执行其认为对病人有利之医护活动,有的医护人员会让孕妇自己和家人商量好后拿主意,不论此决定如何,医生都不会干预。在以往义务论占绝对优势的年代,前一种做法比较普遍,而且由于病人权利意识尚不强烈,病人也没有自己的权利被侵犯的感觉,双方的信任占主导地位,这种忽视病人的自主性,由医护人员做主为病人拿主意的做法可以称做医学父权主义。现在看来,持后一种做法的医护人员的数目会大大增加,因为他们已多数认同病人的自主性更重要。父权主义主张者认为对病人行善重于尊重病人的自主,因其认为有些病人会因疾病导致自我决定能力的下降,或病人可能因选择不当而导致无法挽回的结果,为了病人的利益着想本来就是医护人员的天职。因而医护人员常根据其专业判断在未事先告知病人的情况下,代替病人决定某些医护活动,此情况即产生了行善与自主之间的冲突。若案例 28 中的医护人员采取强行为病人做人工流产的做法,则是医学父权主义,若只给些科学知识上的咨询,让患者自己决定,则是以患者自主性为重的观念。再如一位年轻的腿部患骨癌的女舞蹈演员,由于无法忍受手术造成的身体形象的改变而拒绝接受手术。对此病人而言,其价值观认为身体的完整性与美较生命更重要。因而,很明显地医护人员认为可拯救病人生命之截肢术并不被病人所接受。但对某些相同疾病的病人而言,其价值观则认为生命重于身体的美与完整性，即会接受医生的建议施行截肢手术。因此，医护人员对病人施予善行时，需要结合病人的价值观，同一种疾病，因为所患疾病的人持有不同的价值观，则意味着不同的选择结果都是善，并不是说，某种决策是善，另外的就是恶，而是需要具体案例，具体分析。

另外，在有些特殊情况下，病人做出了看似自主的决定，而且医生在当时很短的时间内无法否定病人的决定不是自主的，但事实却是按照病人的决定，病人将会受到很大的伤害，而若按医生的决定，可促进病人的健康，甚至挽救病人的生命，同时对病人又不造成什么伤害（这一点非常关键）。在这种情况下，行善原则和尊重原则冲突的结果是要按照医生的理智的决定去做。

第四节 公正原则

一、公正原则的含义

（一）公正和公正原则

公正就是公平、正义。在医疗照顾上，公正原则系指基于正义与公道，以公平合理的处事态度来对待病人与有关的第三者。此处所指的第三者是指病人的家属、其他的病人以及直接或间接受影响的社会大众。

公正原则主要可应用于三大方面，即报偿性的公正（retributive justice）、程序性的公正（procedural justice）以及分配性的公正（distributive justice）。报偿性的公正主要着重于决定谁应为过失受罚制度之建立，通常应用于犯罪行为之惩罚。例如杀人者应接受法律制裁。程序性的公平强调处理事情的程序应公平，但不保证应有公平的结果。例如一个本应被判有罪的，其接受审判的程序与过程可能是公平的，但是最后可能因为证据不足或其他原因被宣告无罪。分配性的公正是指如何应用一些原则和规则，把社会中的利益和负担公平地分配给社会成员，其着重于社会物质与服务的分配，尤其是在稀少资源的分配方面。例如当医疗仪器或设备不足时，该如何公平地决定谁有资格使用等均属分配性的公平问题[13]。

本书主要是指卫生资源分配上的公正，强调社会上的每一个人都具有平等享受卫生资源合理或公平分配的权利，而且对卫生资源的使用和分配，也具有参与决定的权利。

（二）卫生资源的分配

卫生资源的分配可分为宏观分配和微观分配两种，所谓宏观分配是指如何将社会资源分配于各种不同公益事物上，并设定其优先顺序。例如国家的总预算中依照政府法令、政策与规定，应有多少比例能分配于健康照顾方面或相关之医疗研究、医疗照顾、健康教育或常规健康服务等方面。政府是否提供健康照顾基金？政府预算中除健康照顾外，应用于其他社会公益事物之经费预算比例如何？健康照顾预算中，用于预防措施、重症或急性照顾、长期照顾的比例如何？何者应先分配？各种疾病获得预算经费，从事研究与治疗之优先顺序如何？在疾病治疗的预算中，可运用于各种医疗科技的优先顺序为何？

一般认为，如将庞大经费花费于只可使少数人获益的医疗技术上，从而影响大多数人的健康照顾经费，是不公平的分配。

微观分配是指健康照顾提供者、医疗机构或其他机关机构，如何将稀少的资源分配给病人，并设定其分配的优先顺序。在健康照护中，如器官移植、ICU或紧急灾难性医疗等方面，均涉及微观分配，常引发伦理道德难题。

二、公正原则在微观分配上的具体标准

微观分配,可简单地理解成病人选择,即选择哪个病人能得到此资源。

在选择病人时,首先是医学标准,然后是社会学标准。在医疗实践中,形式上的公正原则系指将有关的类似的情况以同样的准则加以处理,而将不同的情况以不同的准则加以处理。但是,在稀有卫生资源分配时,还要考虑公正的内容原则,如根据个人的需要、根据个人的能力、根据对社会的贡献、根据家庭的角色地位、根据疾病的科研价值标准等综合考虑。一般来说,可依据如下的原则来作为参考:

- 回顾性原则,即依照个人的努力或功绩分配,但对于新生儿、小孩或有严重残障的成年人可能便显得不公平
- 前瞻性原则,即看他对社会潜在的价值。这样年幼者比年老者有优势。社会价值与需求经常改变,将使人在某一时期被认为没有社会价值,但在另一时期却被视为是极有价值者
- 余年寿命原则,即看获得卫生资源后能活多长,但寿命又是由多因素控制的
- 家庭角色原则,即家庭中依靠他生活的人数多的,将可能获得资源
- 科研价值原则,即有科研价值的,为国家的科研能做出贡献的,将可能有些得到稀有资源。

有医护人员认为,依据这些标准判断,是很难操作的,干脆依据"先来后到"原则,既公正,又省事。其实这也是许多国家现行的做法,如需要进行器官移植的都在网上登记,排队等候。另外,经济能力、生病事实中是否含有自身的责任因素(如不倾向于给因酗酒而造成肝病的人进行肝移植)等也是可以讨论的标准。

三、公正原则与其他原则的冲突

公正原则与其他原则的冲突,主要体现在稀有卫生资源的分配中。由于资源的有限,既不能对所有的人都保证不伤害、行善,也不能以病人的自主决定为依据。

护理伦理学是应用伦理学,但不等于说把这些原则应用到具体案例中就可解决问题,因为不仅因为患者有他自身的特殊情况,而且原则间本身也存在冲突。但要知道,尊重病人的自主性的原则在发展趋势上将越来越重要于其它原则。但在稀有卫生资源的分配上,公正原则应排在首位。

---

[1] 尹裕君,林丽英,卢小珏等著.护理伦理概论.北京:科学技术文献出版社,1999.41
[2] 李本富,李传俊,丛亚丽编著.医学伦理学.北京:北京医科大学出版社,1996.37
[3] 尹裕君,林丽英,卢小珏等著.护理伦理概论.北京:科学技术文献出版社,1999.47
[4] E.D.Pellegrino, D.C.Thomasma.For the Patient's Good.New York:Oxford University Press,1998.8
[5] Raanan Gillon.Philosophical Medical Ethics.A Wiley Medical Publication,1992.61
[6] 尹裕君,林丽英,卢小珏等著.护理伦理概论.北京:科学技术文献出版社,1999.28
[7] 尹裕君,林丽英,卢小珏等著.护理伦理概论.北京:科学技术文献出版社,1999.32
[8] 李本富,李传俊,丛亚丽编著.医学伦理学.北京:北京医科大学出版社,1996.39
[9] 李本富,李传俊,丛亚丽编著.医学伦理学.北京:北京医科大学出版社,1996.40
[10] Mark Siegler.美国与知情同意有关的一些问题.见:中美临床试验和生物医学研究中受试者保护研讨

会，2001.57
[11] 尹裕君，林丽英，卢小珏等著．护理伦理概论．北京：科学技术文献出版社，1999.39
[12] 邱仁宗．生命伦理学．上海：上海人民出版社，1987.213
[13] 尹裕君，林丽英，卢小珏等著．护理伦理概论．北京：科学技术文献出版社，1999.48

第八章　护理伦理学理论基础

案例30　现年24岁的泰默是布达佩斯吉亚拉·尼罗尔医院的一名护士。由于她平时喜欢穿着黑色的衣服并留着一头黑色的长发，所以她的同事都叫她"黑天使"。一段时间以来，在她供职的医院中发现了一些奇怪的现象，即只要一轮到泰默上夜班，夜间病人的死亡人数就会有所增加。起初，护士和医生都没有特别的注意，因为死者都是些年老体衰或患了绝症的病人，随时都有死亡的危险。不过，由于死亡发生得太过频繁，医院还是展开了调查，结果发现，一些死者并非自然死亡，而是被人注射了大量的镇定剂或其他药物。人们很快发现许多死在她的班上。通过调查，医院的主管还发现，注射给病人并造成他们死亡的药物都不在医生开出的处方中。匈牙利布达佩斯警方宣布，他们抓获了被称为"黑天使"的女护士泰默，她已经向调查人员承认，她曾利用值夜班的机会杀害了大约40名病人。但在认罪的同时，她还为自己辩护说，之所以这么做是"因为想帮助那些年老的和遭受病痛折磨的人摆脱痛苦"。在被警方拘捕了之后，泰默很快就承认了是她故意为病人注射镇定剂的。她承认自己曾这样干过30到40次，还清楚地说出了其中19位被她杀死的病人的名字。她还说，自己是出于"仁慈"才这么做的，警方也承认，至今还没有发现任何证据可以证明，泰默在杀害这些病人时有其他物质上的动机。可是，法律专家和伦理学家指出，即便泰默没有其他目的，甚至是出于"人道"目的，这样给病人注射药物致使其死亡的行为都是犯罪。因为对病人来说，"安乐死"是主动而不是被动的行为。匈牙利的法律规定"安乐死"是非法的，但1997年的一项法律允许患有绝症的病人在有公证人在场的情况下可以通过书面声明拒绝医院所提供的维持其生命的救治工作。可是，无论如何，如果病人不提出要求，医生或者护士都没有权利擅自剥夺病人的生存权。犯罪学家说，如果泰默故意杀人罪名成立，她将被判处20年监禁。

第一节　进行道德评价的原因和方式

一、道德评价的含义

道德活动、道德关系和道德意识是道德结构的三个要素，紧密统一在一起，道德意识、观念本身反映在道德活动和道德关系中，而任何道德观念又都是规范的，它总是在"命令"什么和"评价"什么。"命令"是说你应该做什么，而"评价"是说什么是善的或恶的。

评价本身是一种道德活动，是道德意识对社会实际存在的各种现象（已发生的行为和人们的道德品质）所作的赞扬或遣责，通过这种赞扬和遣责来判明行为（以及动机和整个品行），判明个人的性格特点和社会生活方式是否与固定的道德要求相一致。道德评价，就是确定某种现象是善的还是恶的。同表现为规范形式的要求（即用一般的原则的方式来指示人们什么是他们应该做的）不同，评价则把这些要求同现实中已经发生的那些具体现象和事件相比较，来判明这些具体现象和事件同道德命令是否一致。如，人们把某一过错当作恶来评价时，同时又明确了他们不应该这么做。对未来打算发生的行为，一般就不用评价这个词了，而是用行为选择这个词。一般是人们在头脑中从几种可能的行为中选出一种他认为应该做的行为，"如果我这样做，我就是行善，如果我不这样做，我就是作恶"，即利用这种特殊的评价公式时，好像是人跑到行为的前面了，想象中已实现了各种可能的做法，并先做出了评价，以便正确地选择。评价作为典型的道德活动，是通过道德意识，对行为造成的社会后果进行分析。

二、道德评价是一个存在的事实

在社会生活中，每个人对自己、他人的评价是一种自觉、不自觉的行为。自我评价是对自己本身的行为、道德品质、信念、动机的一种道德评价，是个人道德的自我意识和良心的一种表现。在自我评价中，道德情感起着特别重要的作用：如良心、自豪、羞耻、悔过等。进行自我评价是需要一定条件的，是在形成了一定的道德观念和情感之后，才能感觉到评价带来的精神力量。简单地说，道德评价就是来区别行为的善恶，这是它的任务，它的目的是要人们养成强烈的道德责任感（即上升到道德意识），对善的行为能够有道德上的满足，对恶的行为能够有道德上的自我批评，从而形成一种深入人心的精神力量。也就是说，道德评价是一种有效的途径使人们能遵守道德规范、原则。如一个护士看见护士长为护理一个急救病人而宁愿放弃自己的休息，觉得她的行为非常高尚，其实这就是一种不自觉的以后想学习的榜样，表现为道德评价与护士自身的道德认识的提高之间已经发生了关系，即道德活动和道德意识之间的内在关系。

道德行为和道德品质是道德评价的对象。从道德的角度看，可把行为分成道德行为和非道德行为。道德行为是在一定的道德意识支配下表现出来的有利或有害于他人和社会的行为，包括道德的行为和不道德的行为。非道德行为，是与他人和社会的利益关系不大或没什么利害关系的行为，如个人的生活行为等。

评价，主要是针对行为，有时也针对道德品质。而道德品质不是行为，而是行为者的属性、特征，是一种道德意识概念，是行为即将发生的原因，一般用诚实、吝啬、慷慨、谦虚、宽宏大量等表示上，是个比道德规范更一般更复杂的概念，不包括人应该做什么，不应该做什么，而是行为的特征，行为的习惯，性格特点。但这个性格特点与行为关系非常密切，说一个人有品德，是因为这个人经常发出道德行为而表现出来的稳定的心理特征（心理活动的构成是知、情、意）。

所以说，不是为什么要进行道德评价的问题，而是道德评价就是一种道德现象，具体地说，是道德活动现象，是现存的事实，是道德现象内在的要素。可见，问题不在于为什么要进行道德评价，而在于怎么评价，即道德评价的标准是什么。

三、道德评价的根据——动机论和效果论

根据评价的主体不同，可把道德评价分为社会的道德评价和自我的道德评价。在评价中形成的价值信息和准则性的命令，一般是通过社会舆论、内心信念和传统习俗从外部传递给行为主体的。社会舆论、内心信念和传统习俗是进行道德评价的方式。至于他人、社会的评价对个人来说能起多大作用，要看主体是否能接受，是否能产生共鸣。现实中，二者经常出现不一致的情况，不只是因为个人对道德的认识和他人社会的不完全一致，就是同一个人在不同的时期对善恶的认识也不一样，更关键的是进行道德评价的根据不同。如案例30中泰

默对自己的评价和当局对她的评价就不同。

任何行为都包含动机和效果两个基本因素。大多数情况下二者可能是一致的,但在有些情况下,确实又有动机和效果不一致的情况。这时,人们不禁要问:要评价一个行为的善恶,是根据动机呢?还是根据效果?从伦理学史上看,在善恶的根据上看,自古以来,就有动机论和效果论两大对立的派别。

动机论认为,道德评价的唯一依据是行为的动机,至于效果的好坏,并不影响动机,不能作为根据。在西方,康德是这一思想的主要代表。

效果论认为,评价人的道德行为只能看效果,不能看动机,因为人的动机是主观的复杂的,甚至是不可见的,所以,要判断人们行为的动机是不可能的。效果论的主要代表是功利主义的持有者,边沁和穆勒。

既然动机和效果之间可能存在不一致的情况,就说明绝对的动机论和绝对的效果论都是不全面的。从唯物辩证法的思想方法上看,在评价时要综合二者,才能辨证地进行道德评价,才能在解决问题时更有说服力。

第二节 护理伦理学理论基础

绪论中曾提过,规范伦理学是三种伦理学体系中的一种,而且是狭义的伦理学。即一提到伦理学,都是指规范伦理学。传统规范伦理学又有三种形态:道义论、功利论和德性论[1]。也可以这样说,这是三种主要的伦理学形态,是三种理论体系,是三种不同的道德观。

动机论和效果论是在道德评价方面的两个对立的流派,一般只用在评价时使用这样两个词,但它们分别是两种理论体系在评价时所显现出来的不同的对立的观点而已。而评价只是道德现象中的一个,即道德活动现象,所以,可以肯定地说,两种理论体系在论及道德关系现象、道德意识现象时也同样会有不同的观点和结论。简单地说,本节要讲的伦理学理论基础的内容,不仅有关于评价的论述,还会有关于道德意识(包括道德原则、规范、范畴等)、道德关系、道德活动中除评价之外的如道德教育、道德行为选择等内容的论述。

一、义务论、功利论和美德论

义务论、功利论和美德论,表面上是三种规范伦理学的三种理论,事实上,它们分别代表三种伦理学形态,是有不同的历史背景和思维方式的地区对伦理学的各自的看法的总结。

义务论,也可称道义论,是由有德国严谨的理性思维传统的康德,在先验唯心论的基础上,运用理性自律的方法,以普遍立法、人是目的、意志自由三大绝对命令为表现形式的,强调动机的纯洁性和至善性的伦理学。义务,就是责任,来自于人的内在理性。

功利论,是由有英国传统的经验主义哲学背景的边沁和穆勒创立,从人的趋乐避苦的生理性特点出发,发展到追求精神的快乐优于感官的快乐,强调以一个行为能给最大多数人带来最大幸福为评价行为的依据的伦理学。

美德论,也叫德性论,主要研究的是做人应该具备的品格、品德,换句话说,告诉人们什么是道德上的完人和如何成为道德上的完人[2]。古希腊的伦理学和我国儒家思想都是强调人应具备的美德和如何修养能得到这些美德的理论体系。

二、区分三种理论的简便方法

一般来说，规范伦理学的回答多与实践相关（即什么类别的事情是好的？），而元伦理学多注意重语义学（即什么是"好"？）的研究，描述伦理学只是陈述现象，不做评价。这既是伦理学研究的三种方法，也构成了伦理学的三种体系。规范伦理学作为一种主要的伦理学体系，其中又有不同的时期、不同的国家和不同的人提出的多种理论。一般情况下，不论哪种规范伦理学，有个经典的方法可以区分，因为凡是规范伦理学都含有如下三个结构：发出行为的人、行为本身和行为的后果。如下图所示

    P → + + + + + + + +
   Agent Action Consequences
   人   行为   结果

如果价值判断主要基于当事人，这类伦理学理论就是美德论；

如果价值判断主要基于行为本身，对此一般有三种表述方式：被社会所要求的（你必须做什么），被社会所允许和提倡的（你应该做什么或做什么将是好的）和被社会所禁止的（你做什么将是错的），这类伦理学理论就是义务论；

如果价值判断主要侧重于结果，即以行为后果的好坏来判断行为的善恶，这类伦理学理论就是后果论。

三、三种理论在人们头脑中是并存的

相信人们在看了案例30之后，很难一下子就得出对泰默的评价的明确结论，这是因为，在日常生活中，支配我们思想和行为的道德原则和规范等，既有道义论的，又有功利论的。同样一个人，他可能说：泰默真是勇敢、好样的，那么这是从她的品质或从她的动机出发进行的评价，即道义论和美德论的结论；他也可能同时这样认为：无论如何，没征求患者的同意，注射药品，这是非常不道德的，那么这既可能是功利论的结论，也可能是道义论的结论。如果侧重于把"征求患者同意"作为行为的道德原则或规范，那么就是道义论的结论；如果侧重于没征求患者同意带来了不好的结果，则说明是功利论的结论。

这是因为，理论是对人们的道德实践的总结，在进行归纳总结的人中，有的人侧重、重视这个方面，有的人侧重、重视另一个方面，然后分别对被侧重的方面进行归纳，总结，形成了各自的理论体系。要明确一点：理论是对道德现象的总结，不是我们认识道德的目的，它是我们的工具和手段，而非目的。就像我们学习医学、护理学，其中会有不同的假说，如在探求护理本质时，不同的人提出了不同的护理理论，有Nightingale、Henderson、Peplau、Roy、Roger、Orem、Johnson、和Wiedenbach等人提出的护理论[3]，我们能说某个人的就是绝对正确的吗？只能说，某个人关注的角度不同，都是对护理本质的探讨，揭示的是护理本质的一个侧面。

以案例30为例，如果评价侧重于护士本人的品质，那么可能得出护士的行为是善的（如果没有证据说明护士泰默平时就是个品质不好的人）。如果评价是从行为本身，要看护士注射大量镇静剂的行为是什么性质，是否符合护士的权利义务，这是义务论的方式。若评价从结果来看，是功利论的方式。在进行道德评价时，有两个问题要考虑清楚：首先是要区别同一个行为引起的两种判断：一种是人格的判断，一种是客观的判断，即一种是动机的判断，一种的后果的判断。对泰默护士的行为评价，我们首先要看她的动机，她是否想索取患

者的高额酬金？不是，而是"因为想帮助那些年老的和遭受病痛折磨的人摆脱痛苦"，可以说，她是对患者的同情使她冒了很大的风险。"犯罪学家说，如果泰默故意杀人罪名成立，她将被判处20年监禁"。在没有任何证据证明泰默的行为是出于不道德的动机的话，从动机论的角度评价，她的行为在道义上是无可指责的。

但是这一判断，即对行为者的思想、动机、人格的判断并不是这个行为引起的唯一判断，因为行为本身和行为的后果也是一个判断的对象。泰默的行为无疑是未经授权的结束他人生命的行为，从事物的本性上说，这样一种行为类型不论出自什么样的动机，都有一种对人类幸福十分危险的效果。如果允许这种行为普遍化，对社会造成的危害将是巨大的。匈牙利的法律规定"安乐死"是非法的，虽然1997年的一项法律允许患有绝症的病人在有公证人在场的情况下可以通过书面声明拒绝医院所提供的维持其生命的救治工作，但无论如何，如果病人不提出要求，医生或者护士都没有权利擅自剥夺病人的生存权。从这点看，这种行为是恶的、违法的。

即存在这样的现象：一个行为可能客观上是错误的，而行为者在人格上却可能还是无可指责的，需要我们在评价时要全面。说一个人的行为在道德上是善的，是指它具备善的两个特征，倾向于推进行为者和他周围人的幸福。我们说一个人善的时候，是说他自己人格的塑造符合人的完善的理想，同时推进他周围人的幸福，说一个人为恶的时候，是说他既无心为自己或他人做任何事情，相反却对周围的人有害。

四、如何把握伦理学理论

具体到我们每个人身上，每个人都不是绝对的道义论或绝对的功利论持有者，或美德论持有者，但如何运用这些理论到护理实践中，如何指导自己的行为，首先还是需要学习各理论的精华。然后在进行案例分析中，多积累经验。

由于美德论主要是关于道德品质和道德修养的，我们将在下一章护理道德行为修养一章论述。本章主要讲道义论和功利论。

第三节 结果论和非结果论

在名称上用结果论和非结果论代替道义论和功利论，能比较容易地说明二者的真正区别。

名称	结果论		非结果论	
含义	以行为结果为基础，关心结果		不以行为结果为基础，不关心结果	
主要代表	功利论	伦理利己主义	义务论	宗教伦理学

一、伦理学假设

（一）关于是否杀害无辜的人的伦理学假设

- 杀害一个无辜的人总是错的，即使如果你不杀这个人，将有20个无辜的人因此而死去，你也应让这20个死去而不应杀害这个无辜的人。
- 应该为当时最大多数人的利益考虑采取当时看来最好的行为，即以牺牲一个无辜的人的代价来保全20个无辜的人的生命。

（二）关于是否移植某痴呆并对他人有攻击性的人的器官的伦理学假设

- 不管这类人的生命质量和价值如何，他有生存的权利，社会应该想办法增加他的幸福，而不是伤害他。
- 这类人由于其自身生命价值极低，对家庭和社会都没有用，因此，应该把他的器官移植给那些对社会有价值的患者身上，这样可给社会带来更大的幸福。

二、非结果论

对上面的伦理学假设的回答，凡是选择1的，都可以称为非结果论的持有者。非结果论也可称义务论，道义论，若单从道德评价角度来看，叫动机论。义务论最主要的代表是康德。

（一）康德义务论

义务论是关于责任、应当的理论，具体研究道德准则和规范，即社会和人们根据哪些标准来判断行为者的某个行为的是非以及行为者的道德责任。康德义务论也常被称为义务论伦理学，是一个系统的体系。他首先证明，光靠推理，无须引证任何超自然存在物或借助任何经验证据，只需一种逻辑推理，就可能确立起正确的绝对的道德规则。康德认为，绝对的道德真理具有逻辑的前后一致性，而且一定要具有普遍性，毫无例外地适用于一切情况，对所有的人具有约束力。

康德道德体系中有两大根本原则：第一是绝对命令，第二是任何人都不能视为或用为达到别人目的的手段，每个人本身就是独特的目的。所谓绝对命令，是说如果指导某一行为的规则不能普遍化，不能为一切人所奉行，那么这个行为就是不道德的。康德通过下面的推理来证明这一点：

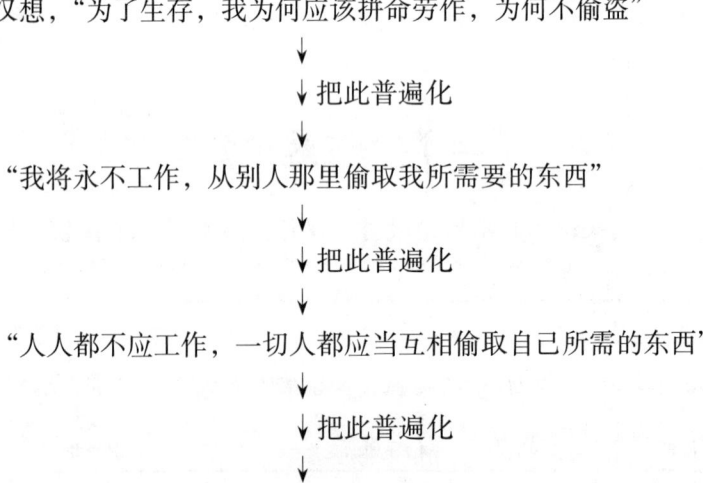

一个懒汉想，"为了生存，我为何应该拼命劳作，为何不偷盗"

↓把此普遍化
↓

"我将永不工作，从别人那里偷取我所需要的东西"

↓把此普遍化
↓

"人人都不应工作，一切人都应当互相偷取自己所需的东西"

↓把此普遍化
↓

如果无人工作，那么就无物可偷。

以上推理的结果说明，按照这个懒汉的逻辑推理，最后成为悖论，即此种行为无法普遍化，因此偷窃是不道德的。

康德主张，人不是实现别人目的的手段，由此看前面的伦理学假设，不管这样做的结果如何，是20个无辜的人死亡，还是更多的人不能得到移植器官，都不是康德义务论所考虑的，而应平等地、公正地对待每一个人。

康德在他的伦理学体系中提出了若干道德禁令，如"决不杀人"、"决不偷窃"、"决不食言"等。

康德义务论还有一个特点，就是"为义务而义务"。按照康德的观点：爱好和义务感之间有本质的不同，当一个人的行为是出于义务感而非爱好，那么这个行为才具有道德价值。如一个护士保守病人的隐私，不是因为她天生不愿意多说话，而是认为这是她的道德责任，这就说明她的行为是道德的，否则就不能说她的行为有道德价值，即便她的行为的结果保护了病人的隐私。所以，在道德评价的动机和效果的问题上，只重动机，不看结果。康德明确地提出：绝对命令之所以是道德的，只是因为它本身是善良的，至于这个绝对命令是否能带来好的后果（行为过程本身没有出现操作失误）则不是他所关心的了，即后果的好坏决不能反过来影响对动机的分析。如一个医生出于职业道德责任，冒风险为病人手术，但病人死亡，义务论认为评价这个行为只看行为动机，不看结果，即医生的行为是出于义务而义务的行为，因而是道德的。

（二）对康德义务论的批评

试比较两种人：一种是认识到自己的责任而要求自己做道德的事情，另一种人是因为本身的善良的本性而做道德的事情。如果按照康德的理论，后者的行为不属于有道德价值，而前者的行为是有道德价值的，这好像不能为人们所接受。

我国有句古话：自古忠孝不能两全，其实从道德义务的角度看，是说两个都很重要的义务发生了冲突。但康德在他的伦理学体系中从未告诉人们，当同样绝对的义务发生冲突时，应该如何抉择。这是康德义务论的一个被批评之处。另外一个质疑是：如果遵守规则的结果是对少数人，甚至是一切有关者有害，那为何要遵守规则呢？在人的行为和经验如此复杂的情况下，有没有绝对例外的道德规则？[4]。

另一位非结果论者罗斯试图为解决康德的问题，提出任何义务都不是完全绝对的，他把康德所讨论的义务作为初定义务，但是如何确定哪些义务是初定义务、如何判定某种义务具有充分理由压倒初定义务等问题，还是没有明确的标准。

（三）义务论在护理领域中的应用

义务论在医疗护理领域的应用一直占相当的统治地位，不是因为两个理论孰好孰坏，而是由于医疗护理的独特性决定的，是由于医护人员的天职性的道德责任，因为病人生命的珍贵。即便在今天，仍然是应用的主要理论，它指导护士在护理过程中具有或应当遵循何种责任（职责和义务）、应该或不应该做什么才是道义的或者怎样做才是道义的。

同时，也要看到过分强调义务论在护理领域中的局限与不足，在相当长的时间内，医护人员都是以义务论来指导其行动的，即强调的是医护人员对病人单方面的责任，注重的是良好的动机的培养和行为的谨慎，培养了一代又一代的医护人员。但对护理意义的双向性重视不够，过分强调义务会导致忽视动机与效果的统一，忽视了病人的权利和护士的权利，缺乏协商和沟通的准备，有时影响护理工作的时效性。

三、结果论

（一）功利主义

功利主义是最著名的结果论，其创始人是19世纪英国的边沁和穆勒。功利主义与义务论的区别，不在于功利主义否认动机，它也承认动机的作用，但否认动机与道德之间有任何关系，强调的是行为的后果，只要一个行为的后果是好的，那么他的行为就是道德的。一个护士保护了病人的隐私，哪怕她这样做是担心泄露病人的隐私会受到法律的惩罚，而不是因为她的自觉的责任，也应该判定她的行为是道德的。

功利主义的道德原则是最大多数人的最大幸福（最少数人的最小不幸）。

功利主义的决策程序是，首先列举一切可供选择的办法，然后计算每一种部分可能产生的后果，对自己和别人产生多少幸福和不幸，最后比较这些后果，找出能产生最大幸福的办法。

20世纪70年代，元伦理学发展缓慢下来后，规范伦理学重新发展，对资源和社会整体利益的关注使人们重新完善功利主义，并形成了新的流派，主要是行为功利主义和规则功利主义。此时，功利主义的道德原则可以表述成：每一个人的行为或所遵循的规则应该为每一个有关者带来最大的好处（或）幸福。

（二）对功利主义的批评

1. 行为功利主义和对它的批评

行为功利主义不相信可以制定什么规则，因为他们认为各种情况和各个人都是不同的，因此，每个人都必须估量自己的处境，努力认清什么行为将不仅为自己，而且也为所有与此相关的人带来最大量的好结果，把坏结果减少到最低。不可能有什么反对杀人、偷窃、说谎等行为的绝对规则，这是因为所有人及其处境都不相同。

批评意见：要判明什么结果对别人有好处十分困难，对自己来说是好的，对别人却可能不好；另外，每次遇到情况都得重新斟酌好坏，难以办到。如何估量？

对批评的回答：人们在经历了许多情况之后，就学会了很快地把自己的经验用于新情况。

2. 规则功利主义和对它的批评

为了克服行为功利主义的许多问题，规则功利主义应运而生。其基本观点是：不是每个人的行为，而是每个人都应当遵循会给一切有关者带来最大好处的规则。因为人们的动机、行为及所处的情况有足够的相似之处，可据以确立适用于一切人和一切情况的规则。这排除了每个人在每种情况下都必须重新计算效果的问题，也提供了一套规则。

批评意见：与行为功利主义相同的一个问题是，如何确定对自己是好的，对别人也是好的？对于任何规则，人们都至少能在某处发现一个例外，而当你把所有可能的例外纳入规则时，你在实际上就是倡导行为功利主义了。

对批评的回答：人们的行为、动机及所处的情况有足够的相似之处，可据以确立适用于一切人和一切情况的规则。

总之，一切结果论的固有的困难在于：必须尽量全面地发现并确定我们的行为可能产生的结果，这无论如何是个困难的任务。因为他们必须关心行为结果如何影响别人而不是自己。而且我们不一定能看到很远的将来。在努力为最大多数人创造最大好处的过程中，我们有时可能对少数人做出极不道德的事情[5]。

（三）结果论在护理领域的应用

把功利主义应用到护理领域，尤其是在市场经济时代，最大的好处是在判断或进行行为选择时，以病人和社会多数人利益为重，同时兼顾护士个人正当利益和医院利益，利于将有限的卫生资源按照符合社会整体利益的方向进行分配，从而避免浪费。在道德评价中，这种理论、观点等具有客观性、可视性、有形性和明显可见的实际利益性，容易被人接受和运用，比较符合科学原则和实事求是原则的要求。

但后果论的缺陷也是明显的，在实践中要注意预防：一是滑向"重利轻义"的极端，二是它容易使人"短视"，即过分注重功利这容易使人们重视眼前利益，忽视长远利益和重大的利益；同时，过分重利也容易使人们为了利益而不择手段。

四、综合评价

伦理学不是目的，伦理学也不是为人们制定道德规范的，而是指导道德行为和对某种行为予以伦理学上的解释，找出某种现象背后的规律。所以，学习伦理学理论也是一样，它应被用来帮助我们全面地看待道德现象，分析行为的合理与否，这可从三种主要的伦理理论中学习到。伦理学的实践性决定了它不是一门僵化的学科，所以，康德义务论中的不变的绝对命令、初定义务不可能在现实中畅通无阻，由于每个案例的特殊性，我们必须承认对任何原则都有某些"合理的例外"，这里，"合理"是个关键的现实，这意味着不是人们想不按原则办事，而是有时单纯用原则不能解决问题。因此同样，我们不能不考虑事物的后果，否则只能是盲目地行动。但我们又不能只看后果，不考虑义务，尤其是在市场经济的今天，如果凡事只重后果，如现在很多人注重的经济利益，势必影响对患者的服务，势必使那些无钱看病的人被拒之门外，即人道主义没有立足之地了。当然对患者的人道主义服务不全是院方的责任，而主要是国家，宪法中规定的国家对公民的责任，但若没有医疗系统的配合，公民的权利将得不到保障。所以，义务论和后果论都有存在的价值，不能非此即彼，需要在实践中具体分析运用，采取具体案例具体分析的方法。

第四节　与道德评价关系密切的伦理学范畴

一、荣誉

荣誉是社会和个人以某种赞赏性的社会形式或心理形式，对人们履行一定社会义务和相应的行为的道德价值所表达的肯定性态度和褒奖[6]。

可见，荣誉与义务的关系更为密切，是对履行义务的道德行为的公认和褒奖，是社会对个人的社会价值的客观评价和个人对此的主观感受。

荣誉与良心的关系也甚为密切。荣誉的客观方面是通过社会舆论进行的社会价值的评价，但从主观方面来看，荣誉是良心中的"知耻心"、"自尊心"和"自爱心"的表现。

由于护理职业是个团体性的工作，与病人选医生不一样，病人选护士比较困难，因为护理工作的完成是需要护士全体的工作。所以，护士的荣誉是集体荣誉和个人荣誉的统一，它对护士的行为有激励作用，也有评价作用。

二、幸福

幸福是与人生、理想等联系密切的道德现象，是人的主观感受，是感受和理解到实现了自己的理想和目的而引起的精神上的满足[7]。

同荣誉一样，在护理领域，护士对幸福的看法，既包括个人幸福和集体幸福，也包括创造幸福和享受幸福。

康德的"为义务而义务"的观点，只能说明护士尽了对病人的义务是道德的，但不能肯定地说她是幸福的。幸福还应包括本身对职业的喜爱，对荣誉的享受，如享受到专业带来的乐趣，体验到自身的价值。在护士来说，体验到自己对病人的好的影响，病人对自己的依赖。这点在肿瘤医院的护士可能感受能相对多些，因为肿瘤病人的特殊性，需要反复来住院，有的病人就专门等某个护士的病房有空床后再搬进去，这从护士的体验来说，就是一种幸福。或者病人出院后仍然能记住你的名字，护士觉得非常欣慰。这也是典型的幸福的感觉。

---

[1] 魏英敏. 功利论、道义论与马克思主义伦理学. 东南学术. 2002, 1:140-145。
[2] 魏英敏 主编. 新伦理学教程. 北京：北京大学出版社，2000.31
[3] 铃木美惠子，陈淑英 主编. 现代护理学. 上海：上海医科大学出版社，1992.5
[4] [美] J·P·蒂洛 著，孟庆时等 译. 伦理学——理论与实践. 北京：北京大学出版社，1985.76
[5] [美] J·P·蒂洛 著，孟庆时等 译. 伦理学——理论与实践. 北京：北京大学出版社，1985.56
[6] 唐凯麟 编著. 伦理学. 北京：高等教育出版社，2001.209
[7] 李本富，丁蕙荪，李传俊 著. 护理伦理学. 第二版. 北京：科学出版社，1998.94

其他参考文献

1. Warren Reich ed.. Encyclopedia of bioethics, second edition. New York: Macmillan, 1995
2. 李本富 主编. 医学伦理学. 北京：北京医科大学出版社，2000

第九章　护理道德教育和修养

案例31　某医院护理部举行医学伦理研讨活动，就护理道德规范作用的发挥和护士护理品德的养成等问题展开讨论，有的护士认为，通过护理伦理学的学习，可以把握护理道德规范要求，现在国内外都非常重视护理伦理教育，护理伦理学已经成为护理专业教育的重要内容，只有把握护理道德规范并按照规范的要求开展护理工作，才能最终养成良好的护理品德。有的护士对通过护理道德教育就能养成良好的护理品德，表示怀疑，认为护理品德先天具有，后天的护理伦理教育作用甚微，"人之初，性本善"、"恻隐之心，人皆有之"，只要选择了护理职业，护士一定会自觉讲求医德的。有的护士认为，修养是一句空话，我觉得护士只要从内心中热爱你的病人，尊重他们，就是最根本的。

案例32　医学伦理教育与提升医德

据台湾《民生报》2001年12月23日报道，医学伦理渐受重视，医学院纷纷开设相关课程，但这恐怕还不够。在医学教育十分重视医学伦理课程的美国，调查仍显示，80%的实习医师曾有"不道德"的医疗行为，62%坦率承认，进入医学院后道德更低落，医学伦理教育似乎未必真能提升医德。

由台湾卫生研究院主办的一次"医学伦理教育课程之价值与反思座谈会"，曾经留学美国的台北医科大学附设医院内科住院医师范琦公布了美国宾州一项医学生问卷调查，透露出医学生恐是在医疗环境中"潜移默化"，而致道德观逐步低落，引发许多讨论。

这项针对六百六十五名三、四年级医学生的调查显示，八成的医学生在医院实习时，在考试成绩和上级权威压力下，曾有过"不道德"的医疗行为；61%看过其他医疗人员做出违反他们道德观的事，98%曾目睹医疗人员以不雅的称呼和不尊敬的方式，讨论自己的病人；且四年级学生从事违反自己道德的行为比率为三年级学生的两倍。

在场的阳明大学医学系五年级的林同学说，学校虽安排了医学伦理课程，教大家如何培养"医德"；但在临床课程上，却见教授毫不顾及病患隐私，把病例姓名、背景全都公布，甚至为了吸引学生注意，还大开病人玩笑，让大家价值"错乱"。

不过仍有学者对医学教育抱持期望。高雄师大学性别教育研究所所长谢卧龙认为，目前医学教育只教HOW、不教WHY，造成了医师神格化的"医疗霸权"，医学教育应加强各科系的合作，将人文、社会和教育结合，让医学生能多方位思考，进而挑战老师和上司。

护理道德教育和修养是护理职业道德品质形成的外因和内因，俗话说：人非生而知之，孰能无惑？这是说，不论关于专业的知识，还是关于善恶的知识，都是后天学来的（当然，本能的东西除外），你不知道是很正常的，但是如果不知道还不学，尤其是从事某个职业的人不学这个职业有关的知识，就是不应该了。这个学习的过程，就是护理道德教育的过程。学习了知识，把它融入到自己的思想行为中，养成习惯，就是品德修养的过程。

第一节 护士道德品质

一、美德论

古希腊和中国古代都比较注重个人修养,尤其是我国的儒家思想更是如此,认为这是一劳永逸的方法,即修养好了,养成了符合道德的并具有稳定性特征的行为习惯,于是自会做出有道德的事情。理论上这是对的,而且这也正是我国古代强调"德治"的主要原因,但这需要以国民的道德素质普遍比较高为前提,否则必将形成道德的滑坡和社会的不公正。

与前面的义务论和功利论相比,因为护士的行为含有更多的奉献成分和牺牲精神,所以美德论是护理领域中更重要的伦理学理论。美德论又称德性论或品德论,它主要研究和说明做人应该具备的品格、品德或道德品质,是关于什么是道德上的完人以及如何成为道德上的完人的理论。

二、护士道德品质

美德通常指人应具有的道德品质,而道德品质是指一定社会和一定领域的道德原则和规范在个人思想和行为中的体现,也是一个人在一系列道德行为中表现出来的比较稳定的特征和倾向。所谓护理道德品质,是指护士对道德原则和规范的认识,以及基于这种认识所产生的具有稳定性特征的行为习惯,即主观上的护理道德认识与客观上的护理道德行为的统一。

护理道德品质是一个长期逐步培养和形成的过程。它是在一定的社会环境和物质条件下,通过系统的护理道德教育和实践的陶冶以及个人自觉地锻炼、修养,逐步培养和形成的,即客观条件与主观努力的相互作用逐步培养和形成高尚的护理道德品质。是由护理道德认识、护理道德情感、护理道德意志、护理道德信念和护理道德行为诸要素构成的综合体,并且是由护理道德认识开始,经过护理道德情感、意志和信念的中间介体,最后转化为护理道德行为和习惯的过程,这是一个开放的循环往复的思想理论与行为实践的过程,这也是一名护士在护理道德实践中从他律走向自律的过程。

护理道德品质的内容一般包括:仁爱、诚信、节俭、奉献、勤劳、宽容、审慎、公正等。

但严格地说,品质本身不包括行为,而是行为的原因。品质和行为相当于手心和手背的关系,即有什么样的品质,就有什么样的行为,或从一个人的行为,可以反过来推出他的品质。品质中的道德认识、情感主要靠道德教育来完成,而品质中的意志、信念等主要要靠修养来巩固。

第二节 护理道德教育

一、护理道德教育的含义

护理道德教育就是有计划有组织地向护士传授护理道德方面的知识、施加系统的道德影响、为塑造良好护理道德品质打下基础的道德活动。

护理道德教育的对象是护士、护生,也包括从事护理管理和其他相关工作的人员。

二、护理道德教育的途径和过程

为了使护士真诚接受和遵循护理道德，往往需要不仅传授"应该如何"的护理道德规范的内容，而且更要传授"事实如何"和"为什么如何"的内容。既要注重 HOW 的教育，又要注重 WHY 的教育，这样学员就会从内心真正认识到教育的内容的重要性，会真正形成提高道德品质的动力。

护理道德教育是一种对护士施加护理道德影响的活动，这种活动显著的特点是有目的性、有计划性、有组织性。这是由护士道德品质的构成要素决定的，因为教育和修养的目的是为了培养护士的护理道德品质，而护理道德品质的首要要素是认识，然后是情感，这都需要由护理道德教育来完成。但如果只有知识和情感的因素，没有意志的因素，道德就不会体现在行为中，也就不成其为道德。故，道德教育要通过如下的过程：

提高道德认识、培养道德情感、磨炼道德意志、坚定道德信念、养成道德行为习惯。而磨炼意志和养成行为习惯更主要靠修养来完成。

三、护理道德教育的方法

道德教育要说简单，也确实不难，其中的道理是妇孺皆知的。但是道德教育实质上是非常难的，不仅因为我国有"道德政治化"和"道德说教"等不太好的传统，也因为其本身的原因，试想，"做人"是人生中最难的需要一生实践的领域，要想真正转变一个人的观念或让其真正信服某个观点不是轻而易举的事，因为"要别人同意你的观点比请求别人的宽恕"更难，但这也是最有意义的行业。具体来说，护理道德教育有如下几种方法：

（一）言传和身教法

言教方法，是教育者通过语言向受教育的护士传授护理道德规范等护理伦理学知识的护理道德教育方法，在我国是对护理专业学生进行护理道德系统理论和实践教育的主要方式。身教胜于言教是人人皆知的道理，正如"正人先正己"、"己不正焉能正人？"这说明，护理带教老师对护理专业学生的影响和护理管理人员对护士的影响等非常巨大，也说明结合临床来进行教育是非常可取的方法。一方面，在临床见习和实习阶段结合护理实践进行教育，可以检验护理道德的理论价值，另一方面，临床教师的在护理道德上身体力行，会对护理专业的学生起到很好的示范教育作用。

在护理教育中，应坚持护理伦理学理论教学和临床实践教学相结合的教学模式，护理案例教学方法是非常切实可行的方法之一。这一点，在医学伦理学教学中已普遍采用，但仍然存在问题，如案例 32 中所描述的"在场的阳明大学医学系五年级的林同学说，学校虽安排了医学伦理课程，教大家如何培养'医德'；但在临床课程上，却见教授毫不顾及病患隐私，把病例姓名、背景全都公布，甚至为了吸引学生注意，还大开病人玩笑，让大家价值'错乱'"的情况，不是说明案例教学方法有何不妥，而是老师本身的受教育问题和修养问题。

身教的方法，最好的途径是由护理专业的教师来完成，即在护理专业知识学习的过程中，融入伦理学的内容，即再现了伦理学存在于护理实践中的本来位置，让学生体会好伦理学的可见性，真实性，这也是提高护理专业教师队伍职业道德素质的好方法。

（二）榜样方法

榜样方法，是教育者引导接受教育的护士模仿、学习某些护理道德高尚者的道德教育方法。榜样的力量是无穷的，模仿是人的天性，每一个人总是自觉或不自觉地以一些人为榜样而去模仿她们。护理道德的教育者可以确立一些道德高尚的护士为榜样,引导受教育的护士模仿、学习这些榜样的护理品德,使她们的品德逐渐与榜样的品德接近、相似、相同。

在选择榜样的时候,应该注意到榜样的理想性和现实性。所谓榜样的理想性,指榜样应该是受教育的护士追求的护理道德目标。榜样应该起到引导人们护理道德进步的作用,否则,就是失去了其榜样性作用。所谓榜样的现实性,指榜样是受教育者通过努力可以模仿和实践的。榜样应该是可欲可求的真实的人,不是可望不可及的超人。另外,也要根据教育目的来选取,如只是开始阶段的提高护士的责任心的教育,不能选择那些品德超常,牺牲自己甚至家庭的幸福来献身护理事业的实例,这样不符合多数护士的心理和道德接受能力,是不现实的,容易使被教育者在一开始就放弃。可见,榜样的选取不成功,反倒适得其反。

其他的还有奖惩方法,可作为补充,但不应当作为主要的方法运用在道德教育中,而主要应该以理服人、以情动人、以境育人,创造良好的氛围。

在护理教育中,提高认识相对容易。只要论证充分,说得有道理,人们一般就能够在理论上接受,但在情感上能否接受,还需要一个过程,这就需要在道德教育中要尽量缩短情感转变的时间。在一个关于护士的电视节目中,有个护士说起自己为什么从事这个专业,是因为在小的时候曾做阑尾炎手术,进到手术室后,当时非常紧张害怕,在打麻药时一个年龄大一点的护士走过来让她把头和膝蜷起来靠在她的身上,这时她就感觉像妈妈在身边一样。这种温馨的感觉在她的心中永远挥之不去,也是她一直从事这个工作的一个主要原因。从这个实例中可看出,转变情感虽然不容易,但情感一经转变,其力量非常大,而且容易持久。

第三节 护理道德修养

如果说医生后面有护士把关,那么,没有人为护士把关!毫不夸张地说:整个医疗领域的质量把握在护理这个瓶颈中。无怪乎问及护士对伦理学的理解时,她们会直觉地回答:就是别出错。俗话说:人非圣贤,孰能无过?可到护士身上,就不能出错,因为这是关乎一个人的性命、几个家庭的幸福。因此,养成好的习惯,加上良好的修养功底和更加深刻的道德意识,将保证护士这个最迫切的要求得到满足。

一、护理道德修养的含义

护理道德修养有两个含义,一是修养的行为,二是行为后达到的境界。是护士自觉遵守护理道德规范,将社会护理道德规范要求转化为自己内在的护理道德品质的活动。

关于"人之初"是"性本善"还是"性本恶"存在完全对立的两派,但无论哪一派都强调修养的重要性,可见我国传统上对修养的重视。如荀子认为,人的本性好比是一根不成材的木材,通过后天的加工才能变直。孟子在道德修养中,提出"养气"的概念,是指人们经过学习磨炼,培育一种基于高尚理想和志向的精神,即"浩然正气"。《孟子·告子下》:"…故天将降大任于斯人也,必先苦其心志,劳其筋骨,饿其体肤,空乏其身,行拂乱其所为,所以动心忍性,曾益其所不能…"只有经过磨砺,才能坚定信念,提高能力,提高道德境界。

案例31中一个护士对通过护理道德教育就能养成良好的护理品德的观点,表示怀疑,认为护理品德先天具有,后天的护理伦理教育作用甚微,"人之初,性本善"、"恻隐之心,人皆有之",只要选择了护理职业,护士一定会自觉讲道德的。这种看法代表了很多人的观点，即人生下来是什么样，就是什么样了，其中既有合理性的一面，也有不合理的一面。合理之处在于：通过护理道德教育不一定就能提高自身的修养；不合理的地方是：不是只要选择了护理职业，就一定会自觉讲道德的，如把道德情感从同情感提升到责任感，就需要学习，然后通过自觉地进行道德内化的过程才能提高修养。

二、护理道德教育和护理道德修养之间的关系

进行护理道德教育和唤起护士进行护理道德修养是护理伦理学的重要任务。护理道德教育和护理道德修养是护士品德培养和养成的两个不可缺少的基本护理道德活动，但二者并不是截然分开的，实际上是相互融合而不可的。护士在接受护理道德教育的同时，进行着自身的护理道德修养；在进行护理道德修养的同时，并未停止接受护理道德教育，是一个循环往复，螺旋上升的过程。荀子在《劝学篇》中提出："积土成山，风雨兴焉；积水成渊，蛟龙生焉；积善成德，而神明自得，圣心备焉"。这是说修养强调锲而不舍的精神，但积善的"善"不应只理解为善的行为，还应该包括善的知识，作为护士，不只包括高科技知识，还包括人文知识。孔子在道德修养上非常重视"学"，孔子曾教导他的儿子伯鱼说："不学礼，无以立"，这里的礼是伦理规范的总称。

现代的医学和护理实践要求护士不断学习，不断接受护理道德教育和加强自身的护理道德修养，而且在医疗实践中，继续教育就是包括多学科和多方位的教育，为护士自身的自觉的修养提供必要的条件。

三、护理道德修养的必要性

我国传统上把个人修养和国家大事结合在一起。孟子认为讲道德重仁义，不仅是个人的事，而是关系天下国家。儒家经典《礼记·大学》中："古之欲明明德于天下者，先治其国；欲治其国，先齐其家；欲齐其家，先修其身；欲修其身，先正其心；欲正其心，先诚其意；欲诚其意，先致其知；致知在格物。格物而后知至，知至而后意诚，意诚而后心正，心正而后身修，身修而后家齐，家齐而后国治，国治而后天下平。自天子以至庶人，一是皆以修身为本"[1]。

今天，一方面，医学突飞猛进，引发了大量的护理道德问题，如生殖技术引起的问题无疑将涉及对术后的护理和妊娠期间的护理问题。另一方面，医疗的社会化和体制的改革，使护士面临着更加复杂的护理道德关系。而提高了道德修养，将会使护士自身在解决伦理问题时增加自信。

修养的必要性和重要性是由护理工作本身的性质决定的。护理工作平凡而辛苦，烦琐而脏累，技术性强，服务要求高，事关病人的生命安危，责任之重大无法言传。所以，护士在这些巨大的压力下，最迫切的愿望就是"别出错"。虽然从伦理学角度来看，这是太低的要求了，护理群体是由每个护士组成的，而每个护士都是人，都有自己的心理和体力的承受限度，"别出错"这个在其他专业可能看来非常容易和不屑的词，在我们护士身上却格外重要，因为其中已包含了护士对病人生命的珍重与爱护。但作为护士，工作的核心是为了促进病人的健康，单纯的不出错根本涵盖不了其中的内涵，需要通过提高自身的修养把自己的工作提高一步。这就使护士的修养将是比较艰难的历程，是真正的身心的磨砺。

四、护理道德修养的方法

(一)护理道德修养的一般方法

护理道德修养的主体是护士。如果说,护理道德教育还主要是关于系统的护理伦理学理论内容的学习,那么,护理道德修养更倾向于护理伦理内容的实践。

一般的修养方法可简单地归纳为:学习、立志、躬行、自省。在护理领域,护理道德修养主要有如下方法:不断学习,补充知识;设身处地,患者利益至上;不断实践,持之以恒;刻意追求,不断反省;提升境界,达到慎独。

1. 不断学习,补充知识

修养不只是实践的事,首先是需要学习的,否则不知道为什么要修养、如何修养和修养到什么程度等问题,即便是有了修养的行为,也不排除盲目的成分。

2. 设身处地,患者利益至上

要说修养容易的话,倒也不假,只需凡事都设身处地地站在患者的角度思考,就能把问题解决得比较好。我国比较提倡把患者当成自己的亲人,做到这一步,客观地说,并不容易。但当遇到纠纷或麻烦时,站在患者的角度想一想,想到护理的目的是为了患者的利益,可能就能护患双方都能找到满意的解决办法。

3. 不断实践,持之以恒

"贵在坚持"不只是修养的一个方法,而是在磨炼意志,因为从修养的概念看,修养本身也是一种磨砺,靠意志来支持自己坚持下去。

4. 刻意追求,不断反省

一个人在做了一件事后,会自觉不自觉地评价自己,但修养不是一个人自然而然的行为倾向,需要在认识上刻意提醒自己。每个人都想使自己的道德修养达到一个高的境界,这是自然的倾向,但真正按照这个方向去做,是需要一种意识,可以用"用敬"这个词表示,即护士确定合乎道德的护理行为动机是经常的,并经常打算从事合乎护理道德的护理行为。但把这个动机变成行为,就需要经常地实践,产生有合乎道德的护理行为效果,这叫做"积善"。一个人如果不对自己的行为进行反思,那么他将很难进步。《论语·学而》中曾子云:"吾日三省吾身:为人谋而忠乎?与朋友交而信乎?传不习乎?"这是反省自己的非常实用的方法,即每天临睡时可问自己这三个问题:为人做事是不是尽力了?与朋友交往是不是守信用了?老师传授的东西是否学会并复习了?

5. 提升境界,达到慎独

"慎独"是道德修养的重要范畴,是指在自己独处、无人监督的情况下,仍然按照护理道德规范的要求行事。这是道德修养的最高境界。

护理领域的特殊性就在于护理行为多数就是在无人监督的情况下进行的。一方面护理工作具体、繁重、紧张,需极其细致、耐心和一丝不苟的操作;另一方面护理工作多数时候是个体独立承担。因此,护士的慎独修养直接关系到护理质量。以药物为例,所有的药都是通过护士的操作后进入到病人体内,所以其质量直接关系到病人的安危和药效的发挥。但正是无人监督,有些人想图省事,不严格按照操作规程,或简化程序。如切安瓿时,省略对瓶颈锯痕及砂轮的消毒,加药过程中反复刺输液瓶塞等,无形中造成了更多的药液微粒的污染。在药物治疗中,常有两种抗生素联合用药,有的护士因工作繁忙,将两瓶分别配制的药液串联使用,使药物的化学结构遭到破坏而降低效价。有的护士图省事,不管病人需要加药物种类的多少,将所加药一瓶接一瓶几乎在同一时间加入要输的液体中,不注意药物的先后次序;消毒时一签多用,一针一管多次抽吸多种药品;将全天药液配制完毕等待使用,使某些药物随着时间延长而效价降低;还有的护士将两次静脉输注的抗生素1次使用,或者缩短两次注射时间,这都是用药安全的一大隐患。有文献报道,当间隔用药时间过短时,即使是治疗剂量的庆大霉素,也会造成对肾脏损害。除庆大霉素外,还有许多药物在常规剂量下也可造成对机体的损害,对剂量的计算不准确,既影响了病人的治疗,也造成巨大的浪费。现在,许多新药、特药问世,如常用的生物制剂、抗癌新药、新型广谱抗生素等,价格昂贵而包装剂型偏小,若粉剂溶解不全,抽吸不彻底,残余药量较多,以先锋Ⅵ为例,据测试,每瓶药平均残留量为26.89mg,平均残留比为5.38%,达不到治疗效果[2]。

直白地说,存在两种护士:病人的护士和护士长的护士,如果你要成为后者,必然达不到慎独的境界,如果你要成为前者,你将一定能达到这个境界。

要做到慎独,关键的还是持之以恒地实践,就像孔子所说:吾十有五而志于学,三十而立,四十而不惑,五十而知天命,六十而耳顺,七十而从心所欲,不逾矩。最后一句话的意思是,只要坚持下去,养成习惯,在按照职业道德的较高层次要求自己时,也不会觉得这是违背自己天性的事情,而是把本职工作的完成和人格的修养同时完美地结合在一起,这未必不是一种幸福。

(二)护理道德修养的具体方法

在护患关系部分,沟通是融洽护患关系和增加护患情感的主要方式,因此,在修养方面无疑也要按照这个方向有目的地进行,从这个角度看,可分为语言的修养和非语言的行为的修养。

1. 外观的修养

没有人不爱美,护士群体更是如此。

爱美是护士的天性,情感美和姿态仪表美是护士非常在意的追求,这是护士与医生较大的区别,也是护士在客观上使患者容易接近的一个原因。在护理工作中,患者对护士美的第一印象是外表美,这是病人以后在心理上接受护士并愿意与让他们赏心悦目的护士深入交往的基础。淡妆而非浓妆,既是与洁白护理服装的相衬,也不失去自然朴素的美。因此,在外观上护士更要注意,夏天,里面的内衣最好也是白色的,因为即使是淡色的,在白色的制服下也会显现。穿白护士服时避免使用过浓的香水,头发也不要拖到领子上,更不能穿白护士服到街上,因为此服装的原意是为病人供给尽可能干净的不带细菌和污染的保证。病人生病住院,其身体抵抗力因疾病而降低,因此要特别预防受到病源的感染,护士穿制服到公共场所确实有失妥当。

进一步,护士要展现在病人面前的是心理的素质,体贴的情怀,主要通过语言和非语言的形体来展现。

2. 语言的修养

语言既能治病也能致病,因此语言修养的重要性不言而喻。

语言方面的修养并不一定在于要用多少敬语,也不是一味地顺从患者,关键时刻也需要制止病人不正确的行动。这一点,案例31中护士说的"我觉得护士只要从内心中热爱你的病人,尊重他们,就是最根本的",这是最平实的表述,要让病人真正体会到你是真的为他好,只要护士是真诚的,护士的行为,无论是从语言上,还是非语言上病人都能体会到,融洽的护患关系也是自然的事情,要知道,病人对你是不设防的,你只要对他好,他会以更加的信任和感激回报你。

语言修养是要体会的,也是微妙的,所以,在实践中要非常注意。如护士在发药时说:"王某,给你药",语调要平和,重音放在"药"上。如果重音放在"给"上语气就显得生硬;如果每个字都延长一拍或半拍,会给病人留下消极、怠慢和不耐烦等不好的感觉[3]。又如,当给病人输液时第一针没扎好,首先应向病人表示歉意。如果反倒先把责任推给病人,说:血管太细、血管太滑等,便加重了病人对护士的不满。不仅是没沟通好,而且还为以后的护患交往设置了障碍。

3. 非语言的修养

首先,是在知识上提高自己。千万不能发生类似10%葡萄糖1000毫升就是两瓶5%的500毫升兑在一起的错误。

其次,要强化患者利益至上的观念。输液中的问题有的是知识上的问题,有的是道德观念上的问题,即对患者的责任心的问题。如临床上经常遇到将多种药物加入同一输液袋中,5%葡萄糖中加入刺五加、维脑路通、辅酶A、三磷酸腺苷等,虽然不引起外观不变化,但效价明显降低。另外,有些药物稀释后,不宜放置过久,护士应该考虑到这些因素而在对每个病人进行护理时单独予以考虑。而不能像工业化大生产那样,事先都一律准备好,按照房间逐一给药或输液等[4]。另外,静脉输液排气时,操作方法不当会导致排出药液较多。既是浪费,影响药物的量,继而可能影响疗效,同时,这一小的动作,会使患者对护士产生不信任——起码是对其技术的不信任。

第三,提高自身的心理素质。护理工作充满挑战与压力,长久处在压力下的护士职业群体的心理问题要高于一般人群。护士的精神健康问题及防范措施日益受到重视,它也直接关系到患者的健康。由于社会长期存在的偏见,使护士为病人付出的辛勤劳动得不到应有的尊重与承认,首先护士自己珍爱自己的身体,时时保持精神愉快,相信自己是有价值的,无须通过他人的爱或赞许来提高自己的价值,提高自己的自信,减少"欸,我不行。""我性格内向""我害怕与人交往""我的工作能力不行"……随着护理学模式的改变,医护关系的变化,许多新业务、新技术需要去学习和开展,许多的护理课题需要护理工作者去探索、去研究,逐步完善自己。另外,要学会控制自己的情绪。护士绝大多数为女性,由于其生理特点和家庭、社会中的不同角色,她们在工作中易产生各种不良情绪。也许有人认为,发火要比生闷气更有助于身心健康,但是,还有一种比发火更好的办法——根本不动怒,对世事采取更为宽容的态度。宽容,作为一种美德,在护理领域尤为重要。病人生病后心理和生理都会发生变化,由于精神和肉体都比较痛苦,感情和意志会变得脆弱,言行缺乏自制力,甚至会将疾病痛苦所造成的怨气迁怒于护士,无论如何,护士不能与患者发生正面冲突,激化矛盾,把此作为护理工作的一部分考虑进去,客观上能达到宽容的结果。比如急诊病人或其他病人可能因疾病产生焦躁烦恼,自制力下降,对外采取攻击态度,由于迁怒的心理机制,可能把怒气发泄在护士身上。护士此时需要自我心理和意志的控制能力来调节,毕竟他们是病人!当有纠纷等不愉快发生时,切忌"冷处理"、不耐烦等激化矛盾的不明智行为,而是积极地尽量为病人提供帮助。若病人的要求不合理,要委婉地拒绝,避免直接的"不行"等词语[5]。

第四,善于使用微笑等形态语言。记住前面的"天使般的微笑"的例子,你的微笑也会有如此大的力量。

（三）检查自己道德修养的层次

做任何事情，都不要盲目，否则永远也不能做到有意识地、主动地提升自我。这里提供一个简单的方法，根据伦理学家科尔伯格提出的道德发展学说[6]，审视自身处于哪个阶段，然后根据自身的情况，采取更加适合自己的道德修养方法。

科尔伯格的道德发展阶段学说

层　　次	定　　义	举　　例
层次一：成规前期 第一阶段：惩罚和遵守型	如果受惩罚，某事就是错的；如果没被惩罚，就是对的。做正确的行为是为了避免惩罚。盲从权威。以自我为中心，不考虑他人的利益。	护士遵守医嘱是为了不被解雇。
第二阶段：工具相对导向型	满足个人需要的就是正确的。以物质条件交换的观点来衡量人际关系，凡能满足需要，追求快乐的就是好的行为。行为就是为了满足自己的需要。（现实的个人主义观点）	如果护士给他买张报纸，病人就同意呆在病床上。
层次二：成规期 第三阶段：人际关系和谐导向	发生某个行为是为了让他人高兴或得到他人的认可、同意自己是个好人。孩童努力做个乖孩子，附和大家的意见判断是非，并开始兼顾行为的动机。 和别人维持相互的关系，如互信、忠诚、尊敬和感激等，能站在别人的角度看问题，但尚未全盘考虑，缺乏系统。	一个护士给住院的老年病人吃安眠药，因为夜班护士想让老人晚上都睡觉。
第四阶段：法律和秩序导向型	合法的就是正确的，除非有病人，否则当法律与其它的社会责任冲突时，应严格遵守法律。好的行为就是遵守法令，维持社会秩序。 持社会体系的观点，界定了每个人的角色和规则，考虑到个人在社会体系中所占的位置。	一护士不允许一个焦虑的病人给家人打电话，因为医院规定晚上9点以后不允许打电话。
层次三：成规后期（有自主性和原则） 第五阶段：社会契约和法制型	行为的规范和标准是依据法律制定的，以保护他人的权利和福利。 不同个人的价值观是被承认的，但要避免对他人的权利的侵犯。价值观与规则大多与所属的团体关系密切，因为这些规则也是为了全体的利益的。法律之所以有义务是社会契约的原因。 尊重个人权利和社会契约行为是此阶段的特征。做正确的行为是为了遵守社会契约。但也考虑到法律和道德相冲突时难以统一。	护士为一个东方的印度病人安排每天晚上祈祷的事情。
第六阶段：普遍的伦理学原则导向	普遍的伦理学原则是社会认可的。人应该尊重他人，并相信人与人之间的关系是基于相互的信任。根据公正原则、公平原则和普遍人权原则行事，不墨守道德戒条，能运用严谨的逻辑与自律，建立适合自己的道德原则。	护士向护士督导报告一个医生与病人的谈话，其中涉及除非病人同意手术否则威胁病人撤消对他的生命支持措施，藉此，这名护士成为这个住院病人的代言人。

人们说教师是蜡烛，其实护士也是。正是她们通过平凡而伟大工作，照着患者的康复之路，沿着南丁格尔——提灯女郎的足迹。

---

[1] 焦国成 著．中国伦理通论．上册．太原：山西教育出版社，1997．383
[2] 吕利明．浅谈护士在药物治疗与护理中的慎独精神．实用护理杂志．2000，16（4）：49

[3] 陈素兰．控制术中污染与洗手护士的职业道德．实用护理杂志．1999，15（2）：50
[4] 吕莉．护士在输液中应注意的配伍问题．实用护理杂志．2000，16（10）：56
[5] 郭琳等．实施整体护理对护士素质的挑战．实用护理杂志．2002，18（1）：60
[6] 卢美秀．护理伦理学．台湾：汇华图书出版有限责任公司，1993．30－33

其他参考文献

1. 张岂之著．中华人文精神．西安：西北大学出版社，1997
2. 魏英敏著．当代中国伦理与道德．北京：昆仑出版社，2001
3. 萧宏恩编著．护理伦理新论．台湾：五南图书出版有限公司，1999
4. 梅桂萍等．浅谈当前护理技术操作管理的道德思考．实用护理杂志．2000，16（3）：183
5. http：//www.huliw.com/xlhl/xl33.htm "护士维持精神健康能力的自我培养"，余莉文摘自　当代护士 2001.1.22

第十章 护理伦理学历史回顾和展望

第一节 护理伦理学的历史回顾

一、古代（含欧洲中世纪）护理道德情况

（一）中国古代的护理道德概况

古代医护药并不分工，没有护理道德的专论，"医儒同道"是我国古代医学的一个重要特点，无论是医疗，还是护理，它们都受儒家思想的影响，儒家思想中对美德培养、仁爱的思想的重视等对护理道德都产生良好的影响。当然，儒家思想落后一面对护理道德也产生过不良的影响。古人很重视调养（护理）在医疗中的作用，认为人体是一个有机的整体，从阴阳五行、辨证施治的角度进行医疗护理，重视预防保健、体育锻炼和精神心理卫生，故素有"三分治、七分养"之说。

具体地说，医务人员头脑中的护理道德观念为：

1. 尊重生命，仁爱为本

孙思邈有句名言："人命至重，贵于千金，一方济之，德逾于此"，这是说医生应该本着尊重生命的思想关心爱护病人，因为人的生命是最宝贵的，能为病人提供这方面的帮助便达到了医护领域在道德上的最高境界，实现了儒家的"仁"的本质。

2. 重义轻利，注重美德

董奉为病人治疗不取分文，只让栽杏树作为报酬，等杏子成熟后又换得钱来接济穷人，留下的"杏林春暖"的美名，这说明古代医生不为名利、为患者谋利益的美德。对远道来求治的重病患者，董奉甚至主动腾出房间，在家里开设临时病房，亲自护理病人，给患者煮粥熬药，一定要等到病人痊愈之后才让他们回去。

3. 平等待患，尽职尽责

孙思邈在《大医精诚》中写道："若有疾厄来求救者，不得问其贵贱贫富，长幼妍媸，怨亲善友，华夷愚智，普同一等，皆如至亲之想。"这是我国典型的把患者当作亲人式的道德观念，不仅利于护患关系和医患关系的融洽，而且能鼓励医生更好地尽职尽责。

（二）古印度的护理道德概况

古印度医学较为发达，护士是一专门职业。公元前五世纪的名医妙闻在他的《妙闻集》中对护士的素质提出如下具体要求：雇佣的侍者（护士）应具有良好的行为和清洁习惯，要忠于他的职务，要对病人有深厚的感情，满足病人的需要，遵从医生的指导。在古印度的古代经典著作《吠陀》一书中谈及对产妇的护理，要求助产士和医生剪短指甲和头发，每日沐浴，以免对产妇构成伤害。公元前225年，印度国王阿索卡（Asoka）建了18所医院兼医学院，当时社会妇女受着许多束缚，不能外出工作，只有在这些医院里担任护理工作。当时对护士的要求是："护士必须聪慧而敏捷，应献身于对病人的护理工作；必须懂得如何配药、配餐，具备为病人洗浴、按摩肢体和搬运病人的技巧；能熟练地清洁床铺，对病人应有耐

心。"公元一世纪内科名医者逻迦（Caraka）在《者逻迦集》中也指出："护士必须心灵手巧，必须有纯洁的心身，必须掌握药物的配制和调剂的知识，以及对病人的忠心。"可见，古印度护理已作为独立的专业，并有较详尽的护理道德要求[1]。

（三）古阿拉伯的护理道德概况

从公元700年至公元1300年，阿拉伯医学处于强盛时期，医院、医学院、图书馆等设备比较齐全，而且还建立了世界第一所药学院，并颁布了第一部药典。为了减轻病人的痛苦，手术一般是在麻醉状态下进行的，而且还注重护理。无论男、女都可被医生雇佣当护士，并在医生的指导下工作。

公元九世纪的拉雷斯（Rhazes）和公元12世纪的迈蒙尼提斯（Maimonides）是古代阿拉伯医护的典范。《迈蒙尼提斯祷文》在阿拉伯世界影响力极大，堪与《希波克拉底誓言》相媲美。

公元12世纪左右，一些阿拉伯医生在黑死病席卷欧洲期间，不顾个人的安危，投身到对病人的治疗和护理当中，并采用当时较科学的方法防止疾病的传播，为社会做出了较大的贡献，体现了护理道德。

（四）古希腊、古罗马的护理道德概况

传说公元前1134年，阿斯克莱皮斯（Asklepios）建了一座庙宇，用以收容香客中的病人，是疾病治疗的代表，他拐杖上蛇的图案被作为医学的标志。他的妻子Epigone是减轻痛苦的代表。他的两个女儿：一个是Hygeia，称为卫生女神；一个是Panacea，称为健康恢复女神，她们被认为是参加护理工作最早的妇女。古希腊传统上认为那些不能治愈、没恢复可能的病人可以不再治疗、照料和护理，而且认为帮助他们尽快死去是更道德的。对奴隶的护理是女主人的责任，对士兵的护理是由政府设在战场上的专门机构来完成的。

希波克拉底（约公元前460年～公元前377年）是西方医学的奠基人，被称为"医学之父"。希氏对护理非常重视，在他的论文集中有这样一段话："命令你的学生，护理病人时要按照你的指示执行，并要进行治疗，要选择有训练的人担任护理，以便在施行治疗时能采用应急措施，以免危险，而且在你诊治病人之后的短短时间里能帮助你观察病人，否则，如果发生了医疗事故，则是你的责任。"希氏积极钻研医学、排除迷信，用科学的知识指导护理工作。他强调身体是一个综合的整体，教学生帮助病人使体液达到平衡，教学生如何热敷、泥敷，建议心脏病人洗漱口腔和有规律的营养调节，……即用最简便易行的办法来达到使病人康复的目的，这样给病人带来的益处也是最大的。总之，他提出的这些医护措施对日后产生了极大的影响。对后世影响最大的要属希波克拉底誓言："…无论至于何处，遇男或女，贵人及奴婢，我之唯一目的，为病家谋幸福，并检点吾身，不作各种害人及恶劣行为…"。

古罗马多借用古希腊的医护思想，但也有自己的特色，如非常重视环境卫生，拥有引水管、排水管、下水道及男女公共浴池等公共设施。医院只收容奴隶和士兵，由品格优良的妇女和老年男士做护士工作。在古罗马遗址中发现许多护理用的器皿，如灌肠器械、管形材料、药膏瓶等。

古罗马末期，一些贵族妇女在新兴的基督教的影响下走出家庭，访贫问苦。有的捐建医院，收容贫困的病人和难民，甚至把病人接到家中进行护理，这在上层社会形成了良好的护理风尚。如公元300年的贵族妇女Marcella、Fabiola、Paulla出于对基督的信任和跟随而对护理工作做了很大的贡献。她们积极地护理贫困病人，对后世产生了很好的影响。当时妇女不是唯一的承担护理服务的群体，在3世纪，罗马有个由男人组成的组织，叫Parabolani兄弟

会（Parabolani brotherhood），在 Alexandria 的瘟疫大流行时期为生病和临终病人提供照顾。

（五）欧洲中世纪的护理道德概况

从公元四世纪起，欧洲进入了长达千年的中世纪。虽然它素有"黑暗的中世纪"之说，但由于中世纪提倡"爱人"与"无私利他"的基督教道德观，加上频繁的战争，使得护理行业得到很快的发展并具有纯洁的利他美德。中世纪战争频繁，成立了许多医院，为十字军伤员和朝圣者进行医护服务。另外教堂还建立了多种慈善机构，如接受弃儿和孤儿的收容院、收容穷人的济贫院、妇婴院等。担任护理工作的多是女执事，有时她们也到病人的家中做护理工作。他们的工作方式一是祈祷，二是做些简单的护理工作。

中世纪的教徒把对病人的护理看成是他们的宗教职责，并成立各种姊妹会和兄弟会，以便更好地护理病人。当时男女护士的比例是1:1，他们来自社会的各个阶层。另外，还有许多自愿者经常到医院中做些护理工作，并把这当作一项慈善事业。许多皇族妇女（如苏格兰皇后 St.Margaret、匈牙利皇后 St.Elizabeth、西班牙皇后 Isabella 等）亲自为病人提供大量的照护，这也充分说明了基督精神在护理领域的体现。

但是，由于中世纪不崇尚科学，不注重护理知识和技术，没有适宜的护理设备，而且医院的条件很差，各科病人混住，交叉感染情况严重，所以，护理的效果不好，褥疮的发生率很高，病人备受折磨。有些医院的护理工作受到神父或祭司的干涉控制，他们多让护士们祷告、斋戒或戒食，以使病人的灵魂得救，不鼓励医疗科研，并认为这样做在护理中才是道德的，客观上对护理道德的发展产生了一些不利影响。

总的说来，除印度外，古代很少把护理作为独立的行业，关于护理道德的专门论述也不多。但是，各国古代都较崇尚为病人谋利益的护理道德。在宗教神学高于科学的欧洲中世纪，虽然主观上很重视护理道德，但由于不注重科学，因此客观上对病人造成极不人道的后果。随着实验医学的兴起、道德观念的进步、特别是南丁格尔创立正规护理教育以后，使近现代护理道德进入新的发展时期。

二、近现代护理道德的发展

（一）中国近现代护理道德的发展

鸦片战争之后，西医连同西方文化一同进入中国，一些西方宗教团体开办教会医院和护士学校，但护士学校的招生来源很有限。我国护理的发展和护理道德的发展都受到外籍护士的影响，从19世纪末的麦克奇尼（Elizabeth Mckechnie）到1907年来华的辛普森女士（Miss Cora E Simpson）再到1908年的盖仪贞女士（Niaa D·Gage）在我国近代护理发展史上占有重要的地位。早期来华的护理人员中，确有许多出于宗教信仰和慈善观点，对中国人民抱着善意的同情，乃至赞助中国的革新事业者。1909年，九名外籍护士、医生在江西牯岭成立"中国护士会"。这是我国成立最早的学术团体之一。1907年，在华工作的美国护士辛普森（Simpson）建议成立中华护士会。1909年，中国最早的护士学会组织——中国看护组织联合会正式成立。1914年，第一届全国护士会议正式召开，会上将英文的"Nurse"译为中文的"护士"。1922年，国际护士大会在日内瓦召开，正式接纳中华护士会为第十一个会员国。1926年，中华医学会制定了《医学伦理法典》，全文共2339个字，其中涉及中国医生和外国护士之间的关系。可见，中国近现代护理道德的形成是中外文化交融的结果。

由于中国传统文化信仰对西方基督教文化信仰的排斥以及中国封建社会传统的"男女大防之礼教"、"男女授受不亲"等严酷的封建礼教与陈规陋习的影响与束缚，女看护之说虽传入已久，但因习俗所囿，"女护士护理男病人"这项工作在1918年前成为社会与国人不可思议，医院中难以改变的事情。一、二十年代，国人封建思想十分严重，北京的医院里男女医生和男女护士分别负责男女病人的治疗与护理。早期的协和医学堂附属医院是男医院，只招男护士。我国最大的城市上海亦如此，如历史悠久的上海仁济医院也分男医院、女医院。1918年，中华护士会第四届全国护士会员代表大会上对此专门进行讨论，并一致通过破除陋习的决定。具体的做法是，先由外国女护士陪同中国女护士共同工作，并要求中国女护士在男病房工作时举止要端庄文雅，逐渐改变男病人对女护士传统且偏见的观念。当然，这项工作的变革并非一帆风顺，据1920年调查，男病房内实行女护士看护者，在全国医院中仅有7所。到1934年，则有101所医院内有女护士在男病房开展护理工作，此后，随着社会的发展，彻底改变了"女护士不能护理男病人"所谓天经地义的历史，国人对护理工作也有了一定的认识，并视护士一职为女性的专门职业，同时认为男子学护士已不合时尚等。这一历史现象的变化在我国护理发展史上可谓一次大的变革。

民主主义革命家秋瑾对护理工作极为重视，在浙江绍兴和畅堂"秋瑾故居"里陈列着一份珍贵的护理学文献，为译日本的《看护学教程》所写的序言。"看护法者，医学中之一科目，而以为治疗者之辅佐也。故欲深明其学，施之实际，而能收良好之效果者，非于医学之全部皆得其要领者不能；且即使学识全备，技艺娴矣，然非慈惠仁爱，周密肃静，善慰患者之痛苦，而守医士之命令，亦不适看护之任。而男子性质常粗率疏忽，远不若女子之绵密周致，此所以看护之职，常以女子为多也。"……"人君博爱，世界具有同情，故救死扶伤，无分彼此，斯博爱之旨也。惟习俗所锢，往往有视看护为贱业者，此则谬之甚者也（按日本初时亦有此弊）。夫看护为社会之要素，妇人之天职，固无俟吾辈喋喋；抑亦有一言者，人生斯世，孰无亲子兄弟，而疾病痛苦又所难免，则健者扶掖病者，病者依赖健者，斯能维持社会之安宁。而妇女之天性既如上述，且人无论贫富贵贱，幼而事父母，壮而事舅姑，长而育儿女，固其本分之事。是在平时则看护亲子兄弟之疾病，以归于安宁；战时则抚慰出征军旅之伤痍，以振其勇气，当然之势也。然而平时则能保社会之安宁，战时则增进国家之利益，虽谓之益国便民之事业，亦非过语，何贱业之有热心爱群，是我所望于同胞姊妹耳"。

1928年在江西井冈山成立了第一所红军医院；1932年在福建汀州开办了第一所看护学校。毛泽东同志在1939年的《纪念白求恩》一文极大地鼓舞了广大医务工作者，1941年5月12日，中华护士学会延安分会成立，毛泽东主席亲笔为大会题词："护士工作有很大的政治重要性"。1942年5月，毛泽东主席再次为护士题词："尊重护士，爱护护士"。毛泽东主席的亲笔题词，充分肯定了护士工作的重要性和重要地位，是对根据地广大护士的极大鼓舞，倡导了无私利他的美德。

在战乱不断、民不聊生的社会里，护理学科是不可能得到应有的重视和迅速发展的。从1909年到1949年的40年中，护理工作一直处于简单的看护地位，全国护士的总人数在新中国成立前夕也只有3.3万人，护理教育更难以形成独立的学科教育体系，护理伦理教育更不能被兼顾。

（二）国外近现代护理道德的发展

1. 宗教改革对护理的影响

中世纪以来，教会腐败，常以修建教堂及公共建筑为由，搜刮民财，其中"赎罪券"的出售乃宗教改革的导火线。教皇权威受到怀疑，教会中教条的约束被视为不适。马丁·路德，反对"赎罪券"，受到许多改革者及日耳曼诸侯的拥护，故与罗马教会正式决裂，脱离了原来的天主教，成立了路德新教。经过新教的刺激，天主教本身也做了一番整顿，因此获得一些欧洲国家的支持。但新旧教派的决战等引起死伤人数众多。教会和修道院破坏严重，多数修道院被毁，病患人数增多，乏人照料。修女逃出修道院，暂时由工役及无知的民众担当此工作。政府开设新医院收容病人，但仍有部分患者得不到照料。由于护士对护理缺乏宗教热情，态度恶劣，缺乏爱心，缺乏训练，无工作经验，爱慕财势；生活放荡，终日饮酒，多是由妓女、酒鬼及罪犯来担当，他们多数是为了赚钱或代替服刑而工作，因此，形成了护理史上的黑暗时期。所以多数患者即便生病也不来医院而是在家养病。从1600年至1850年，护理史和护理伦理史的发展几乎停滞不前，这不仅表现在护理水平低下，更重要的是护理道德低下。1789年有些医院对护士提出如此低的要求：护士不应把垃圾、抹布、骨头往窗外扔；……如有不遵守规则、喝醉酒、忽视病人、与其他护士吵架者将立即开除。从中可充分看出护理道德的低下。使护理道德受到重视、护理教育独立并为护理伦理学的形成奠定坚实基础的是南丁格尔。

2. 南丁格尔——护理伦理学的先驱

弗洛伦斯·南丁格尔（Florence Nightingale，1820，5，12－1910，8，13）出身于英国名门贵族，自幼爱护小动物。随着年龄的增长，她常去邻里、亲朋中看望病人并给她们力所能及的帮助，这是她日后走向护理工作的蒙念。南丁格尔受过良好的大学教育，思维敏捷，善于观察、分析问题，所有这些都为她日后进行科学的护理工作打下了基础。她还是个虔诚的基督教徒，在1837～1844年间，她体验到做一名护士是上帝对她的召唤，当时她经常为Lea Hurst和Embly附近的居民进行护理服务。在护理工作中，她强烈感到自己需要医院的正规训练，于是，她想要到Embly的一家Salisbury医院学习，因为那儿的负责医生是她家的朋友，但是，当她提出这一想法时，遭到家庭的强烈反对。她父母（也是当时的社会习俗）认为：医院的护理水平低，死亡率高，上、中层的家庭一般都是在家中由家属和仆人护理，只有穷人和教士才会去医院做护理工作。可见当时的护理道德领域也确处于低潮时期。

1851年，南丁格尔不顾家庭的反对，参加了德国Kaiserswerth的一家医院开设的为期四个月的短期训练，在学习期间，她亲身体验到护理工作要为病人解除痛苦需要付出的艰辛。1853年2月，她去巴黎参观了所有的医院，收集了大量的数据，注意医院和护士管理中存在的问题。

1854年，英俄克里米亚战争爆发，南丁格尔率领38名护士奔赴黑海Scutari战地医院。她科学地、冷静地分析了战地医院高死亡率的原因——卫生条件不好和管理不善。投入工作后，她慈母般爱护伤员，积极改善卫生状况，原来仅能容纳1700名伤员的医院，经充分利用可容纳3000～4000名伤员。在短短半年的时间里，士兵的死亡率由原来的42%以上下降到22%，创造了战争史上的奇迹。凡怕脏、怕累、不愿接近士兵的护士均被辞退，士兵们过上了舒适、清洁、营养充足的休养生活。她夜间提灯巡视后整理工作日记和数据，为以后著书准备了第一手资料。

南丁格尔在战争结束后于1860年在伦敦圣多马（St.Thomas）医院开办了第一所护士学校——圣多马护士学校，培训护理专业人才，积极制定学校管理、学员的选拔及培养方法等各方面的规划，使护理专业走向正规化。在选拔护士方面，严格要求其人格的完好，以及基督教的精神。1862年，她协助建立了第一所乡村护士学校。1881年，她又创建了军队护士学校，为培养护理人才贡献了毕生的精力。先进的护理教育是良好的护理道德得以巩固的前提，也是护理伦理学得以诞生的基础。

老年的南丁格尔身体不是很好，但还是活到了 90 岁高龄。她不停地读书、写报告，对医院建设提建议，接见那些想与她讨论工作的人，并会见护士们，询问她们的工作。她为护理事业奋斗终身，为世人留下书和文章共 200 篇。英国人把她看做是英国的骄傲，为她在伦敦树立了铜像，并把她的大半身像印在英国 10 英镑纸币的背面（正面是英国女王伊丽莎白二世的半身像）。在伦敦的莱姆拜斯宫殿路（Lambeth Palace Road）2 号，专门建立了南丁格尔博物馆纪念她。

3. 南丁格尔《医院札记》中的护理伦理思想

1858 年，南丁格尔根据她丰富的实践经验编著了《医院札记》（Notes on Hospital）一书，强调了一个医院的建筑不在于它外表的豪华，而应主要考虑到病人的舒适、安全、福利和卫生。南丁格尔这本《医院札记》是一本世界名著，是护理学的经典著作，1959 年第 1 版。在此书的前言中，南丁格尔写到："如果病人感到冷、用餐后不适或得了褥疮，一般说来这不是疾病的原因，而是护理不当所致。护士应该做什么，可用一个词来解释，即让病人感觉更好。"她是一位务实的专家，事事从实际出发，道理说得明明白白，完全没有纯理论的东西，但充满了经验。让读者感觉到若不照着她说的做就是不对的，就做不成好护士。1946 年再版时改名为《护理的艺术》（The Art of Nursing）。

《医院札记》一书共十三章，加上前言和结论也只不过是个五万字左右的小册子，但它的内容十分丰富，涉及的问题非常具体，语言平实而亲切，观察细腻且准确，处处蕴含着对病人的关心和爱护，是一本难得的护理伦理学奠基之作。南丁格尔虽未提出某种护理伦理学理论，但她的言行已充分体现出了高尚的护理道德。全书共 13 章，内容包括：通风与温暖，住房卫生，微细的处理，声音，多样化，进食，何种饮食，床及床上物，光线，房间及墙壁清洁，个人清洁，闲谈希望与劝告，观察患者，总结。

为了使病人能尽快恢复健康，她从各个细微之处入手，保证病人得到更好的照护，完全把病人的利益放在第一位，很好地履行了护士的职责。例如，根据亲身经验，她在第一章提出了护理的首要规则，即应使室内空气清新，同时不应使病人有冷的感觉。在第二章，她提出合格的房间的五条标准：纯净的空气、纯净的水、有效的地下排水系统、清洁和光线。在第四章，她强调不必要的噪音对病人的危害。她说，不要把睡着的病人吵醒，因为病人由于疼痛很难入睡，打断其睡眠便可能使之失去再次入睡的能力，这样不但不会减少病人的痛苦，反而还会增加病人的痛苦。在第八章，她提出床的高度不要超过 3.5 英尺，床头桌应高于床，因为如果病人不能翻身，床头桌可能会有用处。为病人的利益着想，使得南丁格尔甚至注意到了人们容易忽视的细节，例如她在第十章提出，病房中最好用地板铺地，最不适宜用地毯，因为脏地毯会给房间带来污染；关于墙壁，她认为用纸糊的墙壁是最不好的，其次是石灰墙，最好的是油漆墙，因为可用水清洗。南丁格尔不仅考虑到病人的生理健康，还考虑到病人的心情愉快否。例如在第九章她强调光线对生理和心理的重要性，她说，应尽量让病人接受日光浴，病房中不能使用颜色昏暗的窗帘。夜间她提灯巡视病房时，发现病人睡觉时就像植物一样把脸朝向有光的一面，于是，她认为光线对病人心理是个安慰。南丁格尔不仅在这些细微之处给病人以照护，而且还积累许多科学的数据，以期给病人更科学的护理。从南丁格尔以上的言行中可体会出她具有高尚的护理道德情操，确实做到了：尊重病人、关心体贴；勤于实践，任劳任怨；热爱专业，自尊自强……

南丁格尔从护理的对象、护士的地位和作用方面强调了护理道德的重要性。她指出："护士的工作对象不是冰冷的石块、木头和纸片，而是有热血和生命的人类。护理工作是精细艺术中之最精细者。其中一个原因就是护士必须有一颗同情的心和一双勤劳的手。""护理要从人道主义出发,着眼于病人,既要重视病人的生理因素,又要重视病人的心理因素。"对护士道德方面的素质要求,南丁格尔在《医院札记》的第十三章也作了论述:"每个护士必须记住自己是被病人所依赖信任的,她必须不说别人的闲话,不与病人争吵。除非在特定的情况下或有医师的允许,不与病人谈论病人的病情。不容置疑,一个护士必须十分清醒,绝对忠诚,有信仰和奉献精神。她必须尊重自己的职业,服从上帝的召唤,因为上帝是出于信任才会把一个人的生命交付在她的手上。她必须是个准确细致、快速的观察者,而且必须作风正派。"

总之,《医院札记》是一本护理伦理思想丰富的著作,为护理伦理学的形成打下了坚实基础。

(三)影响近现代护理道德的社会因素

社会的需要是推动护理发展的主要因素,从护理道德的发展来看,其他主要的因素还有:

1. 男女的角色分工

史前的记载不可知,最早的公元1900以前巴比伦文明时代的汉莫拉比法典有关于医疗上的记录,但有文献显示一些工作和任务是由护士完成的。在古代非洲,护士的养育角色包括接生婆、药剂师、乳母、照顾孩子和老人等。虽然只有古印度,早期的医院雇佣的都是男护士,但绝大多数情况的是男女的角色分工不同(medicine man and herb woman,医生是男性,采草药是妇女)。妇女传统的角色是妻子、母亲、女儿、姐妹等,这些永远包含照顾、养育家庭成员的含义。Nursing 一词本身就是来源于母亲对无助的婴孩的照护和养育,她帮助人类度过历史上的灾难时期。

2. 宗教的兴起

世界各地的宗教都宣扬行善,但是基督教中类似"就像爱你自己一样爱你的邻居"的思想对西方护理的兴起起了非常重要的作用。基督所讲的对那些需要帮助的人提供善意和无私的帮助的故事成了信徒的做事原则,被用在对疲劳和受伤的旅行者的照顾中。随着教堂的增多,更多的医院也被建立起来,专门为那些孤儿、寡妇、老年人、穷人和病人提供照护。

由于中世纪时期科学和神学之间的对立,这些照护不是建立在科学的基础上,这种"黑暗"时期持续了大约500年。在一千年(公元500~1500)的中世纪中,无论是男女、宗教或世俗的或军队上的照顾病人的组织纷纷成立,其中最著名的有圣约翰耐特医院(Knight Hospitalers of St. John)、阿利先兄弟会(Alexian Brotherhood)、奥古斯提念姊妹会(the Augustinian Sisters)。1633年在法国由圣·文森建立了慈善姊妹会,得到贵族寡妇圣·路易斯(St. Louis de Marillac)的协作,招募贫苦女子,进行护理培训,着规定服装,每年重新宣誓一次。会员可以是非修道士,不受宗教约束。可以称得上是护理工作的复兴。这是第一个由罗马天主教组织的,对病人的照护起了很大的作用。

直到1836年,希尔德(Theodor Fliedner)在 Marcella, Fabiloa 和 Paula 之后重新建起了宗教意义的,由教堂的执事组成的组织,他们在德国的凯瑟斯沃斯(Kaiserswerth)建立小型的医院和护士培训学校,南丁格尔就是在这儿接受的护理培训。

3. 战争对护理的影响

人类历史,战争不断,士兵受伤后必然产生对照护的需要。一战时期,2万名护士被派到战场,二战对护理的影响和对护理教育的影响就更大了。在克里米亚战争中,南丁格尔培训了一批批的女护士，通过建立食堂、洗衣房、娱乐室、读书室等，改善了护理状况，彻底改变了医生对护士的轻视，并主动与护士配合。也就是说，大量的受伤的士兵客观上提高了护理工作的独立性。

4. 社会上现行的价值观对护理观念的影响

从南丁格尔之前社会对护理的看法和中国儒家观念对医生的影响可见一斑。南丁格尔时代当时上层妇女的"良好"的形象是维持她的优雅高贵的家庭，一般的妇女可能在其他家庭做服侍，或依靠丈夫生活，为病人提供照护的多是"非正常"妇女，如犯人或那些仅处于挣钱而做非道德的事情的人，她们一般都没有接受过护理方面的培训，甚至对这种工作没有一点工作热情。因此，护理在当时没有得到社会的认同和接受，也没有社会地位。但由于宗教的介入，使得这种方式成为唯一能被接受的，即在教会中为医院提供服务而不要任何代价。德国凯瑟斯沃斯的执事学院创先让社会承认了妇女对病人、穷人、儿童和女犯人的照护服务的需要。在凯瑟斯沃斯护士学校提供的训练包括对医院中病人的照顾、访视护理中的指导、宗教教义和伦理学的指导以及药学的知识。1847年的南丁格尔恰好旅行到此，并幸运地接受了3个月的护理培训，也就开创了护理专业，提升了护理道德。

第二节 护理道德现状

案例33 一位冠心病重病患者住院时请了一名护工，由于患者彻夜鼾响，护工夜夜"深受其害"。可是有一天护工突然发现这位病人不打呼了，便安心睡去。没料到，等他第二天醒来，这位病人已经停止了呼吸。经检查，是因呼吸暂停综合征而亡。医生说，如果这名护工懂点常识，及时抢救还是来得及的。

案例34 "一人住院，全家动员"

在全国政协九届五次会议上，王贤才委员旗帜鲜明地提出，在护理问题上，我国亟须和国际接轨，要让护士归位，让陪护回家，这样每年至少可以节省病人家属上亿个工作日的"损失"！去年10月，王贤才委员因为眼睛不好在上海一家医院做手术。医院硬件不亚于星级宾馆，医生也技术高超，使他免除了失明之灾。"但护理工作就不敢恭维了"。在中土大厦的房间里，王贤才委员平静地对记者说。像眼科病人，术后要两眼包扎，生活不能自理，"但是没有护士来喂饭，更没有人过问去厕所的事。这在过去，就是最基层医院的护士，也会做得十分妥帖的"。……

王贤才委员回忆，就在春节前，他曾经到一家医院去看望住院的友人，发现他"福气"很好，因其膝下有5男3女，都已长大成人，"所以住院就不用发愁了。全家总动员，三子一婿排班上医院当差，一子一女在家埋锅造饭，另外一子一女充当'外卖'角色，一日三餐送到医院，老伴则坐镇指挥。""这已经司空见惯了。子女不多的，甚至连侄子、外甥也要动员上场，实在不行，还有单位，再不行，就花钱雇人，反正得有人。难怪很多人都在发愁，独生子女好是好，只是将来一旦住院，可怎么办呢？"记者不由问："像您说的这些护理工作，现在很多家属不是也干得很好吗？"王贤才委员说，"如果真能做好，也无所谓，关键是护理是一门专业，是技术活，不是熟练工种，或者说是操作工。比如说喂饭，喂得不好，容易吃到气管；还有按摩，按摩时怎样按，才能减少褥疮的发生，这都有学问。我们医生都不一定行，何况其他人？"……"全国3000万张病床，上亿个工作日就这样流走了"……王贤才委员算了一笔账，因为填补护理工作空白而要充任陪护的人，当以亿计，因为全国有约3000万张病床，要牵动不知多少家庭和单位。不算不知道,一算吓一跳。问题是不管这些人怎么去护理,毕竟是外行。不然,干吗还要设护理这门专业呢?家属的护理真能做得叫人放心吗?"护理学现在有了硕士,也有了博士,但是我想不至于因为如此,很多护理工作就一笔勾销了吧?护理教科书肯定还有怎样护理和帮助病人的内容,护士们肯定接受过培训。问题是她们走上工作岗位后,一看大家都不做,也就没人做了。在我看来,这是一件非同小可的事情,因为它牵动着千家万户,亿万人民。经济学家也许能算出它有多大经济价值,而我则希望在培养更多高层次护理人才的同时,使护理工作落实到每张病床,每个病人的身上"。"也许护士会因此不够,那就增加人手"。"让护士归位,让陪护回家。这就是我想说的话。"[2]

建国后,我国的护理事业迅速走上正轨,至1959年底,全国护士已由初期的3.28万人增加至13.8万人,增长了4.21倍。1962年10月17日至22日,中华护士学会首次全国学术会议在北京召开,与会代表热烈讨论了如何提高基础护理质量问题,一致认为:基础护理是一门科学,是护士必须具备的基本理论和基本技术操作,是专科护理的基础,基础护理对于保护和促进病人健康,提高医疗护理质量具有重要的意义。但对护理道德问题似乎还没有顾及过来。10年动乱结束后,护理教育开始受到重视。

一、临床护理的现状

病人住院后,20年前是不许家属陪床的,现在是家属陪床护理,而且还请护工帮忙。所以,用句最苛刻的话来说:现在不是护理滑坡的问题,而是在有的医院根本就没有护理的问题!使用护工,患者和家属经济上要多负担,但因为护工缺乏医学和护理知识,比如关于尿,他可能只能告诉护士尿量有多少,至于颜色的深浅是不能准确描述的,而且也非常有可能因为没有这方面的意识而延误病情。对于患者的大便更是如此,倒掉以后是无法再进行检验诊断了。

我国的护理教育层次和水平仍然偏低,已无法满足社会发展的需要。日前,卫生部出台了《中国医学教育改革和发展纲要》,要求压缩中等教育、扩大高等及研究生教育,从而将护理教育改革提上了日程。现在,护士多数都在补习、进修,可以毫不夸张地说:"护理是读书的职业",现在,在教育上对护士提高了要求,也是现实的需要,使得护士一直在忙于从中专升大专,大专升本科,本科升研究生的过程中。

在护理管理方面,我国各医院主要采取以下三种管理体制:一是在院长领导下,设护理副院长——护理部主任——科护士长——病区护士长,实行垂直管理;二是在医疗副院长领导下,设护理部主任——科护士长——病区护士长,实施半垂直管理;三是在床位不满300张、规模较小的医院不设护理部主任,只设总护士长。目前,我国护理管理人员的主要任务包括:护理业务、临床护理教育、护理技术、护理科研等方面的管理。管理性质多属"经验性"并沿袭传、帮、带的常规,对伦理学在护理中的位置还没有明晰。

在护理科研方面,客观地说,重视不够,护士自身没有自觉地投入到这个领域,而且科研资金缺乏。中华护理学会于1991年专门设立了"护理科技进步奖",并决定每逢单数年的"5.12"国际护士节颁奖。

二、护理伦理学的现状

(一)护士道德要求的规范化

国际护理学会和美加等国的护理道德法典相继出台和而且规范内容日渐完善。我国仅在

2000年，中华护理学会与香港护理界合作起草了《新世纪中国护士伦理准则》，其中有"通则"、"尊重生命，提高生存质量"、"尊重人的权利和尊严"、"洞察社会需求，群策群力，共建健康社群"和"精益求精；确保优质护理"五部分，共21条。

（二）护理伦理教育开始受到重视

在我国，近十多年来，我国护士学校相继开设护理伦理学课程，而且，此门课程也是部分城市护理专业高等自学考试的必考科目。现在，护理伦理学教材已不少，学科体系正逐步完善，护理伦理学的教学改革也正逐步展开。

（三）护理道德观念正在转变

长期以来，医护人员都恪守生命神圣论和义务论的观点，护士也是为了延长患者的生命而尽最大努力。对于生命的看法已由生命神圣论向生命质量、价值相统一的方向转变，即护士和社会在道德上都倾向于为提高患者的生命质量、价值而努力，不提倡把医疗资源无条件地投入到为无价值的患者护理当中去。此外，心理学和社会学与医学的关系日益受到重视，生物－心理－社会的整体护理模式渐深入到护理的方方面面。

如今医学科技的进步，大型的计算机监护、激光治疗、静脉营养控制等，这些可用来维持病人的生命，但同时也是使人性化降低的一个过程。这就要求护士时刻提醒自己她们所面对的是有着心理、情感和精神的人，对这些方面的照护可达到照护和科技发展之间新的平衡。新仪器的使用经常会使病人和其家属对医务人员的用语感到陌生，并容易产生误解，这时，与病人朝夕相处的护士应该通过对他们不懂的信息进行解释，与病人支持者（家属）充分沟通以了解病人的需要，以减少仪器的非人性化。

第三节　21世纪护理伦理学的机遇与挑战

首先是护理观念上要变化，前进，才能面对21世纪的挑战，抓住机遇，因为机遇永远也不会落在没有准备的人头上。

整体护理就是观念的转变，现在护理实践范围扩大：传统护理以生活护理为主，被动执行医嘱，现代是医生的合作者，与医生共同参与，完成医疗护理任务；传统护理的着眼点是病，现在是人，除担负疾病的护理，还有心理、社会治疗的任务；传统的对象是病人，现在还致力于预防疾病，工作对象从病人扩大到健康人；工作场所从医院扩大到社会，对人群的卫生保健知识的宣传和咨询。

21世纪的护理伦理学将鼓励人们在道德认识上加强护理伦理学教育、把护理伦理学延伸到社区，提高解决高技术引发的伦理学问题的能力。

一、新的医学模式和整体护理模式对如何更人道地为患者服务提出挑战

当前，医学模式已由传统的生物医学模式向"生物－心理－社会"医学模式转变，现代化的"健康"定义也从单纯的"无病状态"发展为"生理的、心理的以及社会适应的良好状态。"适应医学模式的转变和基于对健康定义的深入理解，护理领域提出了"以病人为中心"和整体护理的护理理念和护理模式。将护理工作关注的重点从病人的疾病或生理缺陷转向完整的病人身上，将病人视为一个有灵魂的生命，家庭及社会的一员，身体与精神的统一体，通过控制症状、心理护理、精神护理来确保病人的生存质量。充分尊重病人要求被关怀、被尊重，得到高品质护理服务的日趋强烈的心理，这使护理工作充满了对人的关怀，更具有人

性化特征，也更符合护理伦理学所倡导的人道主义伦理观。现在护理范围逐渐扩大，逐步渗入到临终关怀、康复保健、家庭护理及社区护理等领域，突出了护理工作的社会责任，强调了护士为病人尽义务与为社会尽义务的有机结合。

二、当代护理学教育的现代化对护理伦理学教学提出了高要求

现在，中级、高级护理教育已规模化发展，国内外都正努力把教育水平再向上提高一步。在高等护理教育方面，我国已开始在一些医学院校设立护理专业，但多是专科、本科，硕士很少，还没有博士。护理教育水平的提高决定了护理伦理教育应更上一层楼，应在特殊病人等道德规范的特殊性上深入探讨，还应在教学方式、教材的改革和如何融伦理学知识与护理实践中的方法等方面进行深入探讨。

三、医护高科技的发展及生命伦理学的出现要求护士具有很高的素质和解决护理伦理难题的能力

医护高技术的介入可能使护理道德出现危机，随着现代科技的发展，医学高技术已走进医院、社区和家庭护理中。医患关系出现"物化"趋势，即高精尖的设备处在医生和患者之间，使他们之间容易缺少以往的信任和情感。所以，护理高技术的介入也可能使护患之间出现类似的情况。例如，电子计算机进入护理领域，出现"监测护理"，"电脑护士"等新生事物，这无疑会减少护士和患者之间的直接的思想交流和接触，如果过于依赖技术而忽视患者的感受，忽视道德在护理工作中的作用，便会出现重技术轻道德的现象，从而影响护理道德水平的提高。这对护士的道德素质提出了挑战，对他们提出了更高的道德要求。即在高科技时代，在运用现代医护技术的同时不要无视道德，更不要忘记自己的道德责任，相反应结合高科技的运用及护理工作的实际需要，不断调整对自己的道德要求，自觉加强道德修养，努力提高自身道德素质将不利于护理道德水平的提高，也不利于患者心理安全感和慰藉感的满足，这就需要护士在道德上严格要求，避免出现护理道德的危机。

另外，近30年来，西方许多国家的许多医院成立了医院伦理委员会，即医院的一个职能部门，一般来说，委员会成员包括医生、护士、律师、伦理学家、心理学家、牧师、社会工作者等。医院伦理委员会的本质是实现医学的人文方面的功能，护士要把握机遇，参与到其中。

四、与国际接轨和深入开展社区护理对护理的真正的独立自主提出挑战

随着经济的发展，人们对健康需求的增加，全世界都把目光从医院内的护理转向社区人群的健康保健。护士正在被赋予更高使命。处理院内的高质量的护理，护士亦将成为社区保健和健康教育的重要力量，以及和医生及其他健康保健人员的平等合作者。护士独立工作的领域将越来越广，自主行为成为必然。

早在1877年就有了公共卫生护理，到了1900年，"家访护士"的服务已经遍布美国。在上世纪60年代，德国的社区护理迅速发展，目前，人口8000万的德国，拥有护士100万人，其中一半以上的护士在从事社区护理工作。社区护理可使病人在轻松及熟悉的家庭气氛中，在社区护士的帮助与具体指导下，得到方便经济的护理服务，获得健康保健及疾病康复常识，得到心理疏导，精神鼓励，因而深受病人欢迎。在老龄化日渐严重的我国，社区护理将更有施展空间。在护理已经网络化的一些发达国家已运用医院局域网和远程医疗装置，通

过视频和电子监测系统观察病情，通过电子邮件与病人联系，及时发现病情变化及时处理。

第四节 护理伦理学再认识

学到这儿，课程也要结束了，同学们很可能有这样的疑问：即在遇到伦理学问题并进行分析时好像与没学之前没有什么区别；或者是学了之后，自身的道德修养并没有得到提高；或者是，面对比以往更复杂的护患关系和越来越多的矛盾与纠纷，护士在解决这些问题时根本没有时间想伦理学原则和理论，再用之指导自己，而是凭自己的经验，凭自己对病人的热爱等把问题解决的。事情好像是这样，但并非完全如此。

我们需要重新认识护理伦理学，认识它的职能，同样认识它的局限。这样，你会有个清醒的认识，好像能站在更高的基石上看问题。

一、护理伦理学的职能

- 规范医护人员的行为
- 对道德进行解释，即对善做完全的认识
- 能提高伦理学意识，这是日后提高对医学伦理学问题分析和解决能力的基础
- 对某行为进行伦理学分析，或予以辩护（需要伦理学理论）或驳斥
- 学习伦理学案例分析方法，利于快速恰当地解决临床伦理学问题

二、护理伦理学的局限性

- 有时没有明确的定论，只是引发思考
- 不如法律的约束力强，可做可不做
- 对此概念容易有这样的误解：以为学习伦理学原则即可解决临床中的伦理学问题
- 学习了医学伦理学不等于能使个人的道德修养直接得到提高，伦理学不能产生道德这只是一种知识（格物致知）和修养的方法等，它是融入医学实践中的学科，所有的都需要个人在实践中磨炼
- 当某种现象成为社会问题之后，远不是伦理学能解决的，它是社会环节中的一个，需要多个社会体系共同配合才可能解决，如现在的因医疗体制问题而引起的各种伦理学问题，远不是护理伦理学能解决的

另外，还需明确一个概念，伦理学在本质上是理论或知识，它的任务不是产生道德，或建立道德，它不会产生"善"，而善本身就存在于社会中，存在于你我的心中，是一个现象和事实，人们并没有等到道德哲学（即伦理学）产生后，才来区分善和恶，这是一个毋庸置疑的事实，即道德现象要比道德哲学古老，道德哲学产生于对支配着生活和判断的现存道德进行思考的时候[3]。也就是说，学习护理伦理学本身，既是在学习他人已经归纳好的道德理论、原则、规范等，又是在对这些知识进行思考，或运用这些知识解决问题，其中也可能归纳出新的理论或原则。正如没有两个相同的病人一样，也没有两个相同的护士，在学习和应用这些知识时，认识程度、理解程度、实践修养程度都不相同。可以这样说，每个人在应用护理伦理学的时候，就是在发展这门学科本身，因为你和你的病人的独特性，永远在为这门学科补充新鲜血液。这是伦理学的有限和无限的特点，也是我们的修养能永远提高的基础——只要去实践。

故，学了护理伦理学之后，不能期待在学会甚至熟记伦理学原则后能自动地推出解决伦理学问题的答案。也不能在学了伦理学之后，以为修养会自动提高。必须多分析案例，遇到伦理学问题多深入思考，即多实践护理伦理学，这是你从中得到经验的好途径。

其实，你在怀疑自己是否已经学会了护理伦理学时，在你为之苦恼时，你已经开始过着充满道德的生活了。因为道德并不是完美的答案，它是一种状态，一个过程，就像幸福是在追求的过程中一样。老子的"道，可道，非常道；名，可名，非常名"用在这儿再合适不过了，因为凡是能说出来的"道"，都不是永存的规律，每个人的行为可能都不能代表完美的道德，就是现存的伦理学理论都不是完美的，伦理学原则都是冲突的，也许每个案例的分析都显示这不是完美的答案，它们只能是我们分析判断的一个依据，我们学习的目的不只是学知识——不完美的知识本身，而是要提高解决护理伦理问题的能力。

但我们如果放弃了思考，也就是放弃了道德。

---

[1] 李本富，丁蕙荪，李传俊 著．护理伦理学．第二版．北京：科学出版社，1998．68
[2] 李论．一人住院，全家动员．华商报，2001.9.11.
[3] [德] 石里克著．伦理学问题．北京：商务印书馆，1997．12

其他参考文献

1．http：//www.haoyisheng.com 2001/07/03
2．"WTO 带给我国护理界的冲击－背景：我国护理现状" http：//www.haoyisheng.com
3．"德国护理专家谈护理" http：//www.haoyisheng.com 2002/01/07
4．李晓琳等．谈社区护理中涉及的法律问题．实用护理杂志．2001，17（3）：56
5．http：//www.huliw.com/ad/lyp/35.htm
6．http：//www.huliw.com/ad/lyp/24.htm

附　录

中华人民共和国护士管理办法

第一章　总则

第一条　为加强护士管理，提高护理质量，保障医疗和护理安全，保护护士的合法权益，制定本办法。

第二条　本办法所称护士系指按本办法规定取得《中华人民共和国护士执业证书》并经过注册的护理专业技术人员。

第三条　国家发展护理事业，促进护理学科的发展，加强护士队伍建设，重视和发展护士在医疗、预防、保健和康复工作中的作用。

第四条　护士的执业权利受法律保护。护士的劳动受全社会的尊重。

第五条　各省、自治区、直辖市卫生行政部门负责护士的监督管理。

第二章　考试

第六条　凡申请护士执业者必须通过卫生部统一执业考试，取得《中华人民共和国护士执业证书》。

第七条　获得高等医学院校护理专业专科以上毕业文凭者，以及获得经省级以上卫生行政部门确认免考资格的普通中等卫生（护士）学校护理专业毕业文凭者，可以免于护士执业考试。获得其他普通中等卫生（护士）学校护理专业毕业文凭者，可以申请护士执业考试。

第八条　护士执业考试每年举行一次。

第九条　护士执业考试的具体办法另行制定。

第十条　符合本办法第七条规定以及护士执业考试合格者，由省、自治区、直辖市卫生行政部门发给《中华人民共和国护士执业证书》。

第十一条　《中华人民共和国护士执业证书》由卫生部监制。

第三章　注册

第十二条　获得《中华人民共和国护士执业证书》者，方可申请护士执业注册。

第十三条　护士注册机关为执业所在地的县级卫生行政部门。

第十四条　申请首次护士注册必须填写《护士注册申请表》缴纳注册费，并向注册机关缴验：

（一）《中华人民共和国护士执业证书》；

（二）身份证明；

（三）健康检查证明；

（四）省级卫生行政部门规定提交的其他证明。

第十五条　注册机关在受理注册申请后，应当在三十日内完成审核，审核合格的，予以注册，审核不合格的，应该书面通知申请者。

第十六条　护士注册的有效期为两年。

护士连续注册，在前一注册期满前六十日，对《中华人民共和国护士执业证书》进行个人或集体校验注册。

第十七条　中断注册五年以上者，必须按省、自治区、直辖市卫生行政部门的规定参加临床实践三个月，并向注册机关提交有关证明，方可办理再次注册。

第十八条　有下列情形之一的，不予注册：

（一）服刑期间；

（二）因健康原因不能或不宜执行护理业务；

（三）违反本办法被中止或取消注册；

（四）其他不宜从事护士工作的。

第四章　执业

第十九条　未经护士执业者不得从事护士工作的。

护理专业在校生或毕业生进行专业实习，以及按本办法第十七条规定进行临床实践的，必须按照卫生部的有关规定在护士的指导下进行。

第二十条　护理员只能在护士的指导下从事临床生活护理工作。

第二十一条　护士在执业中应当正确执行医嘱，观察病人的身心状态，对病人进行科学的护理。遇紧急情况应及时通知医生并配合抢救，医生不在场时，护士应当采取力所能及的急救措施。

第二十二条　护士有承担预防保健工作，宣传防病治病知识、进行康复指导、开展健康教育、提供卫生咨询的义务。

第二十三条　护士执业遵守职业道德和医疗护理工作的规章制度及技术规范。

第二十四条　护士在执业中得悉就医者的隐私，不得泄露，但法律另有规定的除外。

第二十五条　遇有自然灾害、传染病流行、突发重大伤亡事故及其他严重威胁人群生命健康的紧急情况，护士必须服从卫生行政部门的调遣，参加医疗救护和预防保健工作。

第二十六条　护士依法履行职责的权利受法律保护，任何单位和个人不得侵犯。

第五章　罚则

第二十七条　违反本办法第十九条规定，未经护士执业注册从事护士工作的，由卫生行政部门予以取缔。

第二十八条　非法取得《中华人民共和国护士执业证书》的，卫生行政部门予以缴销。

第二十九条　护士执业违反医疗护理规章制度及技术规范的，由卫生行政部门视情节予以警告，责令改正，中止注册直至取消其注册。

第三十条　违反本办法第二十六条规定，非法阻挠护士执业或侵犯护士人身权利的，由护士所在单位提请公安机关予以治安行政处罚，情节严重，触犯刑律的，提交司法机关依法追究刑事责任。

第三十一条　违反本办法其他规定的，由卫生行政部门视情节予以警告、责令改正、中止注册直至取消其注册。

第三十二条　当事人对行政处理决定不服的，可以依照国家法律、法规的规定申请行政复议或者提起行政诉讼。当事人对行政处理决定不履行又未在法定期限内申请复议或提起诉讼的，卫生行政部门可以申请人民法院强制执行。

第六章 附则

第三十三条 本办法实施前已经取得护士以上技术职称者，经省、自治区、直辖市卫生行政部门审核合格，发给《中华人民共和国护士执业证书》，并准许按本办法的规定办理护士执业注册。

本办法实施前从事护士工作但未取得护士职称者的执业证书颁发办法，由省、自治区、直辖市卫生行政部门根据本地区的实际情况和当事人实际水平做出具体规定。

第三十四条 境外人员申请在中华人民共和国境内从事护士工作的，必须依本办法的规定通过执业考试，取得《中华人民共和国护士执业证书》并办理注册。

第三十五条 护士申请开业及成立护理服务机构，由县级以上卫生行政部门比照医疗机构管理的有关规定审批。

第三十六条 本办法的解释权在卫生部。

第三十七条 本办法的实施细则由省、自治区、直辖市规定。

第三十八条 本办法自1994年1月1日起施行。

我国护理管理标准及评审办法（试行）

说 明

1. 本标准系综合医院分级管理标准的配套文件，是评审各级医院护理工作的依据。
2. 本标准分医院护理管理标准和评审办法两部分。以加强护理队伍建设和提高基础护理质量为重点。
3. 医院护理管理标准包括基本标准和分等标准两部分，各按100分计算，分开打分。基本标准得分与分等标准得分之和除以2，计入医院总分。基本标准得分必须≥85分方可进入相应等次＜85分时在医院总分达到相应等次的基础上下降一等。
4. 要求各省、自治区、直辖市卫生厅（局）制订相应的护理管理和护理质量标准及具体实施细则。

护理管理标准
一级医院护理管理标准基本标准

一、护理管理体系

（一）组织领导

根据卫生部（86）号卫医字第20号《关于加强护理工作领导理顺管理体制的意见》的要求，必须建立健全与一级医院功能、任务、规模相适应的护理管理体系。

1. 医院护理工作实行院长领导下的总护士长或护士长负责制。
2. 医院实行总护士长、护士长二级管理或护士长一级管理，并保证其行使职权。
3. 总护士长由院长聘任，护士长由总护士长提名院长聘任。
4. 总护士长应具有一级医院护理业务水平和管理能力，具有护师以上技术职称，应选拔熟悉护理理论及技术，有一定临床护理经验和组织管理能力，德才兼备的护士长担任。
5. 护士长应选拔具有一定的临床护理经验和熟练掌握护理技术，有管理能力的护师或高年资护士担任。

（二）人员编制

各级护士结构应符合以下比例：

1. 全院护士应占卫生技术人员总数的38%；医师（士）与护士之比为1:1。

2. 护师以上占护士总数≥10%；护理员占护士总数≤33%。

3. 未经中等以上护理专业毕业人员从事护士工作，必须经过专业培训并经卫生主管部门考试、考核合格批准后方可上岗。

二、规章制度

（一）贯彻执行，1982年卫生部颁发的医院工作制度与医院工作人员职责有关护理工作的规定，结合医院实际，认真制定和严格执行以下制度：

1. 各级护士岗位责任制
2. 护理工作制度
3. 查对制度
4. 值班、交接班制度
5. 分级护理制度
6. 执行医嘱制度
7. 消毒隔离制度
8. 护理文件书写制度
9. 护理差错、事故登记报告制度
10. 物品、药品、器械管理制度
11. 卫生宣教制度
12. 饮食管理制度
13. 病房管理制度
14. 有条件的应包括门诊、急诊室、手术室、供应室管理制度

（二）有相应的疾病护理常规和护理技术操作规程，并认真执行。

三、医德医风

（一）贯彻执行《综合医院分级管理标准》中一级医院有关医德医风建设的要求，结合护士素质教育有具体措施。

（二）具有良好的护士素质，仪表端庄，言行规范。

（三）病人对护理工作、服务态度的满意度≥80%。

四、质量管理

（一）有护理质量管理兼职人员。

（二）有明确的质量管理目标和切实可行的达标措施。

（三）有质量标准及质控办法，定期检查、考核和评价。

（四）严格执行消毒隔离及消毒灭菌效果监测制度，确保病人安全。

（五）有安全管理制度及措施，防止护理差错、事故的发生。

五、护理单位管理　护理单位包括：病房、门诊（注射室、换药室）、急诊室、手术室、供应室等。其管理均应达到：

（一）布局合理，清洁与污染物品严格分开放置。基本设备齐全、适用。

（二）环境整洁、安静、舒适、安全，工作有序。病房要求做到两无一有，即无自带被褥，无虱子和臭虫，手术病人有病人服。

（三）具体要求按各省、自治区、直辖市卫生厅（局）颁发的有关标准执行。

分等标准

一、护理管理标准

（一）有护理管理目标，年计划目标达标率≥85%。

（二）有护理工作年计划、季安排、月重点及年工作总结。

（三）有护士培训、进修计划。年培训率≥5%。

（四）有护士考核制度和技术档案，年考核合格率≥85%。

（五）有护理质量考评制度，定期组织考评。

（六）定期组织护理业务学习，有条件的医院组织护理查房。

（七）有护理工作例会制度。

（八）有护理差错、事故登记报告制度，定期分析讨论。

（九）作好护理资料的登记、统计工作。

（十）医院护理管理达到各省、自治区、直辖市卫生厅（局）的标准要求。

二、护理技术水平

（一）护士三基水平平均达标≥70分。

（二）具有与一级医院医疗水平相适应的护理技术水平。

（三）熟悉各科常见病、多发病的护理理论和护理常规。

（四）掌握常用的护理急救技术、有效的徒手心肺复苏术和急救药品及器械的使用。

（五）掌握消毒灭菌知识和消毒隔离原则及技术操作。

（六）能承担初级护士的临床教学，带教任务由护士以上人员担任。

（七）每年有一篇护理工作总结。

三、护理质量评价指标

（一）护理技术操作合格率≥85%。

（二）基础护理合格率≥80%。

（三）一级护理合理率≥80%。

（四）五种护理表格书写合格率≥85%。

（五）急救物品完好率100%。

（六）常规器械消毒灭菌合格率100%。

（七）年褥疮发生次数0。

（八）年严重护理差错事故发生数≤1。

（九）年护理事故发生次数0。

（十）一人一针一管执行率100%。

二级医院护理管理标准基本标准

一、护理管理体系

（一）组织领导　根据卫生部（86）卫医字第20号《关于加强护理工作领导理顺管理体制的意见》的要求，必须建立健全与二级医院功能、任务、规模相适应的护理管理体系。

1. 医院护理工作实行院长领导下的护理部主任（总护士长）负责制，根据需要设副主任（副总护士长）和护理干事。300张床位以上医院要逐步创造条件设专职护理副院长兼护理部主任。

2. 医院实行护理部主任、科护士长、护士长三级管理或护理部主任（总护士长）、护士长二级管理，并保证其行使职权。

3. 护理部主任（总护士长）由院长聘任，副主任（副总护士长）由主任提名、院长聘任；科护士长、护士长由护理部主任（总护士长）聘任。

4. 护理部主任（总护士长）应具有二级医院护理业务水平和管理能力，具有主管护师以上技术职称，应选拔熟悉护理理论及技术，有丰富的临床、管理、教学经验和组织领导能力，勇于开拓创新，德才兼备，年富力强的科护士长或护士长担任。

5. 100张床位或三个护理单元以上的大科，设科护士长，科护士长应具有主管护师以上技术术职称，应选拔具有相应专科护理理论及技术，有一定教学和组织管理能力的护士长担任。

6. 病房护理管理实行护士长负责制。护士长应选拔具有专科护理业务知识，护理技术熟练，有管理、教学能力的护师担任。

7. 护理部、内、外科或重点专科应配备副主任护师，各科室均应根据需要配备主管护师或护师。

（二）人员编制　各级护士结构应符合以下比例：

1. 全院护士应占卫生技术人员总数的50%，医师与护士之比为1:2。病房床位与病房护士之比不少于1:0.4，300张床位以下的医院不少于1:0.3。

2. 护师以上占护士总数≥20%，护理员占护士总数≥25%。

二、规章制度

（一）贯彻执行1982年卫生部颁发的医院工作制度与医院工作人员职责有关护理工作的规定。结合医院实际，认真制订和严格执行以各级护士岗位责任制为中心的各项护理制度和各级各班护士职责。

（二）认真执行各科疾病护理常规及各项护理技术操作规程。

（三）建立各级护士继续教育制度，有分级培养目标，培训计划，并组织实施。

三、医德医风

（一）贯彻执行综合医院分级管理标准中二级医院有关医德医风建设的要求，结合护士素质教育有具体措施。

（二）具有良好的护士素质，仪表端庄，言行规范。

（三）病人对护理工作、服务态度的满意度≥80%。

四、质量管理

（一）有护理质量管理组织或专职人员。

（二）有明确的质量管理目标，有切实可行的达标措施。

（三）有质量标准及质控办法，定期检查、考核与评价。

（四）严格执行消毒隔离及消毒灭菌效果监测制度，确保病人安全。

（五）有安全管理制度及措施，防止护理差错、事故的发生。

五、护理单位管理　护理单位包括病房、门诊、急诊（科室）、手术室、供应室、产房、婴儿室及ICU、CCU等，其管理均应达到：

（一）布局合理，严格区分清洁与污染区域，基本设备齐全、适用。

（二）环境整洁、安静、舒适、安全、工作有序。

（三）管理要求执行卫生部及各省、自治区、直辖市卫生厅（局）颁发的有关标准。

分等标准

一、护理管理目标

（一）有护理管理目标、年计划目标率≥90%。

（二）有护理工作发展规划、年工作计划、季安排、月重点及年工作总结。

（三）有护士培训、进修计划，年培训率≥10%。

（四）有护士考核制度和技术档案，年考核合格率≥90%。

（五）有护理质量检查考评制度，定期组织考评。

（六）定期组织护理业务学习，开展护理查房。

（七）有护士长例会制度，组织护士长夜查房。

（八）有护理差错、事故登记报告制度，定期分析、讨论。

（九）医院护理管理达到各省、自治区、直辖市卫生厅（局）的标准要求。

（十）护理部协调好与科主任、医技、后勤等部门的关系。

（十一）做好护理信息资料统计工作，定期分析、评价与利用。

二、技术水平

（一）护士三基水平，平均达标≥75分。

（二）具有与二级医院医疗水平相适应的护理技术水平。

（三）掌握常用护理急救技术，熟悉抢救程序、抢救药品和抢救仪器的使用。

（四）掌握消毒灭菌知识、消毒隔离原则及技术操作。

（五）熟悉掌握昏迷、瘫痪、疑难病症及监护病人的护理。对重点专科及监护病房的护士应经过专科培训，达到与医疗水平相适当的专科护理技术水平。

（六）能承担中等护理专业的临床教学，带教任务由护师以上人员担任。

（七）能指导下级医院的护理业务，能承担下级医院护士的进修和培训。

（八）具有总结、撰写护理论文的学术水平。每年在地（市）以上学术会议或刊物上交流、发表论文≥2篇。

（九）具有开展护理新业务、新技术的能力。每年完成本院护理新业务、新技术≥2项。

三、护理质量评价指标

（一）护理技术操作合格率≥90%

（二）基础护理合格率≥85%

（三）特护、一级护理合格率≥85%

（四）五种护理表格书写合格率≥90%

（五）责任制护理开展病房数≥10%

（六）急救物品完好率100%

（七）常规器械消毒灭菌合格率100%

（八）年褥疮发生次数0

（九）每百张床年护理严重差错发生次数≤0.5

（十）年护理事故发生次数0

（十一）陪护率≤8%

三级医院护理管理标准

基本要求

一、护理管理体系

（一）组织领导

根据卫生部（86）卫医字第20号《关于加强护理工作领导理顺管理体制的意见》的要求，必须建立健全与三级医院功能、任务和规模相适应的护理管理体系。

1. 医院护理工作实行院长领导下的护理部主任负责制。根据需要设护理部副主任2名和护理干事1~2名，并创造条件设专职护理副院长兼护理部主任。

2. 医院实行护理部主任、科护士长、护士长三级管理或护理部主任、护士长二级管理，并保证其行使职权。

3. 护理部主任由院长聘任；副主任由主任提名院长聘任，科护士长、护士长由护理部主任聘任。

4. 护理部主任应具有三级医院护理业水平和管理能力，具有副主任护师以上技术职称，应选拔精通护理专业理论和技术，有丰富的护理管理经验，德才兼备，年富力强的科护士长或护士长担任。

5. 100张床位或三个护理单元以上的大科，以及任务繁重的手术室、急诊科、门诊部设科护士长，科护士长应具有主管护师以上技术职称，应选拔具有相应的专科护理理论和技术，有一定教学和组织管理能力的护士长担任。

6. 病房护理管理实行护士长负责制。护士长应选拔具备专科护理业务知识，护理技术熟练，有一定教学、管理能力，有临床护理经验的护师担任。

7. 护理部、内、外、妇、儿科、重点科、急诊科、手术室应配备副主任护师以上人员。各科室均应根据需要配备主管护师和护师。

（二）护士编制　各级护士结构应符合以下比例：

1. 全院护士占卫生技术人员总数的50%，医师与护士之比为1:2。病房床位与病房护士之比为1:0.4。护理员占护士总数≤20%。

2. 护师以上占护士总数≥30%。

二、规章制度

（一）贯彻执行1982年卫生部颁发的医院工作制度与医院工作人员职责有关护理工作的规定。结合医院实际，认真制订和严格执行以各级护士岗位责任制为中心的各项护理制度和各级各班护士职责。

（二）认真执行各科疾病护理常规及各项护理技术操作规程。

（三）建立各级护士继续教育制度。有分级培养目标、培养计划，并组织实施。

三、医德医风

（一）贯彻执行综合医院分级管理标准中三级医院有关医德医风建设的要求，结合护士素质教育有具体措施。

（二）具有良好的护士素质，仪表端庄，言行规范。

（三）病人对护理工作、服务态度满意度≥80%。

四、质量管理

（一）有护理质量管理组织。

（二）有明确的质量管理目标，有切实可行的达标措施。

（三）有质量标准及质控办法，定期检查考核与评价。

（四）严格执行消毒隔离及消毒灭菌效果监测制度，确保病人安全。

（五）有安全管理制度及措施，防止护理差错、事故的发生。

五、护理单位管理　护理单位包括：病房、门诊、急诊科（室）、手术室、供应室、产房、婴儿室及ICU、CCU等，其管理均应达到：

（一）布局合格，严格区分清洁与污染区域，基本设备齐全、适用。

（二）环境整洁、安静、舒适、安全，工作有序。

（三）管理要求执行卫生部或各省、自治区、直辖市卫生厅（局）颁发的有关标准。

一、护理管理标准

（一）有护理管理目标，年计划目标达标率≥95%。

（二）有护理工作发展规划、年工作计划、季安排、月重点及年工作总结。

（三）有护士培训进修计划，年培训率≥15%。

（四）有护士考核制度和技术档案。年考核合格率≥95%。

（五）有护理质量检查考评制度，定期组织考评。

（六）定期组织护理业务学习，开展护理查房。

（七）有护士长例会制度，组织护士长夜查房。

（八）有护理差错、事故登记报告制度，定期分析讨论。

（九）医院护理管理达到各省、自治区、直辖市卫生厅（局）的标准要求。

（十）护理部协调好与科主任、医技、后勤等部门的关系。

（十一）做好护理资料统计工作，进行动态分析与评价，并逐步创造条件达到信息计算机管理。

二、技术水平

（一）护士三基水平平均达标≥80分。

（二）具有与三级医院医疗水平相适应的护理技术水平。

（三）熟练掌握护理急救技术，熟悉抢救程序、抢救药品和抢救仪器的使用。

（四）熟悉掌握消毒灭菌知识、消毒隔离原则及技术操作。

（五）重点科室及监护病房的护士应经专科培训，达到与医疗水平相适应的专科护理技术水平。

（六）能承担中、高等医学院校护理专业的临床教学。带教中专护生应由护师以上人员担任。带教大专护生应由主管护师人员担任。

（七）能承担专科进修护士的教学和专科护理学习班讲学。

（八）具有指导、培训二级医院护士的业务水平。

（九）具有撰写护理论文的学术水平。每年在省以上学术会议或刊物上交流、发表论文≥3篇。

（十）具有开展护理科研能力，每年护理科研或革新的项目≥2项。

三、护理质量评价指标

（一）护理技术操作合格率≥95%

（二）基础护理合格率≥90%

（三）特护、一级护理合格率≥90%

（四）五种护理表格书写合格率≥95%

（五）责任制护理开展病房数≥20%

（六）急救物品完好率100%

（七）常规器械消毒灭菌合格率100%

（八）年褥疮发生数0

（九）每百张床年护理严重差错发生次数≤0.5

（十）年护理事故发生次数0

（十一）陪护率≤5%三级特等医院标准 三级特等医院其护理管理总体水平应是我国当前最高水平的医院，除达到三级甲等医院标准外，还应达到以下要求：

1. 全院护士中取得大专以上学历或相当大专知识水平证书者≥15%。
2. 医院护理管理或重点专科护理在国内具有学科带头作用。
3. 具有独自开展国际护理学术交流的能力。

中华人民共和国卫生部医务人员医德规范及实施办法（1988）

第一条 加强卫生系统社会主义精神文明建设，提高医务人员的职业道德素质，改善和提高医疗服务质量，全心全意为人民服务，特制定医德规范及实施办法（以下简称"规范"）。

第二条 医德，即医务人员的职业道德，是医务人员应具备的思想品质，是医务人员与病人、社会以及医务人员之间关系的总和。医德规范是指导医务人员进行医疗活动的思想和行为的准则。

第三条 医德规范如下：

（一）救死扶伤，实行社会主义的人道主义。时刻为病人着想，千方百计为病人解除病痛。

（二）尊重病人的人格与权利，对待病人，不分民族、性别、职业、地位、财产状况，都应一视同仁。

（三）文明礼貌服务。举止端庄，语言文明，态度和蔼，同情、关心和体贴病人。

（四）廉洁奉公。自觉遵纪守法，不以医谋私。

（五）为病人保守医密，实行保护性医疗，不泄露病人隐私与秘密。

（六）互学互尊，切结协作。正确处理同行同事间的关系。

（七）严谨求实，奋发进取，钻研医术，精益求精。不断更新知识，提高技术水平。

第四条 使本规范切实得到贯彻落实，必须坚持进行医德教育，加强医德医风建设，认真进行医德考核与评价。

第五条 医疗单位都必须把医德教育和医德医风建设作为目标管理的重要内容，作为衡量和评价一个单位工作好坏的重要标准。

第六条 医德教育应以正面教育为主，理论联系实际，注重实效，长期坚持不懈。要实行医院新成员的上岗前教育，使之形成制度。未经上岗前培训不得上岗。

第七条 医疗单位都应建立医德考核与评价制度，制定医德考核标准及考核办法，定期或者随时进行考核，并建立医德考核档案。

第八条 医德考核与评价方法可分为自我评价、社会评价、科室考核和上级考核。特别要注重社会评价，经常听取患者和社会各界的意见，接受人民群众的监督。

第九条 对医务人员医德考核结果，要作为应聘、提薪、晋升以及评选先进工作者的首要条件。

第十条 实行奖优罚劣。对严格遵守医德规范、医德高尚的个人，应予表彰和奖励。对于不认真遵守医德规范者，应进行批评教育。对于严重违反医德规范，经教育不改者，应分别情况给予处分。

第十一条 本规范适用于全国各级各类医院、诊所的医务人员，包括医生、护士、医技科室人员管理人员和工勤人员也要参照本规范的精神执行。

第十二条 各省、自治区、直辖市卫生厅局和合医疗单位可遵照本规范精神和要求，制定医德规范实施细则及具体办法。

第十三条 本规范自公布之日起实行。

台湾的护理规范

台湾无公订之护理道德规范，这是台湾卢美秀女士1994年3月在护理杂志发表的研究报告"台湾护理伦理规范之研拟"中明确确定出的台湾护理伦理规范。

（一）护士的基本责任

1. 护士的基本责任为促进健康，预防疾病，重建健康，减轻痛苦。

（二）护士与病人

2. 应尊重病人的生命，人性尊严及价值观

3. 应尊重病人的宗教信仰及风俗习惯。

4. 应接受及尊重病人的独特性，自主性，个别性。

5. 当病人接受面谈，检查，治疗护理时，应尊重并维护其隐私及给予心理支持。

6. 应保守病人的医疗秘密，在运用其资料时，需审慎判断，除非病人同意或应法官要求或医疗所需。

7. 提供医疗照护活动时，应事先给予充分说明，经病人同意后执行，但紧急除外。

8. 在执行医疗照护活动时，应保护病人免受伤害。

9. 应尊重病人参与研究或实验性医疗的意愿，并提供保护，避免受到伤害并确保病人应得的权益。

10. 应提供符合病人能力与需要的照护指导与咨询。

11. 应增加病人在健康照护上的知识与能力。

12. 在病人入院时，应对病人及家属说明医院有关规定，以避免病人权益损害。

13. 遇病人情况危急时，应视情况给予紧急救护处理，并立即联络医师。

14. 对病人及家属应采取开放，协调，尊重的态度，并鼓励他们参与计划及照护活动。

15. 当病人对其应缴之医疗费用存疑时，应给予充分说明或会请相关单位澄清。

16. 当发现其他医护同仁有不道德或不合法的医护行为时，应积极维护病人的权益并采取保护行动。

17. 当病人有继续性医疗照护需要时，应给予转介并追踪。

18. 对濒临死亡的病人，仍应予以尊重，让其安详而且尊严的死亡。

（三）护士与执业

19. 应提供合乎专业标准的照顾，并尽可能维持最高的护理水准。
20. 当接受和授予责任时，应以个人的能力和专业资格为依据。
21. 应继续进修，以维护个人专业行为之标准及执业能力，以提升护理专业之社会地位。
22. 应对自己的照护行为负责，随时检讨，并致力改进。
23. 应委婉拒绝病人或家属的馈赠，以维护专业形象。
24. 应提供个别化，公平及人性的照顾。

（四）护士与社会

25. 对于促进大众健康的活动，应积极倡导与支持。
26. 应教育社会大众，以增广大众的保健知识与能力。
27. 对于影响健康之社会，经济及政策等因素，应表示关切，并积极参与有关政策之建设。
28. 应确保执业身份不被商品促销所利用。

（五）护士与共同工作者

29. 应和健康小组成员维护良好合作关系，并相互尊重。
30. 应感到护理专业知识及能力不足以提供病人的照护时，应该请求他人协助或报告主管。
31. 对任何危及专业，服务品质或病人身、心、社会方面有影响的活动，都需立即采取行动，同时报告有关人员或主管。
32. 当同事的健康或安全面临危险，且将影响专业活动水准和照护品质时，必须采取行动，同时报告有关人员或主管。
33. 应在个人的专业知识，经验领域中，协助护理同仁发展其专业能力。
34. 应协助其他健康小组成员，安全地执行其合宜的角色功能。

（六）护士与专业

35. 应积极致力于护理标准之订定。
36. 应积极发展护理专业知识与技能，以提升专业水准与形象。
37. 应加入护理专业团体，并积极参与对护理发展有贡献的活动。
38. 应作为护生的角色模范，并具有教学精神，以培养优良护理人才，并适时给予指导及心理支持[1]。

台湾地区护理业务伦理

依护理业务可分：

1. **不急救**（do not resuscitation DNR）：对癌症末期或慢性疾病案主，在身心长期疼痛煎熬下，当家属或病人要求，甚至签下同意书，希望安宁的死，在生命垂危的一刻是否能不予急救。
2. **安乐死**：植物人或长期慢性病人，案主或家属可否要求有尊严的死。
3. **给止痛药**：如病人已经对麻醉药上瘾，虽因病情需要，同时有医嘱的情况下，但在病情需要时是否按其要求给予。

4. 同意书：在给病人做检查或治疗前是否给予充分的解释认知，并依循自主的原则。

5. 告诉实情：照护高血压的病人，预测高血压后如果其血压值180/130mmHg，而病人又是易紧张的患者，此时在病人苦苦追问下是否应告诉实际的血压值或情形。

6. 护理研究：在研究的过程可能会对研究对象有伤害，是否先予说明，或对个人隐私权部分是否给予尊重[2]。

注："案主"是指病人、当事人。

香港护士专业守则
香港护士专业管理委员会（1986）

一、通则

1. 不论何时，护士必须持其专业及个人道德，因其行为足以影响护士专业的良好信誉。（虽然一如其他人，护士的私生活不受其同业或雇主不必要的干涉，但护士们都因有责任去建立良好健康生活的榜样，不应习染有害健康的习惯，为全力帮助病人，护士应采取得病人的信任及信心，因此，诚恳及正直的品格乃护士应有的基本素质。）

2. 护士在执行任务期间，必须尊重病人的个人习惯及社会风俗。（不论病人是何国籍、种族、信仰、年龄、性别及社会地位。护士均应尊重人的生命，维护人的尊严及重视人权。）

二、护士及护理服务

1. 护士须对个人所作出的护理判断及行动负责。（由于护理与其他专业工作不同，护士在医疗工作中有独特的护理知识及专业的技能。因此护士有权在护理工作中做出决定及建议。）

2. 护士须做出明达的判断，及应根据个人的能力、资历和经验作为准则去寻求咨询，以接受及委任护理职责。（为维护病人的健康，护士在委派工作予同僚或护士学生时，需善用其专业知识及其审慎判断以确定彼等是否具备有适当的知识及经验。同僚及护士学生在接受委任时应表明自己对所托任务的个人能力。惟最终之责任乃归于注册护士。）

3. 护士应在任何工作环境均须尽其所能维持及执行最佳的护理服务。

4. 护士不可原宥或积极地协助任何人作出足以危害病人安全的行动。（护士在道义上有责任反对所有对病人不利的行动。）

三、护理专业的责任

1. 护士应经常保持胜任称职，并应争取机会增进其学识及专业能力。（为要配合不断改变的科技及社会需求，护士有责任对个人工作做出经常的自我检讨，力求上进。为维持其专业地位，护士须在护理方法上不断研究、改善及创新。）

2. 护士应与其同业及下属分享有关之专业知识及经验。

四、护士对病人的责任

1. 护士应对所知有关病之一切资料绝对保密及尊重。（在一般情况下，护士在未得该病人之同意，或未经与其他护理该病人的有关人士磋商，不得公开在其护理下的病人任何机密。）

2. 护士不能接受任何人士因企图取得优先服务所付出的礼物、馈赠及款待。

五、护士与其他有关专业

1. 护士须与其他健康工作者及有关人士合作，务使人人健康，并努力促进及支持公共健康计划。(护士应与其他有关专业人士,例如:医生、辅助医务人员、社会工作者……建立良好及互相信任的关系,使其更能了解有照顾病人的需要。护士亦应与其他健康工作者合作,共同促进公共健康。)

新世纪中国护士伦理准则

通 则

1. 人类对护理工作的需求是普遍的,护士工作服务于人生命的全过程。
2. 护士提供护理服务应建基于尊重人的生命、权利和尊严,提高生存质量。
3. 护士对服务对象实施护理应不受限于种族、国籍、信仰、年龄、性别、政治或社会地位,对之均一视同仁。
4. 护士的基本职责是促进健康,预防疾病,协助康复和减轻患病带来的痛苦。
5. 护士应按服务对象个人、家庭及社区的需要,与医务及社会人士共同合作,提供健康服务。

尊重生命,提高生存质量

6. 护士的主要任务应是照顾需要护理的人,及推广基层健康教育。
7. 执行护理工作时,护士应确保护理对象安全。
8. 护士应提供符合护理对象及其亲友需要的护理、指导与咨询。
9. 护士应尊重濒临死亡者的意愿,帮助其安详及尊严地离世。

尊重人的权利和尊严

10. 护士应尊重个人的信仰、价值观和风俗习惯。
11. 护士应保密和审慎地运用有关护理对象的一切资料。
12. 护士应尊重护理对象及其亲友的意愿,鼓励和协助他们计划和实施护理。
13. 护士应采取适当行动,积极维护护理对象的权利和尊严。
14. 护士应诚信自重,推己及人。

洞察社会需求,群策群力,共建健康社群

15. 护士应肩负普及卫生保健知识的责任,促进及改善社群健康。
16. 护士应与社会大众共负倡导和支持全民健康的责任,为实现"人人享有卫生保健"而努力。
17. 护士应与社会大众共策良谋,善用卫生资源,以达最佳的经济效益。

精益求精,确保优质护理

18. 执行职务时,护士应以科研结果为证据,实事求是,为护理对象谋福利。
19. 护士应灵活地运用和积极地改善现有资源,以提供最佳的护理服务。
20. 护士应运用专业判断以接受任务和适当地将任务授予他人。
21. 护士应肩负促进护理科研发展的任务,积极开拓及提高护理知识和技能[3]。

护士和病人的权利与责任

(美国医院协会订)

1972年,美国医院协会为了进一步做好治疗工作和更好地满足病人、医生和医院三方

面的需要,特制订"病人权利条例"。美国护士也根据此项条例作为工作总则。其内容为:

1. 病人有权受到考虑周到、尊重有礼的治疗照顾。
2. 病人有权利从经治医生处以其可以理解之字句获知有关的诊断、治疗和预后信息。有权利知道经治医生的姓名。
3. 病人有权利在同意治疗前,了解治疗和处理的详细情况。
4. 病人有权利拒绝治疗并了解其后果。
5. 病人有权利要求对其治疗保密,包括病例讨论、会诊、检查和治疗。
6. 病人有权利要求有关其治疗的一切谈话、记录保密。
7. 病人有权利要求院方认真对待利用医院设施的请求。转科应向病人说明确有必要的情况。
8. 病人有权利知道,医院在涉及本人治疗时,是否与其他医院或教育机构合作。
9. 病人有权利拒绝作为人类实验研究项目的对象。
10. 病人有权利知道出院后使用医院设施的情况。
11. 病人有权利查核医疗费用并得到解释,不论是否支付上述费用。
12. 病人有权利了解有关的医院规章制度。

病人的权利,也就是护士的责任。那什么是病人的责任和护士的权利呢?有人认为,病人既然是"病人",只要服从治疗,积极配合,就没有其他责任了。许多护士认为,病人的责任就是服从治疗。由于病人的依从满足了护士的某种心理需要,从而使护士感到工作不是一种责任,而是一种权利。但护士也体会到,此种依从情况,如不加约束,将增加或延长病人的依赖性。许多住院病人抱怨,力所能及的正常活动,也受到限制,护士对病人的讲话和治疗态度,简直把他们当成小孩。护士还可能有这样认为,病人有责任合作,并应该对治疗表示感谢。

近年来护士工资虽有所提高,但病人很少认为,护士拿了工资应当照料他们。相反,大多数病人认为,护士的贡献远远超过了给她们的工资。因此,护士和病人之间应形成了有趣的关系,护士是给予一方,事实上病人送礼物给护士也是医院所不允许的。这样,在住院期间,给予和承受的二方总是不能平衡,有些病人是暂时性的依赖,但慢性病、残疾或垂危病人就成了永久性依赖。因此,许多人认为对护理工作的盛情几乎是无法报酬的。

上述这种不平等的关系,使公众认为护理工作具有职业性的优越,使护士受到社会的尊敬,并具有使人尊敬的力量。据此,不难看出,护士虽有责任照料病人,但同时也能感到有权利接受病人的依赖、合作和感激之情。

但是护士和病人之间的关系也并非没有问题的。护士把某些事情看做她们的"权利",而病人却不认为这是他们的责任。反过来也是一样。这种情况就要产生矛盾,虽然不会太尖锐,也会造成病人意见纷纷和护士情绪低落。这种局面能不能避免呢?是应当能避免的。因此既然明文规定病人有权利了解自己的病情和治疗,治疗的目的和设想就应当把病人包括在内。护士和病人之间也就可以开诚布公、推心置腹,互相了解彼此的需要、目的和希望。具有上述的共同理解,要比单纯的护士给予、病人接受,更能体会出护士的"权利"和病人的"责任"。

护士将会通过和病人的短暂交道,建立亲密的友谊,从而使双方在工作和精神上备感愉快[4]。

美国马里兰护士协会制定的护士责任

个人之责任
1. 有责任依病人的价值系统及独特性,执行护理判断及措施
2. 有提供人性化护理照顾的责任
3. 有责任保护病人及大众,以防受不适当、不道德、不合法执业行为的伤害
4. 有责任增加病人在健康照顾上的知识和能力
5. 有责任教育病人及大众

专业角色之责任
1. 须参与增加护理专业理论发展的活动
2. 积极致力于护理标准的制定与修改
3. 具有代表知识、客观、高标准的专业证明
4. 具有丰富知识、能主动积极且有效地与其他健康专业人员合作
5. 能通过积极有效地参与立法过程,以唤起大众对健康的重视,促使社区、州内甚至国家的努力,以符合大众健康的需要

受雇者之责任
1. 有不断自我充实,维持工作能力的责任,以作为升迁的准备
2. 须对自我工作环境加以评估,并将不当之工作负荷,经由适当渠道沟通,或利用书面文件上呈
3. 对工作的投入,是因对工作的爱好,而非为了薪金
4. 须对危险的行为加以评估、纠正、记录、评值,并迅速地与机构沟通
5. 须客观记录与报告适当与不适当的行为,并加以评估,必要时寻求协商。当其他工作人员出现不适当行为时,予以指导
6. 有责任和同事一同订立出有效而可信的工作标准
7. 有责任不断学习新的知识和技能,以提供服务品质
8. 须从事护理工作的计划与实行
9. 须能敏锐觉察出其他工作人员不适当、不道德及不合法的行为,并采取适当的措施
10. 能选择并运用知识丰富且立场公正的人,作为和有关单位沟通的磋商者[5]

国际护理学会护士伦理法典(ICN)
1973

护士的基本任务有四个方面:增进健康、预防疾病、恢复健康和减轻痛苦。

人类对护理的需要是普遍的。护理从本质上说是尊重人的生命,尊重人的尊严和尊重人的权利。不受国籍、种族、主义、肤色、年龄、政治或社会地位的限制。护士亦与其他相关的群体合作为个人、家庭和社区提供健康服务。

● 护士与人民

护士主要的职责是对那些需要护理的人负责。

护士在提供照护时,要促成一个尊重个人的价值观、风俗习惯和精神信仰的环境。

护士要保守病人的秘密，在决定是否将这些秘密提交出来时，需用自己的判断。

● 护士与实践

护士应对所进行的护理实践负起责任，并且通过不断的学习来维持自己胜任护理工作的能力。即便在特殊的情况下，护士也要尽力保持最高标准的护理。

护士在接受或授权某些职责时，须对有关的个人能力作出判断。

护士在行使职业能力时，个人的行动规范应时刻保持在能反映职业尊严的标准上。

● 护士与社会

护士们与公民一起分担责任，发起和支持满足公众的健康和社会需要的行动。

● 护士和职业

护士在决定和执行护理实践和护理教育的理想的规范标准中，担任主要的角色。

在发展专业知识之核心方面，护士是积极因素。

护士通过专业组织，参与建立和维持社会和经济方面平等的护理工作环境。

另外，国际护理协会1973年为护理行为制定的17点护理准则：

护士的基本职责是维持患者的生命和促进健康。

1. 护理专业人员不仅需要接受完备的训练和教育，方能执行任务；尚要继续自修、阅读、观察及研究，才能保持其专业的资格。
2. 当患者需要继续护理时，工作人员必须等待接班者前来，将患者转交清楚方能离开。
3. 必须尊重患者的宗教信仰。
4. 护理专业人员必须保守患者的秘密及维护患者的隐私。
5. 惟有在紧急的情况下，护士方能给予患者紧急措施，但此措施须立即报告医师。
6. 护士负有执行医嘱、发现医疗错误，拒绝参与不道德的业务执行。
7. 护士在医疗团体中，应该维持医师及其他人员的信任，对于团体中有不道德或不合法的医疗行为，应向单位主管报告。
8. 护士负有谨慎服务及维持标准的护理服务的责任。
9. 护士绝不接受患者或他人的贿赂。
10. 护士绝不允许将自己的姓名使用于有关成品宣传的推荐书中。
11. 护理专业人员有关维护患者与其他工作人员的安全。
12. 护士的私生活需严谨。
13. 在个人的表现方面，护理专业人员不应故意忽视社会所公认的行为模式及风俗。
14. 护士不仅要遵守法律，应特别遵守有关医务及护理业务执行方面的法律。
15. 护士应与其他医疗人员共同参与有关增加地方、国家或国际的公共卫生之医疗工作。
16. 护士负有履行公民的责任，对于发展社会的、经济的以及政治的因素表示支持赞助[6]。

美国护理学会护士法典（ANA）

1976

前言：

护士规则，是基于对个人、护理、健康及社会之本质的信念。不论是护理服务的接受者或提供者，均被视为拥有基本权利和义务的个人或团体，而其价值观及境遇，随时都受到尊重。护理工作包含了促进与恢复健康、预防疾病及减轻痛苦。本规则的陈述及其解释，提供执行护理职责时，行为上及人际关系上的指引，并符合专业伦理及护理品质。

护士规则：
- 护士提供服务时，要尊重人性的尊严及个人的独特性，且不受社会地位、个人特质或健康问题之本质的限制。
- 护士应机智地保护病人的个人资料，以维护个人的隐私权。
- 护士发现任何人有不能胜任、不合伦理或不合法的行为，会影响病人及社会大众的健康照护与安全时，应采取保护的行动。
- 护士要为个人所作的护理判断及行动负责。
- 护士必须维持护理专业能力。
- 护士依据资料来做判断，以个人能力与资格为标准，来寻求咨询、接受职责及将护理活动授权给他人。
- 护士应参与促进护理专业本身及其知识持续发展的活动。
- 护士应致力于护理专业，以执行并改进护理标准。
- 护士应参与护理专业对建立及维持有益于高品质护理的工作环境之能力。
- 护士应参与专业对保护社会大众免于错误或虚假咨询之害，及维持护理自我管理的能力。
- 护士应与其他健康团队人员及民众合作，以促使社区及国家能满足全民的健康需要[7]。

详细译文

这个包含11点护士道德的文献，1950年通过，1976年补充修改。

第一点

护士为尊重人类的尊严和患者的平等而提供服务，不因患者的社会经济地位、个人属性或健康问题的性质而有所限制。

1.1 患者自决

无论什么时候可能，患者都必须全面参加他们自身的卫生保健计划的制订和实施。每一患者都有权决定他/她个人将要做什么；给予必需的信息以便做出知情的判断；被告知保健的可能效应；接受、拒绝或停止治疗等的道德权利。同样的权利适用于未成年者以及其他非法定合格但在法律允许之下，必须充分尊重个人，在这方面的法律各州必须有所不同；每个护士必须根据州法律以及适用的联邦法律，例如1974年的隐私条例，承担义务，进行学习并保护支持一切患者的道德与法律权利。

护士同时必须承认此种情势，即为了公众的幸福，在卫生保健中自决的个人权利可以暂时改变，由于变动性大，此种变动就成为绝对必要，在保障患者权利之时，对每一病例都必须充分意识到有必要提供知情的判断。

1.2 患者的社会经济地位

护理工作的需要是世界性的，超脱于一切国家、种族、宗教、文化、政治和经济的差异，针对这些基本需要进行护理，护理工作就只能决定于人类的需要，不拘背景、环境或其他个人的社会经济地位指标。

1.3 患者的个人属性

年龄、性别、种族、肤色、性格或其他个人属性，以及个人在背景、习俗、态度和信仰的差异，仍然是影响护理实践的众多因素。护士必须懂得考虑和区别对待并尊重其人格需要，保持个人的自尊心和尊严，对每个患者的卫生保健计划必须包括考虑个人的价值体系和生活方式。

1.4 健康问题的性质

护士尊重人类个体的价值和尊严而不论健康问题的性质，它反映在护理中是残废者与正常人；长期病者与急病患者；康复患者和绝症患者或临终者都一律对待，并把它扩展到一切要求护理服务的人，给他们增进健康，预防疾病，恢复健康和减轻痛苦。

护士关心人类的尊严以及提供优质护理不受个人的态度或信仰的限制，如果对某一特殊病例因其健康问题性质或准备使用的程序，护士个人反对给予护理，则护士拒绝参加是正确的，但此种拒绝必须事前声明，并让别人有时间为该患者的护理作适当安排，如果在急救的环境下，护士必须明知故犯，或者毫不知情进入护理，都有责任给予可能最佳的护理。护士从此种类型的护理中撤出，只能在给患者的有效护理已经有保证替换有人的时候。如果患者要求提供信息和咨询的范围在法律上是许可的，只是同护士个人信仰相反，护士可以拒绝提供这种服务，但必须告知患者从何处可以找到这种服务。

1.5 卫生保健环境

护士遵照不歧视和无偏见的原则，在每个雇用单位或受雇用的情况下，要努力促使自己为他人的接受，护士尊重患者，为患者服务或使其得到服务之心，不应受到环境的限制，无论在急救医院、护理之家、药物或酒精治疗中心，或其他环境之中，一律不变。

1.6 临终病人

虽然死亡的概念以及对待死亡的办法有变化，死者本人的价值依然存在。但是道德问题令人困惑，对病人、家属和同行做出决定的义务却与日俱增。

护士找寻各种方法保障这些价值，在同患者及他人一道，力求做出最佳决定，此种决定受环境、患者的权利与愿望，以及护理的最高标准所支配。提供的协助措施，必须能使患者生活得更其舒适尊严，免于忧虑和痛苦，对于患者的护理将极大程度上决定于人类的最后经验是怎样度过来的，死亡正带着安静与尊严逐步走来。

第二点

护士要捍卫患者的隐私权，明智地保障信息的机密性。

2.1 对医疗小组的透露

护理工作通常的标准是有关健康情况的资料都一目了然，带报导性和记录性，优质的卫生服务要求这些资料对医疗小组的一切成员都是有用的。必须凭借专业判断，在对病人护理的计划或实行时，取得病人的信任，得到别人关心的资料。只能透露同病人的治疗和福利有关的信息，而且要限于同患者的护理直接有关。患者个人的权利、完好和完全是做出决定的决定因素。

2.2 以保证护理质量为目的的透露

病人的信息要求记录合适的、必要的和优质护理的材料，是为了方便同事总结、第三者付款，以及其他保证机制而记录在案的，只能在硬性规定的政策，训令或草案的规定下予以透露，这些成文的准则必须保证已经得到的患者信息的机密性。

2.3 对他人透露患者与护理无关的问题

隐私权是一切人的不可转让的权利，护士对捍卫来各方的病人的机密信息有明显的责任。护患关系是建立在信任之上的。不慎重地透露从信任中得来的消息，患者的名誉和福利将因此受到损失。因为机密此一概念除了有道德涵义之外，还有法律的涵义，不妥慎的失密只能说明护士的失信。

2.4 对法庭的透露

有时护士会迫着出庭作证有关患者的机密信息，此种行动只能在适当的授权或法律的强迫下才能进行。关于透露这种信息的特权是一种法律权利，只有病人或他的代表才能要求或放弃，规定这种特权及其例外的法规各州有所不同，护士在出庭作证之前可以同法律顾问商量，全面了解本职的权利与义务。

2.5 查阅病历

如果在护理过程中有必要查阅不属护理范围的病历，例如查阅新生儿母亲的病历，无论何时都要先行通知并得到允许。虽然病历属于收集单位所有，但个人有权控制来自其家庭及其环境所提供的信息。同样地，医务人员也要行使权利，控制在他们的卫生保健过程中形成的信息。

如果护士意欲把患者的病历用于科研或其他临床目的，而其中有可能被认为是机密信息时，必须首先征得病人的同意。在道德方面，就是保障患者的隐私权；在法律方面，这就是保护患者不受非法侵害和反对护士对这种行动不负责任。

第三点

当卫生保健和安全因别人不称职、不道德或非法行为而受到影响的时候，护士必须用行动捍卫患者和公众。

3.1 支持者的角色

护士首先承担的义务就是患者的护理与安全。因此，作为患者的辩护者的角色，护士要提高警惕，对于医护小组的任何成员或医护制度本身，任何不称职的，不道德的或非法的工作，或者其他人有损患者最佳利益的行动，都必采取适当行动，以便起到支持者的有效作用，护士必须完全掌握本州岛有关医护工作方面的法律和雇用单位的政策，以及有关不称职，不道德或非法的实践的诉讼程序。

3.2 揭发行动

当护士获悉在医疗护理工作中发生不妥当的或有问题的行动时，必须十分关切，注意可能对患者的损害。如果医护制度是威胁患者福利的因素，对直接的负责人也采取类似行动。如有必要，还要向本单位、本机关直至更高的当局告发。在雇用单位，应该确立处理不称职不道德或非法实践的机制，以便使这种揭发能够通过官方渠道进行，不怕别人报复。护士必须熟悉这一机制，随时准备利用之。当个别开业人员不妥当的行为，或者医疗制度的执行已经出现问题时，必须书面做出记录，将观察到的行为和实践向当局报告，各地的学会必须提供帮助，支持其向上级汇报。

3.3 随访行动

当雇用单位内有人护理患者不称职、不道德或非法的实践仍未纠正，继续损害患者的护理安全时，有必要采取进一步的行动，将问题报告其他有关当局，例如有关职业团体的工作委员会，或者某些特别的核发开业人员执照的机关，促使这些单位进行干预，报告必须客观和实事求是。

3.4 小组总结

护士除了担任辩护者的角色之外，必须参与许多保护患者的方案的规划、制订、实施及其他活动，在受雇单位定期召开小组总结会，改进工作。进行总结的方法是根据客观的准则包括为管理人员找出克服缺点的机制，改进工作，增进患者的健康、福利与安全。

第四点

护士对个人的护理判断与和护理行动有义不容辞的责任。

4.1 承担义务与责任心

专业护理工作的承担者，可以称为高质量的护理，个人领取护理执照是一种保护机制，社会在立法上，保证专业护理最基本的和最低的资格，学会也要根据护理专业有权要求会遵守规章制度，护士对护理工作的管理制度，要求个人开业护士，其首要责任就是护理患者，要对自己的工作负责。

4.2 义务

义务是指护士作为一个特殊角色所起的作用和责任范围，护士起作用时，这些作用便成为义务的一部分，或者是护士的预期绩效。护士义务的范围包括：收集材料评估患者的健康等级；按照预定的目标制订护理计划；和按照美国护理学会护理实践标准的规定再进行评估并修改护理计划。护士承担以上义务，并对此负责。

4.3 责任心

责任心指回答别人已经做了什么。它意味着对自己，对患者，对雇用单位以及对护理界做出一个解释。责任心对于护士个人，比责任高之又高，它有一个责任的维度。在护理过程中，护士必须对其所作的判断和行动负法律上的责任。不论医生的处方还是雇用单位的政策丝毫没有减轻护士在行为和判断时的法律责任。因此，责任心要求对一个履行护理义务的绩效做出评估。

4.4 绩效评估

自我评估 护士进行自我评估有个人的临床称职能力、魄力和专业判断三个方面。护士也要设法改进当前的工作，自我评估不忘继续改进护理工作。

同事评估 由同事评估个人的绩效是护理作风的标志，主要是通过护理专业实行对社会负责的机制。护士必须心甘情愿请求同事审查和评估自己的工作。评估护理工作的有效准则应是修正补充最近颁的护理工作条例、美国护理学会的护理工作标准以及其他质量保证机制。每个护士有义务参加补充评估的客观标准，提供切实可行的资料。

第五点

护士必须保持护理能力。

5.1 个人责任

护理工作关系到人类的福利，护理的本质是不全面和不称职的工作会损害患者。因此，这是个人的责任，每个护士必须做出承诺，要在职业生涯中，通过实践保持称职，这是体现护士责任心的一种途径。

5.2 护士实践能力的尺度

能力是一个相对的名词。随着时光的流逝和新知识的不断涌现，在任何领域中个人的称职都会缩小或受到影响，这意味着为了患者的最大幸福，也是为了护士本身的事业发展，护理工作必须反映和结合医疗护理中的新技术和知识飞速发展的时候，尤其如此。

衡量能力的尺度也在发展，其中包括同事总结标准、效果标准以及美国护理学会执照检定程序等。

5.3 为了继续称职的继续教育

如同其他卫生原理一样，由于技术的飞快发展，科学的发明，提供卫生服务的概念和方式的变化，以及护理责任的复杂性不断增加，护理知识也很快便会过时。因此，护士必须警觉到有必要不断更新和扩大知识实体的需要，这是实践的基础，知识和技巧一定要跟上潮流。护士必须认识到个人知识的需要，必须积极发现合适的资源，刻苦钻研的知识要精益求精，这种继续教育是保持个人称职的关键。

5.4 护理工作中同事间称职的职业责任

一切护士，不论是开业人员、教育工作者、管理人员或科研人员，都有优质护理的责任。因此，一切护士都要精通当代的专业护理工作，理论和实践方面的每一成就，都必须向同事公开。由于能力各有不同，因教育、经验、患者人口和环境而异，如果有必要，应该征求患者的意见，以及其他护理专家的意见，方可承认其资格，例如合格的护士或护理专家。

第六点

护士根据知情判断和个人能力作为邀请会诊、接受任务或派遣护理活动的标准。

6.1 护士作用的改变

由于医疗护理的复杂性增加，提供卫生服务的方式改变，熟练的卫生人才长期不足，成长中的护士角色不断发展和被接受，护士正被要求和期待发挥过去只由医生发挥的作用。为此，护士正被赋予种种色色第二把手的作用。这种作用的不断变化，正如各个专业的实践规模改变一样，护士学会在邀请会诊，接受任务和派遣人员，都要作出判断，保证随时都能得到优质护理。

6.2 联合政策声明

护理工作条例，通常为了对法规进行解说有必要的自由，使用通用和通俗的语言，以便将来的发展。知识的更新以及护士作用的改变，会引起法规的不断的和必要的修改。护士绝不能从事法律禁止的工作，或者代表别人参与其他卫生保健工作条例或法律禁止的其他活动。护理界认识以必须对护士的角色和责任有更加精确的描述，经过集体努力的结果，可以拟订联合政策声明。这些声明可能涉及其他卫生保健工作者或学会，但主要针对护理工作，此类声明，只代表专家实体的判断，作为权威，并没有立法机关严格规定的责任。

6.3 邀请会诊

对患者提供健康服务或疾病服务是一种复杂的过程，要求有广博的知识和技能。科际小组协作是提高全面卫生服务的最有效方法，护士不论按照严格规定的角色工作，还是按照新的，正在出现的角色工作，都必须要有自知之明，万一患者的要求超过护士的资格和能力时，必须请够资格的护士或其他可靠的人士进行会诊。

护士在涉及护理工作所不熟知的诊断和治疗之前，必须慎重其事。这种审慎必须立足于教育、经验和司法的参数以及护理专业的准则和政策。

6.4 接受委托代理任务

护士必须注意政策声明同导向一致，但即使有这样的声明，在接受委托代理任务时，还要仔细估量自己的能力。在这方面的决策要求熟知和坚持联合声明和法律，后者不仅制约内行的护理判断，而且还制约医护工作。

6.5 接受任务

如果护士认为自己执行某一特殊任务的能力不够或准备不足，有拒绝接受的权利和义务。这样做，患者和护士都受到保护，否则双方都受到损失。护士不应接受不需运用护理技术或不需为患者提供必要的护理的委托任务。护士必须负责对患者提供全面的护理，因此如果分配其他护士负责一部分，同样亦必须估量其工作能力。对于护理小组内任何不准备或不合格完成任务的人，不应委托其执行。

第七点

护士参与促进发展专业知识实体的活动。

7.1 护士与科研

每一个专业都必须对形成实践基础的知识实体进行系统的探索，加以识别、求证和不断扩大。一个统一的经过证实的知识实体，不仅对本专业的一切活动提供理论体系和方向，护理专业也是一样，知识的增加，促进了护理工作的发展，也促进所护理的病人的良好状态。因此，科学研究是全面履行对社会的责任所不可或缺的。每一个护士在专业活动的这一领域，都有一个作用，不是增长知识的探索者，就是科学研究的参加者，或是科研成果的应用者。

7.2 参加科研的一般准则

在参加科学研究之前，护士有责任：

1. 保证科研设计业经有关当局批准；
2. 掌握有关科研的意图和性质的资料；
3. 确定科研同专业宗旨是否一致。

牵涉到人体受试者的科研，只能由科学上合格的人进行，或由其监督进行。参加科研的各种资格的护士都必须全面了解美国护理学会关于护理科研中护患的权利义务的规定，全文参阅《护士在临床和其他科研中的人权准则》。

7.3 科研中人权的保护

为社会尊重也为护理界尊重的个人权利，已经在《护士在临床和其他科研中的人权准则》中全面列举并加讨论；具体地说就是有权免除损伤的内在风险，隐私权和尊严权，贯串于这些权利中的精神就是尊重每个人的自决，尊重对参加活动的选择，尊重其获得全面的信息，尊重其停止参加活动而又不受报复。

科研人员和参加研究的护士都有责任不仅对承担的风险提高警惕，也对未承担的风险提高警惕，要保护受试者的生命、健康和隐私。如果因为受试者没有能力，或者因为他同科研人员的附从关系，其完整性、隐私以及权利更要特别加以捍卫，如果继续研究会伤害受试者，就必须停止研究。

7.4 开业护士的权利和科研中的任务

开业护士对作为科研的对象的人体受试者提供护理，特别需要清楚这一研究对治疗的影响，以及对患者在道德和法律上的义务。正如其他成问题的案例一样，开业护士可以根据本守则1.4款，停止参加这种科研，关于护士参加科研的权利与义务，详见《护士在临床科研及其他研究中的人权准则》。

第八点

护士要为实现护理专业目标和提高护理标准而奋斗。

8.1 对公众的义务

护理界有义务接纳那些证明其具有足够能力可作护理工作的人加入。关于护理能力的范围应包括：全面的护理技艺、绩效、学术成就，对他人的人道关怀，接受个人行动的义务，以及改进护理工作的愿望。评估护士的学术水平。首要的任务是保证对公众的职业责任合格。护理界要对需要护理的人给予援助。护理工作标准提供了优质护理的指南，又是评估患者得到护理的尺度。护士对公众有实现和保持最高标准的义务。

8.2　遵守纪律的义务

护理的专业实践，立足于知识实体的理解和应用，这一知识实体，体现在实践标准之中。美国护理学会业已颁布了关于护理工作、护理服务和护理教育的标准，护士有义务在日常工作中维护这些标准，并通过志愿参加本专业的日常工作，在全国、全州或当地的水平上，实现并改进这些标准。

8.3　对护生的义务

护理界的未来有赖于新成员的补充，护理界有义务对护理工作和护理的学校教育，和/或者在护生学习的地方，维持最高的标准，这就赋予一切从事教育工作的护士一个特别的义务。

第九点

参加行业工作，建立并保持高质量护理的雇用条件。

9.1　对雇用环境的义务

护士必须关心护理界之中的经济环境和福利环境。这是补充新成员和积聚高质量的人才和保证每一个开业护士有机会大展宏图的重要决定因素。

提供高质量护理是护士个人和护理界双方的义务。护理界的自律以及自我约束，对工作条件的控制，有利于实现护理团体制订的标准。

9.2　集体行动

界定和控制对患者提供护理工作的质量，是有效的方法，是集体行动。集体行动包括在同受雇者谈判时取得职业团体的帮助和代表，讲妥雇用的条件，以便实现护理专业的工作标准。这一标准相当于护士的资格、作用和义务，职业团体的经济和普通福利的规划是一种适当的渠道，护士可以通过它有效地、合道德地和充满职业尊严地进行工作。这一规划包含集体交易的承诺，可以增进个体护士的权利和义务，用高质量的护理工作作为雇用的期限和条件。

9.3　个体行动

护士可以同个人或团体订立合约提供卫生保健，合约必须遵照美国护理学会的护理工作标准和州的护理工作法律，同时不得或被迫违反本守则规定的各点。

第十点

护士参加本行业的工作，保护公众不受蒙蔽，保持护理工作的完整性。

10.1　广告服务

护士必须实事求是地陈述其服务的有效性，使用高尚的手段。例如名片只列护士的姓名和头衔、住址、电话以及其他适当的材料。

在著名的电话簿或专业刊物上刊登姓名、头衔和简历，这些材料可以包括如下：

姓名、住址、电话、工作范围或专长；出生日期及地点；肄业学校，毕业时间，学位及其他学术荣誉；办公地点；社会或专业的荣誉；学衔；著作；学会的会籍及职务；执照；介绍人的姓名地址。

护士不能利用任何公共的或职业的联系形式自我吹嘘，或/和捏造的、欺诈的、引起误解的、虚假的或偏颇的宣传。

10.2 头衔和职称使用

挂"注册护士"头衔的权利，由州政府授予，为了保护公众，要经过考试，并发给执照。挂这一头衔，必须担负为公众利益行事的义务。护士可以使用"RN"（注册护士）的头衔和学衔，以及其他应得的或荣誉的职称，这些职称为各方承认是合法的和合适的。护士不能利用头衔和其他职称为个人谋私利，或者被别人利用以剥削他人。

10.3 支持商业产品或商业服务。

护士不能参与或明或暗地支持商业产品或服务的广告宣传、推广或出售，因为这会使人误解这是体现整个护理界的意见和判断。由于护士有义务从事卫生宣教，教育患者关于健康的问题，护士利用特殊服务的知识和/或产品去劝说患者并不是不道德的。但是向患者提供信息或教育的时候，类似的各种产品和服务效应该讲明，以便患者或开业者能够做出知情选择。

10.4 保护患者不用有害产品

劝说患者不用危险产品是护士的义务。这可以视为按照患者的最佳利益发挥护士的作用。

10.5 报告违纪

护士不仅个人要遵守上述原则，而且还要保持警惕别人会在其他场合违反上述原则。护士必须通过适当渠道，报告任何广告或商业牵连到护士，或者暗示护士对某些商业产品、商业服务或商业企业的支持。护士明知故犯地卷入到这些不道德的活动中去，就是否定个人赢得的职业义务，损害了多少世纪以来，护理界根据公众利益建立起来的委托和信任。

第十一点

护士要协同卫生界的成员及其他市民，努力促进社区和全国满足公众的卫生需求。

11.1 优质的卫生保健被指令为一切市民的权利

优质卫生服务对一切市民的有效性与可行性，要求卫生的提供者和卫生的消费者双方在地方和全国水平上进行合作性的规划。护理工作是优质的卫生保健的不可缺少的组成部分，护士有义务保证市民的卫生保健权利要求得到满足。

11.2 对卫生保健消费者的义务

护士是卫生提供者中最大群体的成员，因此护理界的哲学和目标应该对卫生保健消费者有一个重大的震动，保证护士对卫生保健和护理服务的观点能够恰当地陈述，有效的方法是护士介入政治决策。

11.3 同其他学科的关系

提供卫生保健的复杂性，不仅要得到相邻学科的大力支持，还要对提供的卫生服务作交叉学科的研究。护士必须积极努力，推动全民优质卫生服务所需的合作。

11.4 同医学的关系

护理学界和医学界相互独立的关系，要求环绕患者的需要进行合作。护士在卫生服务系统中的进化角色要求，在决定双方职务关系时，医护双方有分工又有合作。

11.5 利害冲突

提供公众服务的护士，以及在卫生保健机构或卫生保健服务中有收益或其他利益的护士，必须避免利害冲突，在将会影响公众卫生保健需求的领域，可用投票表决进行制止[8]。

美国护理学会护士法典（ANA）
1985

条文与1976年相同，但各条文内说明增多。

1. 前言

伦理规则明确地成为专业主要的目标及价值观。当她们成为护士时，她们要有道德精神，以保持她们的伦理规则内制定的价值观及特殊的道德责任。护士规则以对人性、护理、健康及社会的信仰为基础。护理的范围包括促进健康、恢复健康、预防疾病，以及减轻照护对象的痛苦。这些对象包括个人、家庭、团体及社区。就上述功能的观点，护理被定义为："诊断"及"处理"人类对已经存在的或潜在的健康问题之反应。

既然病人自己是最主要的决策者，由于他们关心自己的健康、治疗及安宁，则护理行为的目标在支持及增加其个人的责任及做最大范围的自己决定。因此，从病人的观点来看，健康不仅是达到健康而已，而且使未来的生活过得更有意义。

当做临床判断时，护士的决定是基于两方面的考虑：决定后的影响及一般性的道德原则，而这两者可规定及证明护理行为。最基本的原则是对人的尊重。其他原则是由这个原则发展出来，共由自主、行善（施益）、不伤害、诚实或说实话、守密、守信以及公平等原则。

简言之，这项规则的陈述及其解释，提供执行护理职责时在行为上及人际关系上之指引，并符合专业护理与护理品质。

2. 引言：

一项护理工作可显示专业对社会所赋予的责任及信任的接受度，在社会和护理专业彼此的默契下，社会给予专业相当大的自主及权力，以便执行专业功能。开拓护理工作是一个专业的重要活动，也是提供专业自我管理的方法。

伦理行为的规则提供一般性原则指引及评值护理活动。并提供护士在做伦理抉择的架构内，对社会大众、健康小组的其他成员以及专业执行其职责。

伦理规则通常比法律的要求要高，违反法律可能要负民事或刑事责任。护理学会未来达成社会所交付专业的责任，可能以此伦理规则要求护士自律。但违反此规则至失去社会及同事的尊重及信任，将是一件严重的制裁[9]。

附：英文原文

American Nurses Association Code for Nurses
(1985, American Nurses' Association)

1. the nurse provides services with respect for human dignity and the uniqueness of the client unrestricted by considerations of social status, personal attributes, or the nature of health problems.
2. the nurses safeguards the client's right to privacy by judiciously protecting information of a confidential nature.
3. the nurse acts to safeguard the client and the public when health care and safety are affected by the incompetent, unethical, or illegal practice of any person.
4. the nurses assumes responsibility and accountability for individual nursing judgments and actions

5. the nurse maintains competence in nursing.
6. the nurses exercises informed judgment and uses individual competence and qualifications as criteria in seeking consultation, accepting responsibilities, and delegating nursing activities to others.
7. the nurse participates in activities that contribute to the ongoing development of profession's body of knowledge.
8. the nurse participates in the profession's efforts to implement and improve standards of nursing.
9. the nurse participates in the profession's effort to establish and maintain conditions of employment conducive to high quality nursing care.
10. the nurse participates in the profession's effort to protect the public from misinformation and misrepresentation and to maintain the integrity of nursing.
11. the nurse collaborates with members of the health professions and other citizens in promoting community and national efforts to meet the health needs of the public[10].

加拿大护理学会护士护理法典（CNA）
1985

当事人
1. 护士有义务采取尊重当事人的需要和价值观的方式对待当事人。
2. 基于对当事人的尊重和对当事人对所接受的照护能进行控制的观念的认同，对当事人的护理照护应反映出对当事人持有的选择权的尊重。
3. 护士有义务对在护理过程中得知的关于当事人的所有信息予以保密。
4. 护士有义务接受尊重当事人的人格尊严这一观念指导。
5. 护士有义务为当事人提供合格的服务。
6. 护士有义务在同事和其他人面前践行护理伦理道德。
7. 护士有义务支持保护当事人的利益。
8. 在所有的专业活动中，包括教育、科研和管理等，护士持有为当事人的福利负责的义务。护士有义务采取这样的行动方式，以维持对护士和护理的信任。

健康小组
9. 对当事人的服务应代表多方人员的合作，是护理和其他职业技能共同努力的结果。由于个人和职业的有限性，护士应认识到并接纳其他学科同事的观点和技能。
10. 作为健康小组的成员，护士有义务采取措施以保证当事人能受到合格的和合伦理的照护。

护理的社会环境
11. 护理的工作环境和条件是为对当事人的照护和为护士满意的专业工作目标而提供帮助的。护士有义务为确保和维持这样的工作环境而努力，以满意地达到以上目标。

专业的责任
12. 护士专业组织有阐明、保证和保持护士的合伦理学行为的责任。要完成这些任务，要求专业组织对当事人和护士的权利、需要和合法权益保持敏感，予以关注。

（丛亚丽译）

附：英文原文

Canadian Nurses' Association Code of Ethics for Nursing (1985)

Clients

1. A nurse is obliged to treat clients with respect for their individual needs and values.
2. Based upon respect for clients and regard for their right to control their own care, nursing case should reflect respect for the right of choice held by clients.
3. the nurse is obliged to hold confidential all information regarding a client learned in the health care setting.
4. the nurse has an obligation to be guided by consideration for the dignity of clients.
5. the nurse is obligated to provide competent care to clients.
6. the nurse is obliged to represent the ethics of nursing before colleagues and others.
7. the nurse is obligated to advocate the client's interest.
8. in all professional settings, including education, research, and administration, the nurse retains a commitment to the welfare of clients. The nurse bears an obligation to act in such a fashion as will maintain trust in nurses and nursing.

Health Team

9. client care should represent a cooperative effort, drawing upon the expertise of nursing and other health professions. Acknowledging personal or professional limitations, the nurse recognizes the perspective and expertise of colleagues from other disciplines.
10. the nurse, as a member of the health care team, is obliged to take steps to ensure that the client receives competent and ethical care.

The Social Context of Nursing

11. conditions of employment should contribute to client care and to the professional satisfaction of nurses. Nurses are obliged to work toward securing and maintaining conditions of employment that satisfy these connected goals.

Responsibilities of the Profession

12. professional nurses' organizations recognize a responsibility to clarify, secure, and sustain ethical nursing conduct. The fulfillment of these tasks requires that professional organizations remain responsive to the rights, needs, and legitimate interests of clients and nurses[11].

职业行为法典（UKCC）

英国护理、助产士和健康访视中心委员会，1992年6月

每个注册护士、助产士和健康访视者要一直做到如下方面：
- 保护和促进病人和当事人个人的利益
- 为社会的利益服务
- 为公众的信任和信心辩护
- 维持和增进职业的良好的地位和声誉

作为一个注册护士、助产士或健康访视者，你应为你个人的实践行为负责，为了实践你

的职业义务，你必须做到：

1. 行为要永远以促进和保证病人与当事人的利益和完好状态的方式进行。

2. 保证不在自己身上和责任范围内出任何事故或疏忽，损伤病人和当事人的利益、状况或安全。

3. 维持和增进你的职业知识和胜任能力。

4. 除非你能安全和高技巧地实施护理行为，否则承认你知识和胜任能力上的任何局限，并降低你的职责和义务。

5. 与病人、当事人和他们的家庭要以公开和合作的方式工作，增加他们的独立性，承认并尊重他们参与到护理计划和护理实施中。

6. 与健康照护职业人员和其他参与到照护中的人员要协助和合作，承认和尊重他们在健康照护小组中的独特贡献。

7. 承认和尊重病人和当事人的独特性和人格尊严，不论他们每个人的种族、宗教信仰、个人贡献、健康问题的性质如何，一律对他们对照护的需要做出反映。

8. 如果有任何的类似因为宗教的原因拒服兵役的事情，只要与你的职业活动可能有关，都要尽可能早地向合适的人或机构报告。

9. 避免滥用与患者和当事人关系的优势，以及容易接近他们的人、财产、居所或工作地的优势。

10. 对在执业过程中获知的关于病人和当事人的所有的隐私的信息要予以保护，只有当他们同意，或法庭要求或你能为之辩护的为了更广的公众的利益的情况下，才能把此泄露出去。

11. 如果对患者和当事人有生理、心理和社会的影响，要向合适的人或机构报告照护将威胁到护理实践的行为规范的情况。

12. 如果对病人和当事人的安全和适宜的照护不能被提供，要向合适的人或机构报告其中的任何情况。

13. 当同事的健康和安全正受到威胁，要向合适的人或组织机构报告，因为这种情况将会损害护理实践和照护的规范和标准。

14. 为了提高他们在职业上的胜任能力和帮助其他健康小组的成员，包括非正式的照护者，使他们在一定程度上符合他们的职业角色并安全地为护理做贡献，你要在你自己的知识、经验和责任范围内，协助这些职业上的同事。

15. 拒绝任何你当前护理的病人或当事人热情善意的礼物，否则你的护理将可能被解释成为了获得某物品而对病人施加影响。

16. 确保你的注册地位不是用在促销提升商品或服务，要明确任何经济的或其他利益，确保你的职业判断不受任何商业的考虑所影响[12]。（丛亚丽译）

注册护士伦理法典（CNA）

1997

前　言

伦理法典是为护士进行伦理学决策时提供一个工具。此法典不仅是对护士的伦理学责任进行教育，而且还为其他卫生保健领域人员和公众提供护士的责任。加拿大护理学会对法典进行修改是为了强调社会需要、价值观的变化，以及挑战护士实践道德的能力的环境条件的变化，典型的例子就是经济压力的结果、卫生保健领域高技术应用的增加、护士工作场所和方式变化——向外部移动。

文中的当事人（client）指与护士建立职业关系的个人、家庭和社区群体。

护理实践的问题包括道德和法律两个层面，二者交叉在一起，都关心护理职业行为对当事人的健康完好状态、人格尊严和自由的尊重。一个完美的法律体系应与伦理学相互兼容，即遵守法律本身应该与伦理学不矛盾。然而，现今的法律主体有时与伦理学相互悖离，此法典仅强调护士的伦理方面的责任。

本法典的组成要素：本法典由围绕反映护理伦理实践的7个基本价值要素组织而成，所谓价值就是指被赞扬或被视为珍贵的东西，被深深地珍视保护的东西。

- 健康和完好状态
- 选择
- 尊严
- 信任
- 公平
- 有说明的义务
- 营造安全、合格和符合伦理照护的环境氛围

本法典对每个价值都进行了解释，为应用提供了简明直接的指导。但只是指导性、原则性的，并没有给出现成的答案，仅是倾向于告诉护士和其他人员什么是或不是伦理学上可接受。深入的思考是必要的，这样才能提供做决定的质量。在伦理困惑（其他的因素阻止伦理上的行动）中，法典的指导性就更有限了，但护士仍有责任根据法典提供的精神来检查自身所处的境况，做出决定。伦理学的考虑和判断要考虑进去，决定究竟是某个特殊的价值或责任应该被应用到这个特殊的护理情境中。

护士中间对某个价值和原则存在不同的看法在职业内是有空间余地的。可能不只一个方案是符合伦理学的，因此，讨论对解决伦理问题是非常有帮助的。只要有可能，护士、当事人、同事和其他专业学科的专家等一起讨论是比较好的。除了此法典，法律、实践操作规范、政策、职业指导原则等都可帮助解决伦理问题。

（下面的一~七是全文翻译）

一、健康和完好状态

护士要珍视健康和完好状态，帮助人们达到在正常、生病、受伤或在死亡进程中的最好的状态

1. 护士首要的指责是为当事人的健康和完好提供照护。
2. 还是要认识到健康要比没有疾病或没有后遗症本身内容更丰富，并尽可能帮助当事人达到最佳的健康和完好状态的水平。
3. 护士要认识到一个人的健康状况受多种因素影响。同专业角色和伦理责任相一致，护士有义务说明强调机构组织、社会和政治因素对健康和健康照护的影响。
4. 护士应支持并赞成全部的持续的健康服务，包括促进健康、预防疾病，就像诊断、恢复、康复和减轻痛苦的服务一样。
5. 护士应尊重并珍视其他照护者带进本健康小组的知识和技能，并积极地支持其他人员寻求与之合作，以最大限度地使当事人的利益得以实现。

6. 当病人的生命不能再维持时，护士应通过减轻痛苦、维护尊严和宁静的死亡的方式帮助达到完好状态。

7. 护士应为当事人提供所能允许的最好的照护环境，这种需要即便是在本工作环境之外的急救状况下也会存在并增加。

8. 护士应参与一切有助于发展完善护理知识的科研等活动，以达到自己最佳的能力。当参加科研活动时，应遵守护理专业准则，也同样要遵守科研伦理准则。

二、选择

护士要尊重和促进当事人的自主性，帮助他们表达自己的健康需要和价值观，得到有关照护的适当的信息。

1. 护士应寻求使当事人参与到健康计划的制定和健康照护的决策中来。

2. 护士应提供给当事人信息和必要的支持，使当事人能获得最大的能力，这样当事人才能采取符合自己自身的利益，满足自身的健康需要。信息的提供要完全、准确、真实，而且容易理解。如果当事人不能提供对护士的工作判断所需要的信息时，护士应协助当事人从其他适当的渠道获得。

3. 护士要对当事人是否愿意或准备好接受有关自己的健康状况和照护选择的信息表现出敏感性。护士要尊重当事人拒绝或未准备好接受关于自己健康状况信息的愿望应予以尊重。

4. 护士的照护行为要在合法的知情同意或选择下进行。护士要保证照护是当事人的知情选择的结果，在与其他医护人员合作时护士也要在这个观念的指导下进行。

5. 护士要尊重有完全行为能力的当事人拒绝治疗并选择冒险的生活方式的决定。然而，当这样做将与法律的要求相悖时，护士没有义务配合当事人的意愿。如果当事人要求的服务与护士个人的价值观相悖时，还是要求对当事人提供适当的照顾，直到有可替换的照护安排能满足当事人的需要为止。

6. 护士要对与当事人的关系中因为自己的职位和所拥有的相对的权力敏感起来，并要站在当事人的角度谨慎提出自己的决定。护士要明确知道自己个人的价值观，承认并恰当处理潜在的价值观的冲突。

7. 护士要尊重当事人在不具备完全行为能力之前的确定的关于目前或将来的健康照护方面的决定或合法的指示，无论是书面的或口头的。

8. 护士要征求那些行为能力在减弱的当事人在做决定时最大限度地达到他们的能力所及。在当事人生病或其他因素减弱当事人的自我决定能力时，护士要继续评价当事人的自主性，如为当事人提供机会对自己还保持有能力决定的生命的健康方面做决定。

9. 在当事人缺乏对自己的照护做决定的能力时，而且在缺乏能力之前没有明确表示出自己的意愿，或没有明示在某一特殊情况下他的意愿，这时护士要征求代理人对照护的知情同意。当已无行为能力的当事人以前的意愿别人不知道或不清楚，那么关于照护的决定必须以当事人的最大利益为准，只要知道当事人的意愿是什么，就要基于此做决定。

三、尊严

护士应珍视和提倡人类的人格和自我尊严

1. 护士与接受照护的所有的人有关，因为人是值得尊重的，应尽一切能力保护和证实对每个个体的尊重。

2. 护士要对当事人的个人需要、价值观和选择表示出敏感。照护要被设计成为当事人提供生物、心理、社会、文化和精神的需要。护士不能利用当事人的弱势来为自己的利益服务，无论是性、情感、社会、政治或经济方面的。

3. 当照护被提供时，护士要尊重当事人的隐私。

4. 护士要把人类的生命当作非常珍贵的和值得尊重的来对待。尊重包括征求和尊敬当事人对生命质量的意愿。对生命维持治疗的决定要仔细权衡这些考虑。

5. 如果其他人没有对当事人的尊严给予尊重，护士要予以干涉。

6. 在健康照护中使用技术措施时，护士要支持对当事人人格尊严的保护。

7. 护士要支持和促进当事人的健康和社会状况，以使当事人在生命的全过程和死亡的过程中都能有尊严地活着。护士这样做时要采取符合护士的职业角色和责任的方式。

四、信任

护士要保护当事人对自己的信任，在职业关系中得知的信息只有在当事人的允许下或法律要求下才能让其他医疗护士知道。

1. 护士要保护每个当事人的有关健康和健康照护方面的秘密。

2. 如果其他参与健康照护的人员没有尊重当事人的秘密，护士要予以干涉。

3. 护士只有在当事人授权的情况下才能泄露当事人的隐私，除非对当事人或其他人有潜在的严重的伤害，或有法律义务泄露要隐私。当泄露隐私被证明为正当时，在隐私的数量和知情的人的数量两方面都要限制在需要的最低限度。

4. 只要有可能，护士要告诉当事人照护过程中的职业上的秘密的界限，包括在什么情况下这个隐私可能不经过当事人的同意将会泄露出去。当隐私的泄露成为必要时，如果可行的话，护士要告诉当事人是什么方面的信息将被泄露，泄露给谁和因为什么原因。

5. 护士要积极倡导有关政策，保证对当事人的秘密的保护，如果发现对当事人隐私的保护的安全性因为体制方面有缺点而有问题时要予以干涉，例如在计算机数据的使用方面没有足够的保护准则和程序。

五、公正

护士要应用和促进平等和公正的原则，协助当事人受到不存偏见的对待，享受到适合他们需要的健康服务和卫生资源。

1. 护士为当事人提供照护时应根据他们的需要，而不管种族、风俗、文化、精神信仰、社会或战争状况、性别、年龄、健康状况、生活方式等方面的因素。

2. 当护士预测到暴力行动威胁到自身、他人或财产时，护士使用合理的手段保护自己免遭暴力威胁的做法是能得到辩护的。

3. 当护士有权力控制对某些卫生资源的分配时，护士要努力公正地做决定，以使她们对服务和物质的分配做到公正。

4. 护士要代表和保护她们所照护中的所有人的利益，包括帮助个人和群体得到他们所选择的合适的健康照护。

5. 护士在机构和社区水平上，通过尽可能地参加发展、执行和审查那些为充分利用现有的卫生资源、目前的知识和科研等的有关政策和程序，促进适宜和符合伦理的健康照护。

6. 护士用符合她们角色和责任的方式，支持那些公正合理的和促进卫生资源公正分配的卫生政策和做决定的程序。

六、有说明的义务

护士要以符合职业责任和行为规范的方式行动。

1．护士遵守本法典中的价值观和职责，就像遵守职业规范和法律对行为的要求那样。

2．护士要求自己要诚实和正直。

3．无论是从事临床、行政管理、科研还是教育，护士都有义务确保对当事人照护的质量。因从事方向的不同，职责会有变化，但都是从所期望的安全、完善和符合伦理的护理实践结果衍生来的。

4．护士，无论是个人还是与其他人合作，要实施正确的行为一样，采取预防措施，保护当事人免于不安全的、不胜任的和不合伦理的照护。

5．护士的实践行为是基于相关的知识，要求掌握新的知识和技巧作为持续发展的基础，这对提供安全、胜任和符合伦理的照护是必须的。

6．无论从事的是临床、行政管理、科研还是教育，护士应及时准确地把有关护士的实践活动的信息反馈给护士她们本人，这样能保证她们进行安全和胜任的照护，并为她们自己的继续学习做出贡献。藉此，她们在实践中也能体验到非常高的境界。

7．护士在自己的能力和水平下实施护理实践。但当所要求的照护超出了自己所能胜任的水平能力时，她们应寻求其他的信息或知识，从其他胜任的护士处寻求帮助，和/或监督，或要求签署另外不同的工作。同时，护士要在自己的技能和经验水平内提供照护。

8．当护士怀疑有不符合伦理或不胜任或不安全的照护时，护士应首要考虑当事人的利益和将来任何可能的伤害。当护士有合理的理由提出同事有以上的行为或有关于照护过程的安全性问题时，她们个人或与其他合作者应谨慎地审查情况，采取措施，解决问题。

9．护士应支持那些保护当事人免于不胜任、不合伦理或不安全的照护的怀有良好信念的护士的行为，并尽力营造这样的工作氛围，即当护士干预这样的事时应受被尊重地对待。

10．在公众论坛或法庭上谈论演讲有关护理和健康的事情的护士，要提供准确和相关的信息。

七、营造安全、胜任和符合伦理的环境氛围

护士应支持营造一个良好的环境，此环境拥有有组织的和人道的支持系统，和那些为安全、胜任和合乎伦理的照护所必须的资源。

1．护士应与同事和其他健康小组的成员合作，支持建立一个符合伦理学实践的、利于当事人与其他人的良好健康状态的良好氛围。要采取符合职业角色和职责的方式。

2．为了当事人的利益，护士要和其他健康小组的成员分享护理知识。为了最大限度地提高护生和其他护士的职业发展和能力，护士要为她们提供指导。

3．护士在寻求被雇佣对象时要明确强调这个领域对专业的胜任和要求被雇佣者能保证提供符合职业法典和价值观的照护要求，当然也要与她们自己的价值观相吻合。

4．护士要尽力为当事人得到在当时环境条件下所能得到的最好的照护而实施符合伦理学的实践行为。无论是个人还是与其他合作者，护士都要努力通过尽可能地站在当事人的角度等方式来改善后来护理实践环境。

5．计划参加联合罢工或类似事件的护士，或那些在此事件活动发生的环境中工作的护士，要采取措施确保当事人在事件过程中的健康和安全。（丛亚丽译。资料来源：加拿大护理学会网站）

美国护理学会护士伦理法典（ANA）

2001 年 6 月 30 日

1. 在所有的职业关系中，护士工作要以同情的心态，尊重病人的内在的人格尊严、价值和每个人的独特性，不受社会、经济状况、个人的贡献或健康问题等限制。

2. 护士的基本职责是为了病人，不论是个人、家庭、群体或社区。

3. 护士要促进、支持并努力保护病人的健康、安全和权利。

4. 护士对自己个人的护理活动要负责，而且要慎重决定任务的授权，任务要与护士提供的对病人的照护的义务相适应。

5. 护士对自己和对其他人也有同样的义务，包括维持正直和安全，保持胜任能力和继续个人和职业的发展的职责。

6. 通过护士集体的活动，护士要参与建立、维持和改善护士的工作条件和照护的环境氛围，以提供符合职业价值观的照护。

7. 通过对护理实践、教育、行政管理和知识发展的贡献，护士要参与到职业的发展和提高中来。

8. 护士要与其他卫生领域的职业人员和公众合作，以促进社区、国家和国际上的努力以满足健康的需要。

9. 为保持护理职业和护理实践的完整性，为形成社会政策，就像组织团体和它们的成员所代表的一样，护士这一职业有责任阐明护理的价值观。

（丛亚丽译。资料来源：美国护理学会网站）

---

[1] 张鸿铸，何兆雄，迟连庄 主编．中外医德规范通览．天津：天津古籍出版社，2000. 579－581

[2] 苏丽智，阮玉梅，刘翠媚等著．最新护理学导论．北京：科学技术文献出版社，1999.142

[3] 彭美慈，曾熙媛，王春生等．采用特尔非法 撰写新世纪中国护士伦理准则．中华护理杂志．2000，35（9）：517

[4] 张鸿铸，何兆雄，迟连庄主编．中外医德规范通览．天津：天津古籍出版社，2000. 1023－1025

[5] 尹裕君，林丽英，卢小珏等著．护理伦理概论．北京：科学技术文献出版社，1999. 73

[6] 尹裕君，林丽英，卢小珏等著．护理伦理概论．北京：科学技术文献出版社，1999. 76－77

[7] 苏丽智，阮玉梅，刘翠媚等著．最新护理学导论．北京：科学技术文献出版社，1999.140

[8] 张鸿铸，何兆雄，迟连庄 主编．中外医德规范通览．天津：天津古籍出版社，2000. 1004－1017

[9] 苏丽智，阮玉梅，刘翠媚等著．最新护理学导论．北京：科学技术文献出版社，1999.141－142

[10] Barbara Kozier, Glenora Erb, Kathleen Blais. Concepts and Issues in Nursing Practice. Addison-Wesley Nursing, second edition, 1992. 196

[11] Barbara Kozier, Glenora Erb, Kathleen Blais. Concepts and Issues in Nursing Practice. Addison-Wesley Nursing, second edition, 1992. 197

[12] http://www.nmc-uk.org/cms/content/Publications/Code%20of%20professional%20conduct.asp

后　　记

在接手护理本科生的护理伦理学教材之前,我一直从事的都是医学伦理学的教学和科研,说实话,当时心里对护理伦理学不太感兴趣,承蒙北京医科大学出版社的庄鸿娟老师的厚爱,委托我完成这本书,而且在我出国期间一直等我回来做这件事,于是才郑重开始了组织和编写的工作。可以说,每多写完一节,我们所有编委便多了一份对护理伦理学的热爱,不仅是对学科的热爱,更是对护士的热爱,因为她们的工作实在太辛苦,责任太重大,于是我也就更用心去写,希望这本书能为她们提供一些思想方法,解决一些现实问题,好为她们减轻些负担。

由于不甘于走传统的路,想对这门学科在写作方式和原理陈述上彻底改革,于是便使我们自己每天都在负重前进。自以为改革得较彻底,直到请教伦理学前辈,博士生导师宋希仁老师时才发现我们的步子迈得太小了,是宋老师提示我不要受普通伦理学的体系所限制,何不按照护士每天的工作程序来写其中的伦理学呢?这才是真正地为护士写的护理伦理学,是真正的应用伦理学,并帮忙重新调整目录,于是才有了现在的模样。

因为心中的完美的愿望和对自己的苛求,总想尽最大的努力来完成她,但总也不能完成,本书的责任编辑暴海燕付出了极大的宽容,默默地帮助和支持我们。

再丑的媳妇也得见公婆,再黑的孩子也得晒太阳,希望这本教材也能得到广大护士、护生的关爱,她集中了我们所有作者的精力和智慧,并愿为护理伦理学领域继续贡献一份力量。